"十二五"高等教育精品课程系列教材

冷链食品商品学

白世贞　曲志华　主编

中国财富出版社

图书在版编目（CIP）数据

冷链食品商品学/白世贞，曲志华主编．—北京：中国财富出版社，2014.5

（“十二五”高等教育精品课程系列教材）

ISBN 978-7-5047-5138-6

Ⅰ.①冷… Ⅱ.①白… ②曲… Ⅲ.①冷冻食品—商品学—高等学校—教材 Ⅳ.①F768.2

中国版本图书馆 CIP 数据核字（2014）第 042167 号

策划编辑	张　茜	**责任印制**	何崇杭
责任编辑	尚林达　颜学静	**责任校对**	饶莉莉

出版发行	中国财富出版社		
社　　址	北京市丰台区南四环西路 188 号 5 区 20 楼	**邮政编码**	100070
电　　话	010-52227568（发行部）		010-52227588 转 307（总编室）
	010-68589540（读者服务部）		010-52227588 转 305（质检部）
网　　址	http://www.cfpress.com.cn		
经　　销	新华书店		
印　　刷	北京京都六环印刷厂		
书　　号	ISBN 978-7-5047-5138-6/F·2131		
开　　本	710mm×1000mm　1/16	**版　　次**	2014 年 5 月第 1 版
印　　张	11.75	**印　　次**	2014 年 5 月第 1 次印刷
字　　数	243 千字	**定　　价**	28.00 元

版权所有·侵权必究·印装差错·负责调换

序 言

改革开放三十余年，我国经济已与世界接轨，并在世界经济格局中占据越来越重要的地位。我国经济的高速发展对经济管理人才提出了越来越高的要求，也对培养经济管理人才的高等教育提出了更高的要求。为配合当前经济发展水平对高等教育提出的要求，我们组织编写了"'十二五'高等教育精品课程系列教材"。此套系列教材以出版精品课程教材为己任，以市场需求与实际教学为出发点，精选经受市场检验的教材为主要出版品种，同时紧跟前沿学科发展开发新品教材。

中国财富出版社（原中国物资出版社）2005年起出版的"21世纪商品学专业核心教材"系列由于教学内容丰富、体系安排合理得到了各院校商品学专业及相关专业师生的好评，已累计销售2万余册。鉴于近年来科学技术的飞速发展和教学要求的更新变化，中国财富出版社根据市场需求与教学要求对"21世纪商品学专业核心教材"进行增删，形成了"'十二五'高等教育精品课程系列教材商品学系列"。此套商品学系列教材包括《基础商品学》《海关商品学（3版）》《食品商品学（2版）》《纺织商品学（2版）》《工业品商品学（2版）》《电子电器商品学（2版）》《冷链食品商品学》《纺织品检验学（2版）》《商品包装学（2版）》。

感谢全国各院校商品学专业及相关专业师生在第一版使用期间提出的建议与意见，是他们的建议与期望促使我们修订此套商品学系列教材，也感谢中国财富出版社一直以来在商品学教材建设方面所做的努力与探索。我们相信，此套教材的修订出版会进一步推动我国商品学专业教育的蓬勃发展，也将为我国经济人才的培养贡献力量。

"十二五"高等教育精品课程系列教材编委会

2014年5月

前　言

食品是关系人类身体健康的特殊商品，是人民生活的基本需求和保障。食品的新鲜优质与人民的健康有着密切的关系。目前我国已经实现了由食品极度紧缺到极大丰富的快速转变，消费者对食品的需求也从单一化、简单化向多样化、复杂化转变。但是随着社会经济的发展和人民生活水平的提高，人们不只要求食品种类的丰富多样，对食品外观的要求也越来越高。但是，我国在保鲜方面对一些易腐食品还缺乏有效的措施，致使易腐食品腐烂变质的情况非常严重，既造成了食品资源的极大浪费，又引起了巨大的经济损失，对稳定物价也十分不利。将冷链系统贯穿于食品从原料采集、生产加工、包装以及储藏运输整个过程中，能更好地保证食品的质量安全，维护食品在流通中的价值，保证食品食用价值的实现。

本书共有八章，分别介绍了水果与蔬菜、肉与肉制品、乳与乳制品、蛋与蛋制品、水产品、豆制品、冷冻饮品、冷冻调理食品八类食品的概念、分类、加工工艺、冷藏条件以及冷藏运输条件等。除此之外，还对各类食品的检验方法进行了介绍，使读者能够了解如何对各类食品进行检验。

本书由曲志华任主编，其中第一章至第六章由曲志华编写，第七章由张静编写，第八章由詹帅编写，参加前期资料收集的有钟海岩、商雅茹、荣佳楠、姜曼。

由于作者水平有限，本书在编写过程中参考、借鉴了许多专家的研究成果，在此表示衷心的感谢。尽管如此，书中难免会存在错误和不足之处，恳请广大读者批评指正。

作　者

2013 年 12 月

目 录

第一章 水果与蔬菜

第一节 水果与蔬菜的化学成分

一、蛋白质

蛋白质是生命的物质基础，是营养素中的第一要素。正常人体组织含蛋白质16%～19%，并始终处于不断分解又不断合成的动态平衡之中。

蛋白质分子中含有碳、氢、氧、氮，有的还含有硫和磷。由于碳水化合物和脂肪中仅含碳、氢、氧，不含氮，所以蛋白质是人体氮的唯一来源。

（一）蛋白质的组成和必需氨基酸

蛋白质的基本组成单位是氨基酸，在人体和食物中有二十余种。氨基酸按照是否能在体内合成，分为必需氨基酸和非必需氨基酸。必需氨基酸不能在体内合成或合成量很少，必须由食物蛋白质供给，它们是缬氨酸、亮氨酸、异亮氨酸、苏氨酸、蛋氨酸（甲硫氨酸）、苯丙氨酸、色氨酸和赖氨酸 8 种。婴儿的必需氨基酸再加上组氨酸共有 9 种。非必需氨基酸可在人体内合成或从其他氨基酸转变而来。

（二）蛋白质分类

根据化学结构，蛋白质可以分为简单蛋白质和结合蛋白质两类。简单蛋白质只含氨基酸及其衍生物，结构比较简单，主要有硬蛋白、白蛋白、球蛋白、谷蛋白、醇溶蛋白等；结合蛋白质则结合了各种非蛋白质物质，结构较为复杂，如色蛋白、核蛋白、糖蛋白、磷蛋白、脂蛋白、卵磷蛋白、金属蛋白等。

根据蛋白质的营养价值，蛋白质可分完全蛋白质、半完全蛋白质和不完全蛋白质三类。

1. 完全蛋白质

完全蛋白质所含必需氨基酸种类齐全、数量充足、比例适当，不但能维持成人的健康，并能促进儿童的生长发育，如乳类中的酪蛋白、乳白蛋白，蛋类中的卵白蛋白、卵磷蛋白，肉类中的白蛋白、肌蛋白，大豆中的大豆蛋白，小麦中的麦谷蛋白，玉米中的谷蛋白。

2. 半完全蛋白质

半完全蛋白质所含必需氨基酸种类齐全，但有的数量不足，比例不适当，可以维持生命，但不能促进生长发育，如小麦中的麦胶蛋白。

3. 不完全蛋白质

不完全蛋白质所含必需氨基酸种类不全，既不能维持生命，也不能促进生长发育，如玉米中的玉米胶蛋白，动物结缔组织和肉皮中的胶质蛋白，豌豆中的豆球蛋白等。

（三）蛋白质的生理功能

1. 构成和修复组织

蛋白质是机体所有细胞、体液的重要成分，是构成肌肉、内脏、骨骼和内分泌系统等所必需的物质，是机体生长发育、组织更新的物质基础。

2. 构成生理活性物质

机体生命活动之所以能够有条不紊地进行，有赖于多种生理活性物质的调节。蛋白质在体内是构成某些具有重要生理活性物质的成分，参与调节生理活动。如核蛋白构成细胞核并影响细胞功能，酶蛋白具有促进食物消化、吸收和利用的作用，免疫蛋白具有维持机体免疫功能的作用，收缩蛋白如肌球蛋白具有调节肌肉收缩的功能，血液中的脂蛋白、铁蛋白、视黄醇结合蛋白具有运送营养素的作用，血红蛋白具有携带运送氧的功能，白蛋白具有调节渗透压、维持体液平衡的功能，激素具有调节体内各器官和生理活性成分的功能等。

3. 供给能量

当食物中的碳水化合物和脂肪供给不足时，蛋白质可作为能量来源物质。1g蛋白质在体内氧化可提供16.7kJ的能量。

二、糖类

糖是决定水果与蔬菜的风味和食用质量的主要成分。水果和蔬菜中含有的主要糖分是葡萄糖、果糖和蔗糖，其中最有营养价值的是葡萄糖和果糖。

水果和蔬菜中的含糖量，因水果和蔬菜的种类和品种的不同而有很大差别。一般水果的含糖量高于蔬菜。水果中含糖多的是葡萄，可达20%以上，而苹果则含有6%～10%，西瓜为5.5%～12%，甜瓜为2%～18%。蔬菜中以胡萝卜（3.3%～12%）、洋葱（3.5%～12%）、南瓜（2.5%～9%）等含糖较多，而一般的蔬菜像番茄、青椒、黄瓜、洋白菜等仅含有1.5%～4.5%的糖。

水果和蔬菜中的含糖量与水果和蔬菜的成熟度有密切的关系。大多数水果和蔬菜随着成熟度的增加其含糖量增加，因此，成熟度高的水果和蔬菜的甜度大；但属于块根、块茎类蔬菜和籽仁类的水果却与前者相反，成熟度越高其含糖量越低。

各类水果和蔬菜所含糖的数量、种类和比例是不相同的。如苹果和梨富含果糖而其他糖类较少；葡萄中缺乏蔗糖，但含有大量的葡萄糖和果糖；桃、杏、柑橘和香蕉中则含有较多的蔗糖；西瓜中含果糖多，而甜瓜中则以蔗糖为主。在蔬菜中，甘蓝、黄瓜、南瓜等所含的糖主要是葡萄糖和果糖，而胡萝卜、豌豆、洋葱等则含蔗糖较多。

水果和蔬菜中的糖，经过长期储藏，会因其生理活动（主要是呼吸作用）的消耗而使含糖量逐渐降低，因此，某些水果和蔬菜储藏过久其甜味就会下降。

三、脂类

脂类是油、脂肪、类脂的总称。食物中的油脂主要是油、脂肪，一般把常温下是液体的称作油，而把常温下是固体的称作脂肪。脂类是人体需要的重要营养素之一，它与蛋白质、碳水化合物是产能的三大营养素，在供给人体能量方面起着重要作用。

植物性的油料作物比如大豆、花生、芝麻、葵花籽、松籽中含有丰富的油脂，油脂含量一般在 20%～60%。

脂类的生理意义有以下几点。

1. 构成机体组织

脂肪在机体内占体重的 10%～14%。脂类也是人体细胞组织的组成成分，如细胞膜、神经髓鞘都必须有脂类参与。

2. 提供必需的脂肪酸，促进脂溶性维生素的吸收

维生素 A、维生素 D、维生素 E 等脂溶性维生素是人体所需的维生素，这些维生素只能存在于脂肪之中，同时这些脂溶性维生素只有在脂肪存在的环境中才能够被吸收。

3. 保护机体的成分

脂肪可以保护机体以及内脏器官，脂肪主要存在于皮下，可以防止体内热量的散发。

4. 调节生理功能

脂肪中有三种不饱和脂肪酸是人体不能够自己合成的，必须从食物中获取。这三类不饱和脂肪酸是亚油酸、亚麻酸、花生四烯酸。

5. 提供能量

脂肪是人体获得能量的主要来源之一，每克脂肪在体内氧化可提供 38kJ 的热能，是碳水化合物和蛋白质的两倍多。

四、无机盐

人体营养所需的各种无机盐（也称矿物质），一部分来自作为食物的动、植

物组织，另一部分来自于饮水和食盐。食物中无机盐的化学性质十分稳定，不会像维生素那样受热、光、氧的作用而分解氧化，但如果加工方法不当，也会造成许多损失。果蔬中含有各种矿物质，如钙、磷、铁、镁、钾、钠、碘、铝、铜等。它们是以硫酸盐、碳酸盐或与有机物结合的盐类存在。水果中含无机盐较为丰富，是饮食中无机盐的主要来源，主要含有钙、磷、钾、铁、镁等元素，其中橄榄、柑橘、山楂等含钙较多，葡萄、杏、桃、山楂、草莓等含铁较多，香蕉、草莓等含磷较多，而且大部分水果在体内代谢后，产生较多的碱性元素。

水果和蔬菜中的无机盐是人体所需无机盐的重要来源，亦是具有特殊食用意义的化学成分，其一般含量（以灰分计）为 0.2%～3.4%。其中蔬菜的无机盐含量为：根菜类 0.6%～1.1%，茎菜类 0.3%～2.8%，叶菜类 0.5%～2.3%，花菜类 0.7%～1.2%，果菜类 0.3%～1.7%；水果的无机盐含量为：仁果类 0.2%～0.9%，核果类 0.4%～1.8%，浆果类 0.2%～2.9%，柑橘类 0.3%～0.9%，坚果类 1.1%～3.4%；瓜类为 0.2%～0.4%。

水果和蔬菜中含有多种无机盐，例如钙、磷、铁、钾、钠、镁、硫及微量的碘、砷、铅、铜等，其中钾的含量最高，占水果和蔬菜成分的 50%左右。钾盐能促进心肌的活动，它在人体中对心脏衰弱及高血压病有一定疗效。此外，钙、磷、铁的含量也很丰富，是人体所需钙、磷、铁的重要来源。

水果和蔬菜中的无机盐大多能与酸性物质结合成盐类，易被人体吸收，并且钙、铁、镁、钠、钾等在生理上是碱性物质，可以中和体内积存的酸性物质以保持体液的酸碱平衡。因此，水果和蔬菜具有调节人体生理活动的功效。

五、维生素

维生素是维持人体正常生命活动所必需的一类低分子有机化合物，在机体代谢、生长发育等过程中起重要作用。水果和蔬菜中含有大量维生素，包括维生素 A、维生素 B_1、维生素 B_2、维生素 C、维生素 D、维生素 P。其主要是维生素 A 和维生素 C。人体所需的维生素 C 的 98%、维生素 A 的 57%左右来自于果蔬。

水果和蔬菜中含有丰富的维生素 C 和作为维生素 A 原的胡萝卜素，另外，尚含有少量的 B 族维生素，如维生素 B_1、B_2、PP、B_6 及泛酸等。新鲜的水果和蔬菜是人们日常生活中摄取维生素 C 和维生素 A 的最主要来源。

果蔬中维生素 C 和维生素 A 的含量（每 100g 中的毫克量）随其种类不同而异。蔬菜中维生素 C 含量高的有：青椒为 105mg，菜花、雪里蕻、金花菜、苦瓜为 80mg 以上，而一般的叶菜类及根茎菜类均在 60mg 以下。水果中维生素 C 含量高的有鲜枣为 270mg～600mg，野生酸枣可达 830mg～1170mg，山楂为 89mg，柑橘类为 40mg～60mg，而苹果、梨、葡萄、杏、桃等含量少，一般在 10mg 以下。

水果和蔬菜中的胡萝卜素呈橙黄色，主要与叶绿素、叶黄素等共存在于水果和蔬菜细胞的叶绿体中，也还储存在其块根、块茎及果实中。因此，凡具有绿、黄、橙黄等色泽的水果和蔬菜，均富含胡萝卜素，如蔬菜中的油菜、菠菜、韭菜、雪里蕻、胡萝卜、马铃薯、番茄、南瓜等；水果中的柑橘、枇杷、黄桃等。

维生素含量的多少与水果和蔬菜的品种、栽培条件及成熟度、结构部位等有密切关系。例如，在蔬菜中露地栽培的品种多于保护地栽培的；在成熟的番茄中，不论维生素C还是胡萝卜素都较绿色未熟的含量多；而在苹果表皮中维生素C要比果肉含量多；黄色的胡萝卜中胡萝卜素要比红色的胡萝卜含量多。

六、水

水分虽没有营养价值，但它直接参与人体各种生理活动，如营养成分的消化吸收和运送、人体组织的完善和更新、废物的排泄以及体温的调节平衡等都不能缺少水的参与。正常情况下，成人每天需水2L左右，其中60%来自饮用水，40%来自食品中水分和营养成分消化时产生的代谢水。

水果和蔬菜中含有大量的水，一般鲜菜中含有65%～96%的水分，鲜果中含有73%～90%，籽仁含有3%～4%，而新鲜瓜类则含有95%左右的水分。尤其是新鲜水果中水分占的比例很大。

水是保证和维持食品质量的重要成分。正常的含水量是衡量水果和蔬菜新鲜程度的一个重要质量特征，某些食品含水量的增减还会引起质量的降低或变质。新鲜的水果和蔬菜，只有当含水量充足时，才能具有鲜嫩多汁的食用品质；如果失去了正常的含水量，组织细胞的膨压减小，就会使水果和蔬菜变得萎蔫而降低鲜嫩品质。

但是，由于水果和蔬菜的含水量大，给储运工作带来较大的困难，也为微生物的生长繁殖创造了良好的条件，因而就容易腐烂变质。

水果和蔬菜中含水量的降低，不仅会增加重量损耗，降低鲜嫩品质和食用品质，并且会使其耐储性大为降低。因此，为了保证水果和蔬菜的鲜嫩品质，在储藏中需要有比较高的相对湿度。

第二节　水果与蔬菜的分类

一、水果的分类

我国的水果种类繁多，其分类方法因研究、栽培和经营的需要而有所不同。但从研究水果商品来考虑，主要是按果实构造不同进行分类。按果实构造不同，水果分为仁果类、核果类、浆果类、柑橘类、复果类和瓜类六类。

(一) 仁果类

仁果类的果实由果皮、果肉和五室子房构成。种子室壁为薄膜状，室内有不带硬壳的种仁，故名仁果，可食用部分主要是肉质的花托发育而成，所以在植物学上又称为“假果”，如苹果、梨、山楂、枇杷、沙果、香果，海棠等。仁果类水果，比较耐储藏，在国内外水果市场上均占有重要地位，其中经济价值较大的是苹果、梨和山楂。

1. 苹果

苹果是世界上的大宗水果。按原产地分为西洋苹果和中国苹果两大类。西洋苹果原产于欧洲、中亚细亚一带，果实汁多、脆嫩、甜酸适口，并耐储藏。中国苹果原产于我国新疆一带，果实色泽鲜美，富有香气。我国苹果树的栽培已有2000多年的历史，我国现有苹果树的栽培面积和产量均居水果的首位，同时它在世界上也是重要的水果，目前的产量仅次于葡萄、柑橘、香蕉而居第四位。由于苹果富含糖分和有机酸，味美可口，又适于制造果酱、果脯，其中多数的品种都耐储藏，供应时间长，因此，它在我国水果经营中占首要地位。苹果在我国分布很广，主要产地是辽宁、山东、山西、河南、河北、陕西、甘肃、新疆、四川、安徽、江苏等地，尤以辽宁、山东产量为最多。我国现有苹果品种400余种，其中商品量较多的有30余种，均属“西洋苹果”，这些品种按果实的成熟期不同分伏苹果和秋苹果或早、中、晚熟三种。

(1) 早熟种（即伏苹）：成熟期在6月下旬至7月下旬。生长期短、肉质松、味多带酸，不耐储藏，产量较少。主要品种有山粉皮（又名雪苹、粉皮）、黄魁（又名白毛、大黄皮）、红魁、伏花皮（又名黄花皮）等。

(2) 中熟种（即早秋苹）：成熟期在8月至9月，较耐储藏，主要品种有金冠、祝光、红香蕉、红玉、红星、红冠等，其中金冠、红星质量较好。新培育的品种有迎秋、金光、伏棉、葵花、金红等。

(3) 晚熟种（即晚秋苹）：成熟期在10月至11月上旬，质量好、耐储藏，供应时间长，在产销中占的比重最大，也是广大消费者喜爱的品种，主要品种有国光、青香蕉、甜香蕉（又名印度）、赤阳、鸡冠、倭锦等。新培育的品种有胜利、青冠、秦冠、富士等。

2. 梨

梨果脆嫩多汁，香甜可口，是人们日常生活中重要的水果之一。梨在世界上可分为中国梨和西洋梨两大类。中国梨原产于我国，迄今至少已有2500多年的栽培历史，其产量仅次于苹果，居我国水果总产量的第二位。新中国成立后，梨的产量大增，品种以东方类群为主，在世界上独树一帜，因而成为主要的出口水果，占我国出口水果量的第一位。西洋梨原产于欧洲中部、东南部和中亚等地，

亦有2000余年的历史，1870年前后传入我国。如今山东的青岛、莱阳、威海一带已成为盛产西洋梨的地区。

梨在我国分布极广，遍及全国各省市，在全国各种水果中，无论种类还是品种，梨都是首屈一指。以河北、山东、辽宁、江苏为重点产区，产量占全国总产量的63%。目前渤海湾地区、黄河故道地区以及西北高原地区已成为我国著名的梨的商品基地，而长江中下游地区则成为沙梨的主要产地。

梨属植物约有35个种，我国梨的种类有14～15种，目前作为主要果树栽培的有秋子梨、白梨、沙梨和洋梨四个系统。

（1）秋子梨系统：本系统有近200个品种，主要产于辽宁、吉林、河北、北京、天津地区、内蒙古和西北各省。果实近球形，果皮黄绿色或黄色，果柄短，萼片宿存，果肉石细胞多，品质较差，但耐储运，绝大多数品种需经后熟方可食用。优良品种有南果梨和京白梨等。

（2）白梨系统：本系统有450个左右品种，优良品种也最多。主要产于辽宁南部、河北、山西、陕西、山东、甘肃及黄河故道地区；果实大，倒卵形或长圆形，果皮黄色，果柄长，萼片脱落或间有宿存，果肉细脆，石细胞少，品质佳且耐储藏，不需后熟即可食用，优良品种有鸭梨、酥梨、茌梨、雪花梨、秋白梨、库尔勒香梨、栖霞大香水梨、冬果梨和苹果梨等。

（3）沙梨系统：本系统共有420余个品种，沙梨系品种喜温暖潮湿气候，多分布于华中、华东沿长江流域各省；果实多为圆形，果皮褐色或绿色，果柄特长，萼片脱落，果肉脆，味甜而多汁，石细胞较多，不需后熟即可食用，但耐储藏性差；优良品种有四川的苍溪梨、新世纪、二京白梨、浙江义乌的三花梨等。

（4）洋梨系统：原产于欧洲，品种较少，引入我国的约20余个品种。主要分布在山东半岛、辽宁的旅大、河南的郑州等地；果实多为瓢形，果梗粗短，萼片宿存，果实经后熟方可食用，但肉质变软而不耐储藏；优良品种有巴梨、伏加梨、三季梨等。

3. 山楂

山楂原产中国、朝鲜和俄罗斯西伯利亚，远在2000年前已有关于山楂的记载，我国河北省的兴隆县拥有“中国山楂之乡”的美誉，全县拥有山楂栽植面积10余万亩，年产山楂20余万吨，占全国总产量的20%以上。山楂的果实较小，类球形，直径0.8cm～1.4cm，有的压成饼状。表面棕色至棕红色，并有细密皱纹，顶端凹陷，有花萼残迹，基部有果梗或已脱落。山楂开胃消食，特别对消肉食积滞作用更好，很多助消化的药中都采用了山楂。

山楂按照其口味分为酸甜两种，其中酸口山楂最为流行。

甜口山楂，外表呈粉红色，个头较小，表面光滑，食之略有甜味。

酸口山楂又分为几个品种，歪把红、大金星、大绵球和普通山楂（最早的山楂品种）。

（1）歪把红，顾名思义在其果柄处略有凸起，看起来像是果柄歪斜故而得名。歪把红山楂单果比正常山楂大，2001 年起市场上的冰糖葫芦主要用它作为原料。

（2）大金星，单果比歪把红要大一些，成熟个体上有小点，故得名大金星。口味最重，属于特别酸的一种。

（3）大绵球或红绵球，单果个头最大，成熟时候软绵绵的，酸度适中，食用时基本不做加工，保存期短。

（4）普通山楂，山楂最早的品种，个头小，果肉较硬，适合入药，是市场上山楂罐头的主要原料。

（二）核果类

核果类的果实由外果皮、中果皮、内果皮和种子构成，外果皮较薄，其食用部分主要是肉质的中果皮，内果皮形成木质硬壳，内包有种子，故称为核果。核果类果实成熟后，果肉变软，柔嫩多汁，采摘期又正值炎热季节，因而不适于长期储藏，除及时运销以外，一般多制成果干、果脯和罐头等供应市场。主要包括蔷薇科的桃、杏、李、樱桃以及鼠李科的枣等，其中经济价值大的是桃、杏和枣。

1. 桃

桃又称桃果、桃子。我国是桃的原产地，栽培历史悠久，我国栽培的约有800个品种。按桃的生态类型不同可分为北方品种群、南方品种群和南欧品种群。

（1）北方品种群：主要分布在黄河流域的华北、西北地区，以山东、河北、山西、河南、陕西，甘肃和新疆等地较多。果实顶部突起，缝合线较深，皮薄而难与果肉剥离，果肉致密。其中蜜桃类，柔软多汁，如肥城桃、深州桃等；硬桃类，肉质硬脆，如五月鲜、鹰嘴、莱菔桃等；黄桃类，果实的皮，肉均呈金黄色，肉质致密，适于制罐头，如黄甘桃、黄露、丰黄等；油桃类，果皮无茸毛，如甘肃的紫胭桃等。

（2）南方品种群：主要分布在长江流域的华东、华中、西南地区，以江苏、浙江、云南等地较多。果实顶部平圆，果肉柔软多汁，不耐储运。其中水蜜桃类，肉柔软，果汁特多，如玉器、大久保、冈山白、冈山 500 号、桔早生等；蟠桃类，果形扁平，两端凹入，肉软多汁，如白芒蟠桃、陈圃蟠桃、大仓蟠桃、撒花红蟠桃等；硬肉桃类，果肉硬脆致密，果汁较少，但较耐储运，如平碑子、吊枝白、云南呈贡二早桃等。

（3）南欧品种群：我国引入的品种有新瑞阳（主产于陕西关中一带）、西洋黄肉（主产于江苏、浙江）等。

2. 杏

杏是中国北方的主要栽培果树品种之一，以果实早熟、色泽鲜艳、果肉多汁、风味甜美、酸甜适口为特色，在春夏之交的果品市场上占有重要位置，深受人们的喜爱。杏的果实营养丰富，含有多种有机成分和人体所必需的维生素及无机盐类，是一种营养价值较高的水果。杏仁的营养更丰富，含蛋白质23%～27%、粗脂肪50%～60%、糖类10%，还含有磷、铁、钾等无机盐类及多种维生素，是滋补佳品。

杏及杏产品具有很好的加工性能，杏肉除了供人们鲜食之外，还可以加工制成杏脯、糖水杏罐头、杏干、杏酱、杏汁（苦茶）、杏酒、杏青梅、果酱、杏话梅、杏丹皮等；杏仁可以制成高级点心的原料、杏仁霜、杏仁露、杏仁酪、杏仁酱、杏仁点心、杏仁酱菜、杏仁油等。杏仁油微黄透明，味道清香，不仅是一种优良的食用油，还是一种高级的油漆涂料、化妆品及优质香皂的重要原料。

杏原产中国，遍植于中亚、东南亚及南欧和北非的部分地区。杏在中国分布范围很广，除南部沿海及我国台湾地区外，大多数省区皆有，其中以河北、山东、山西、河南、陕西、甘肃、青海、新疆、辽宁、吉林、黑龙江、内蒙古、江苏、安徽等地较多，其集中栽培区为东北南部、华北、西北等黄河流域各省。

杏的品种很多，大致可分三大类型：肉用型（食用果肉），也是主要类型；仁用型，果肉较少而口味较差，但仁大而适合食用（或药用）；兼用型（榛杏）。

3. 枣

枣树原产于我国，目前枣树已成为北方各省栽培数量较多的一种。枣的营养丰富，经济价值大。按其气候、品种特点，可分为北方区系（北枣）和南方区系（南枣）两个生态类型或区系。

（1）北方区系：是我国历来最重要的枣树栽培区，主要分布在黄河中、下游地区，适于制干枣，产量大，约占我国枣产量的80%以上。

（2）南方区系：主要分布在长江流域以南地区的安徽、江苏、浙江、湖北、湖南等省，较北方区系产量小，适于鲜食或加工枣脯。

枣按用途可分为生食品种、制干品种和加工品种三类。生食品种的枣，又名脆枣，这种枣果皮薄，肉质嫩脆，汁多，含糖量高，味甜稍酸，如冬枣、梨枣、锦枣等；制干品种的枣，果肉厚、汁少，含糖量高，如圆铃枣、相枣、金丝小枣、赞皇大枣等；加工品种的枣，果型大、汁少，含糖量低，肉厚而质疏松，皮薄，核小，适于加工枣脯，如大泡枣、糠枣等。

（三）浆果类

浆果类水果的果实形状较小，果实成熟后果肉呈浆液状，故称浆果。浆果类只是依据果肉为浆状这一特点进行分类，实际上它还包括了一些构造不同的果实，主要有葡萄、草莓、树莓、醋栗、猕猴桃、越橘、桑葚、无花果，以及生长在热带和亚热带的香蕉、杨桃、龙眼、荔枝等。浆果类，除生食以外，多作为制干、加工罐头和酿酒的原料，果实含糖量高，维生素C也很丰富，但由于果肉为浆状，而难于储藏。其中葡萄和香蕉的经济价值最大，而龙眼、荔枝则是我国水果中的珍贵品种，多加工果干或罐头。

1. 葡萄

葡萄是世界上最古老的果树之一，其种植面积和产量均居世界水果的首位。葡萄除部分鲜食外，主要用于酿酒，制果汁、果干和罐头。葡萄传入我国已有2000多年历史，主要产区分布在新疆、河北、山东、山西、辽宁、安徽及新中国成立后新建立的葡萄生产基地黄河故道地区。

葡萄果实成穗状，果皮颜色可分为红、黑紫、白三种，果肉多为无色透明。果皮厚而富有蜡质层的品种较耐存放；葡萄的品种繁多，按照用途不同可分为鲜食和工业加工用两大类。鲜食品种，一般果粒较大，外形美观，味甜而浓香，皮薄，种子少，适于运输和储藏，如玫瑰香、龙眼、牛奶、新玫瑰等。加工用品种主要用于酿酒，果粒含糖和鞣质较多，如酿制红葡萄酒的品种有北玫、北红、佳利酿、法国蓝等；酿制白葡萄酒的品种有珊瑚珠、雷司令、新玫瑰、巴娜蒂等。加工果汁用的品种，果粒颜色鲜艳，果汁澄清后仍能保持葡萄的原有风味，如玫瑰香、佳利酿、柔丁香等。加工罐头品种，以无核白、无核红等无籽品种为最好。而用于制干品种，果粒含糖量高，无籽，干制后含水量不超过1.7%，储藏不粘连，新疆产的无核白和无核红等品种最适于制葡萄干，并且深受广大群众的喜爱。

2. 香蕉

香蕉、金蕉、粉蕉在市场上通称为香蕉或香大蕉。香蕉为芭蕉科芭蕉属多年生常绿草本植物的果实，原产于亚洲东南部，我国南部即为原产地之一。我国栽培香蕉有2000多年的历史，主要产地是广东、广西、台湾、福建、云南五省(区)，四川、贵州也有少量种植。广东产量最多，为全国之冠。

香蕉系由花托发育而成的无籽果实，果肉软嫩而滑腻，味甘美、芳香，富含糖分，主要为鲜食，还可以加工成果干或果粉。

我国的香蕉可分为香蕉、大蕉和粉蕉（包括龙牙蕉）三类。

香蕉又名芎蕉、芭蕉、天宝蕉、中国矮蕉等，主要产在广东。果形略小、弯曲、成熟后果皮带有“梅花点”，故又称“芝麻香蕉”，果肉黄白色，味甜，香浓。著名品种有大种高把、油蕉、天宝蕉等。大蕉又名鼓槌蕉，主要产在广东。果实大而直，呈五棱形，皮厚易剥离，成熟时果皮黄色，肉柔嫩，甜带酸，无香气；著名品种有牛奶蕉、暹罗大蕉等。粉蕉类（包括龙牙蕉）主要产在广东和福建，果肉柔软而甜滑，乳白色，水分少，含淀粉多，充分成熟才适于食用，具有特殊香气，著名品种有糯米蕉、西贡蕉等。

香蕉采收后，需经催熟方可食用。香蕉以果实肥大、皮薄肉厚、色黄、香味浓的为上等佳品。

3. 龙眼

龙眼，又称桂圆，原产于我国南部及西南部，现我国龙眼主要分布于广东、广西、福建和台湾等省（区）。此外，海南、四川、云南和贵州省也有小规模栽培。

龙眼治疗虚劳羸弱、失眠、健忘、惊悸、怔忡、心虚头晕效果显著。此外，龙眼还有抗老防衰的作用，因为它能抑制人体内使人衰老的一种酶的活性，加上所含的丰富的蛋白质维生素及矿物质，久食可“使人轻身不老”；龙眼还能补气养血，对神经衰弱、更年期妇女的心烦汗出、智力减退都有很好的疗效，是健脑益智的佳品；而产后妇女体虚乏力或营养不良引起贫血，食用龙眼是不错的选择。龙眼是安神的，但是疲乏的人不要吃，否则会嗜睡。

4. 荔枝

荔枝原产于中国，是中国岭南佳果，色、香、味皆美，驰名中外，有“果王”之称。荔枝的果皮多数有鳞斑状突起，呈鲜红或紫红色。果肉产鲜时半透明凝脂状，味香美，但不耐储藏。荔枝主要产于中国西南部、南部和东南部广东、广西、福建、四川、台湾、云南等地，尤其是广东和福建南部栽培最盛。亚洲东南部也有栽培，非洲、美洲和大洋洲都有引种的记录，纬度分布范围从北纬18°～北纬28°。

（四）柑橘类

柑橘类是属于芸香科的一大类果实的总称，生长在我国南方（亚热带地区）。其中经济价值最大的是柑橘属中的柑、桔、甜橙、柚、柠檬等。此外，金柑属中的山金豆、金枣、盆桔、金柑等，也具有一定的食用价值。

柑橘属的果树，在我国已有4000年以上的栽培历史，主要分布在长江以南各省，而长江以北、秦岭以南的部分地区也有柑橘出产，其中以广东、四川、福建、台湾、湖南、浙江等省（区）产量最多。

柑橘类果实除供鲜食外，还可制成果汁、果脯、罐头和果酒等，其果皮可作中药材，也可用来提取芳香油等，可见其用途广，经济价值大。柑橘类果实味鲜美，甜酸适口，富含糖分、有机酸和维生素C等营养成分，并且有较好的耐储性，因而无论在国内还是在世界水果市场上均占有重要地位。

柑橘类果实又名柑果或橙果，它由外果皮、中果皮、内果皮、种子构成。外果皮与中果皮粘连，分界不明显，其外层为黄皮层，外覆蜡质，内含油胞（含芳香油）。外皮颜色有鲜黄、淡黄、橙黄及橘红等。内层为白皮层，系白色海绵状组织，内含大量果胶，并有维管束（橘络），其厚薄因品种而有很大差异。内果皮组成瓤瓣状果肉，一般由6～12瓣组成。每一瓤瓣外包薄膜，其内侧生长许多肉质化的小瓤囊，又称沙囊，果汁即含在瓤囊中。种子含在瓤瓣中，每瓣有种子1～3 粒或无种子。

我国柑橘属果实品种很多，其主要类别有柑橘、甜橙、柚和柠檬。

1. 柑橘

柑橘是我国柑橘属果实中产销较多的品种。柑、桔原为一种，同属于宽皮桔类，共同特点是：果实扁圆或圆形，果皮黄色、鲜橙色或红色，薄而宽松，易于剥离，种子小，胚绿色。它们的不同点如下。

（1）柑类：果实大而近于球形，果皮略粗厚，橘络较多，种子呈卵圆形，耐储藏。著名的品种有芦柑、蕉柑、瓯柑、温州蜜柑等，其中蕉柑更适于储藏。

（2）橘类：果实小而扁，皮薄宽松，比柑类易剥离，橘络较少，种子尖细，胚深绿色，不耐储藏，但能早熟。其中依果皮颜色可分为橙黄色品种和朱红色品种两类。橙黄色品种有早橘、天台山蜜橘、乳橘、南丰蜜橘等；朱红色品种有福橘、朱橘、衢橘、川橘、大红袍等。除福橘质量较佳外，一般红橘的滋味均较酸，瓤皮较厚且不耐储藏。

2. 甜橙

甜橙又名广柑或黄果。在世界上栽种面积较大，产量也多。果实近于球形或卵圆形；皮薄而光滑，充分成熟时呈橙色、橙红色、橙黄色；果皮与果肉连接紧密，难剥离；果心柱充实，种子呈楔状卵形，胚白色。果实汁液多，味酸甜可口，品质佳，耐储藏。按果顶和肉色不同可分为普通甜橙、脐橙、血橙三类。普通甜橙类果顶光滑，无脐，果肉为橙色或黄色，著名的品种有广东的新会橙、雪橙、香水橙，四川的鹅蛋柑、广柑，福建的改良橙，广西的玉林橙等，以鹅蛋柑品质最佳。脐橙类果顶开孔，内有小瓤囊露出而形成脐状，故名脐橙，果肉为橙色。著名的品种有四川的石绵脐橙、浙江的华盛顿脐橙、江西的太极图等。血橙类，果实无脐，果肉赤红色或橙色带赤红色斑条，故名血橙，著名品种有四川的红玉血橙、湖南血橙等。

3. 柚

柚又名文旦、抛、栾，在我国栽培历史悠久。柚子外形美观，果实很大，皮较厚，油胞大，难剥离，成熟时淡黄色或橙黄色。果肉白色或粉红色，种子大而多。柚果汁少，富有维生素 C 和糖分，味甜，有的品种带苦味，极耐储藏。除鲜食外，柚皮可提制果胶或作蜜饯。著名的品种，依其果形又分为球形果，如福建的文旦柚、四川的梁山柚等；梨形果，如广西的沙田柚、福建的坪山柚等。

4. 柠檬

柠檬又名洋柠檬，有四季开花结果的习性，其鲜果供应期特长，是世界重要水果，在国际水果市场上价值很高，占有一定的经济地位，我国生产很少，主要产在四川、广东和台湾等省。柠檬果皮色鲜黄，呈椭圆或圆形，顶端有乳头状突起，果汁极酸，含维生素C和柠檬酸很丰富，并有浓香，主要用作果汁饮料，又可提取柠檬酸和柠檬油。著名的品种有尤力克、里斯本、香柠檬（北京柠檬）等。

（五）复果类

复果类果实由整个的花序组成，是以肉质的花序轴及苞片、花托、子房等作为食用部分。果肉柔嫩多汁，味甜酸适口。此类果实主要有热带的菠萝、菠萝蜜和面包果等，其中菠萝的经济价值较大。

1. 菠萝

菠萝学名凤梨，属凤梨科，为多年生常绿草本植物的果实。菠萝原产巴西，16世纪末传入我国，主要产在台湾、广东、福建、广西、云南等地，是我国南方热带地区重要水果之一。菠萝的果实为圆锥形，外有鳞片状小果百个以上。当花序轴上的小花脱落后，花苞、萼片、子房、花柱和花序轴便膨大而成肉质化的松球状复果。果肉为淡黄色，成熟后肉质松软，稍有纤维，味甜酸，多汁，有特殊的香气。果汁不仅含有糖和有机酸，而且还含有丰富的菠萝蛋白酶，有助于人体对蛋白质的消化吸收。菠萝经济价值高，除供应市场鲜销外，还是加工罐头和果汁的重要原料。

菠萝的品种很多，我国栽培的品种有30余种，其中台湾就有20余种，其中有杂交改良的，也有引进的。菠萝品种名称习惯以地名称呼。我国的主要品种如下。

（1）无刺卡因种。无刺卡因种又名沙捞越、夏威夷。果形较大，一般果重1.5kg～3kg，大的可达4kg～6kg。果为长圆柱形，果眼大而平浅，果实黄绿至黄色，果肉黄白，纤维少，肉质柔软多汁，酸甜适中，不耐储藏，而适于加工罐头。

（2）神湾种。神湾种又名黄毛里斯，习惯称台湾有刺或台湾种，我国广东中山神湾一带种植已久，故以该地命名。果细小，一般果重0.5kg～1kg，果实淡黄色，果眼小而突出。果肉淡黄至黄色，纤维少，甜而香气浓，较脆爽，耐储藏，适于鲜食。

（3）本地种。本地种为广东、广西、福建、台湾等省区的本种，俗称“土菠萝”。一般果重1kg左右，果形不整齐，果眼大小不均匀，多下陷，肉淡黄色，质粗多渣，汁少酸度高，无香味，果实质量较差。

2. 菠萝蜜

菠萝蜜，又名苞萝、木菠萝、树菠萝、大树菠萝、蜜冬瓜、牛肚子果。原产于热带亚洲的印度，在热带潮湿地区广泛栽培。现在盛产于中国、印度、中南半岛、南洋群岛、孟加拉国和巴西等地。我国岭南的海南、广东、广西、云南东南部及福建、重庆南部有栽培。属于热带水果。由于菠萝蜜是世界上最重、最大的水果，一般重达5～20kg，最重超过50kg，加之果实肥厚柔软，清甜可口，香味浓郁，故被誉为“热带水果皇后”。

菠萝蜜的果实大若冬瓜、形如牛肚、皮似锯齿，果肉浓香味美，菠萝蜜的浓香可谓一绝，吃完后不仅口齿留芳，手上香味更是洗之不尽，余香久久不退。

（六）瓜类

西瓜和甜瓜同属于葫芦科植物的果实，统称为瓜类，它是我国商业部门作为水果经营的一大类别。西瓜、甜瓜，味甜美而多汁，含糖量均在10%以上，是夏季消暑解渴的大众化水果，在夏令水果供应中占有特殊重要的地位，瓜类已是人们生活中不可缺少的副食品。我国的瓜类除供应国内市场消费以外，每年还组织一定数量的哈密瓜、白兰瓜和无籽西瓜出口，为国家增加外汇收入。

西瓜和甜瓜在植物学上又称为瓠果。果实由花托、外果皮、中果皮、内果皮、胎座和种子构成。其中内果皮、胎座是西瓜的可食部分，而中果皮和内果皮则是甜瓜的可食部分。由于瓜类的构造部位不同，其含糖量和甜度也有差异。一般是瓜的顶部含糖量高于中部和基部，瓜的向阳面又高于阴面；西瓜甜度最高的部位在瓜头的中心瓜瓤处。

我国的西瓜和甜瓜的品种很多，其主要类别和品种如下。

1. 西瓜

西瓜又名寒瓜、水瓜、夏瓜。原产于非洲，在我国栽培历史悠久。西瓜按其用途不同分为饲用、子用和生食用三类，而作为水果供应市场的主要是生食品种，属于普通西瓜。据新疆八一农学院研究，我国栽培的西瓜可分为5个生态类型。

（1）新疆生态型：果型大，单个重可达10kg～20kg以上，晚熟。瓜多圆形，瓤为红色，瓤质较粗，稍脆，含糖量8%～9%之间。主要分布在新疆地区，著名品种有精河西瓜、吐鲁番白皮瓜、阿克苏少籽红等。

（2）华北生态型：瓜形中等或大型，单个重4kg～10kg，中熟。瓜呈圆形或椭圆形，瓤红色、黄色和白色，瓤质沙软，含糖量在7%～8%之间。包括华北和西北各地的西瓜，著名品种有三白瓜、花狸虎、核桃纹、黑油皮及黑崩筋等。

（3）东亚生态型：瓜形小，单个重2kg左右，早熟。多为圆球形，瓜皮薄，瓤色呈大红色或鲜黄色，瓤松，含糖量在6%～9%之间。包括我国东南沿海地区及日本的一些西瓜品种，著名品种有马铃瓜、旭大和、红玖及新夏之王等。

（4）俄罗斯生态型：瓜圆形，单个重3kg左右，中、晚熟。瓜瓤多为红色，肉质脆，籽小，含糖量在9%～10.5%之间。包括从原苏联引进的一些西瓜品种，如苏联一号、二号、三号等。

（5）美国生态型：瓜为长形，单个重4kg左右，瓤红色，肉质细脆，含糖量在9.4%以上，包括从美国引进的西瓜品种，如糖婴、查理斯顿。

2. 甜瓜

又名香瓜、甘瓜、小瓜、梨瓜。我国栽培的甜瓜分为厚皮和薄皮两大系统。

厚皮系统的甜瓜，瓜形大，皮厚，肉厚，瓜肉绵软。其中又有网纹类和非网纹类之分。网纹类甜瓜，瓜成熟时表皮裂开，并充满木栓质，形成网纹。著名品种有甘肃的麻醉瓜、花皮哈密瓜，新疆的蜜极甘、金棒子、青麻皮等。非网纹类甜瓜，瓜皮表面光滑，无网纹。著名品种为甘肃的白兰瓜、新疆的花巴登。

薄皮系统的甜瓜，又名普通甜瓜，瓜皮薄，瓜肉也薄，不耐藏。其中又有脆瓜和面瓜之分。著名品种有益都银瓜、南昌梨瓜、老面瓜等。

二、蔬菜的分类

(一) 根据产品可食器官进行分类

蔬菜按其供食用的器官进行分类可分为根菜类、茎菜类、叶菜类、花菜类和果菜类，以及食用菌类。

1. 根菜类

根菜类是以肥大的变态的肉质根部作为食用的蔬菜。此系储藏养分的器官，均富含糖类。按其生长形成不同又分为直根类和块根类两种类型。

(1) 直根类。直根类是由直根膨大形成的肉质储藏器官，其中含有大量糖分，还含有挥发油，如烯丙基芥子油。常见的品种有萝卜、芥菜头、胡萝卜、紫萝卜头；还有作为调味的辣根、牛蒡、美洲防风等。这类根菜产量高、耐储藏，既可供生食、熟食，又适于加工腌制，因而在蔬菜产销经营中占有重要地位，是我国北方冬、春两季蔬菜供应的主要品种，尤其是萝卜作为我国原产的重要根菜，其种植面积仅次于大白菜，是北方地区的主要秋季菜和冬季储藏的重要蔬菜。

(2) 块根类。块根类是由主根或侧根膨大而形成的，多呈纺锤形，可供食用的品种主要有产于南方的豆薯（又称凉薯），在其薄壁细胞中含有淀粉。

2. 茎菜类

茎菜类是以肥嫩而含有丰富养分的变态的茎部作为食用的蔬菜。茎菜类品种较多，形态也多种多样。按其生长形成不同又分为以下各类。

(1) 肥茎类。又称地上茎，可食用肥大的地上茎，如莴苣、茭白、榨菜等。

(2) 嫩茎类。可食用幼嫩的茎芽，如冬笋、竹笋、香椿、石刀柏等。

(3) 块茎类。可食用地下根茎，如莲藕、姜等。

(4) 球茎类。可食用地下球茎，如慈姑、芋头等。

茎菜类蔬菜种类多，用途广泛，营养成分种类较全，营养价值也较高。其中，属于薯芋类的马铃薯、芋头、山药及水生菜中的藕、慈姑等，都富含淀粉，不仅可做菜食，还可提取淀粉，而马铃薯和芋头又可作主食，由于它们的产销数量大，在蔬菜供应中占相当大的比重，因而是我国重要的茎菜。竹笋和石刁柏，质嫩、含蛋白质丰富且质量高，是加工罐头的良好原料。生姜含有姜油酮、姜油酚等芳香油，是烹调用量较多的重要的香辛类蔬菜。

上述茎菜中除嫩茎菜外，一般较耐储藏，尤其是地下茎类蔬菜，更耐储藏，如马铃薯是我国北方地区秋储过冬的主要蔬菜。

3. 叶菜类

叶菜类是以叶片和肥嫩的叶柄作为食用的蔬菜，是品种最多、消费量最大的一类蔬菜。其中既有生长期短的小白菜、小油菜等，又有高产耐储藏的大白菜、洋白菜等，还有起调味作用的蔬菜如葱、蒜等，因而在蔬菜的周年供应中占有很重要的地位，在调剂蔬菜品种余缺中起着重要的作用。

叶菜类的形态也是多种多样的，但其供食用的均是蔬菜的叶或叶的某一部分。叶菜类按栽培的特点不同又分为以下各类。

（1）普通叶菜。普通叶菜以幼嫩的绿叶、叶柄或嫩茎作为食用。生长期短，属于快熟菜，在蔬菜的周年供应中具有连接蔬菜茬口、搭配品种及增加蔬菜产量的作用，普通叶菜的品种多，其形态、结构和风味也各有特点，在我国南方和北方都有种植，主要品种有小白菜、油菜、菠菜、芥菜、苋菜、冬寒菜、塌古菜、花叶生菜、瓢菜等。

（2）结球叶菜。结球叶菜叶片面积大而圆，叶柄肥宽，在营养生长的末期包心而形成紧实的叶球，由于收获后处在休眠状态而耐储藏。主要品种是大白菜和结球甘蓝（洋白菜）。大白菜是我国华北及东北地区的重要秋菜，它是秋、冬、春三季供应市场的主要蔬菜品种；而结球甘蓝则是我国西北、东北、内蒙古寒冷地区秋季及南方地区冬季、春季的主要蔬菜。

（3）鳞茎状叶菜。鳞茎状叶菜其鳞茎属于假茎，是叶的变态。主要品种有葱头、大蒜、胡葱、百合等。

（4）香辛叶菜。香辛叶菜在其叶片和叶柄中含有挥发油成分，具有特殊的香气，是重要的调味蔬菜，如大葱、韭菜、香菜、茴香等。

在上述叶菜中，除结球叶菜和鳞茎状叶菜以外，由于叶片面积大，含水量高，生理活动旺盛，大多容易蒸发、萎蔫，而不耐储藏，以随时供应市场销售为主。鳞茎状叶菜，在长期储藏的后期容易发芽，需保持低温、干燥条件。而结球叶菜中的大白菜，由于是北方地区长期储藏并需过冬的品种，需注意储藏入库前的晾晒和储藏期间控制适宜的低温条件，以防止储藏初期的脱帮和后期的菜心萌发抽薹，达到减少损耗及长期储藏的目的。

4. 果菜类

果菜类是以果实和幼嫩的种子作为食用的蔬菜。由于果实的构造或植物学分科的不同，又可分为 3 种类型。

（1）茄果类。茄果类是属于茄科植物的果实，中果皮肉质化或内果皮呈浆状，故又称浆果类。其中重要品种有番茄、茄子和辣椒等。

浆果菜含有丰富的维生素C和类胡萝卜素，营养价值高，其中番茄还含有较多的糖和有机酸，味美可口。辣椒含辣椒素成分，味辣，作调味料有增进食欲和兴奋精神的功效。

（2）瓜类。瓜类是属于葫芦科植物，果皮肥厚而肉质化。瓜类主要包括黄瓜、冬瓜、南瓜、瓠瓜、丝瓜、苦瓜等。黄瓜又名胡瓜，产区分布广泛，全国各地均有栽培，在夏季蔬菜供应中占有重要地位。

（3）豆类。豆类属于豆科植物，用作蔬菜的是鲜嫩的豆荚的种子，又称荚果类，主要品种有菜豆、豇豆、豌豆、刀豆、毛豆、蚕豆等。豆荚均富含蛋白质和糖类，营养价值高。菜豆又名芸架豆或扁豆，色鲜绿，质柔嫩而味美，是夏季大量上市的蔬菜。

5. 花菜类

花菜类是以幼嫩的花器或花枝作为食用的蔬菜，种类不多，常见的有两类。

（1）花器菜。花器菜主要有金针菜（黄花菜），金针菜富含胡萝卜素和钙、磷、铁质，鲜销较少，主要加工成干黄花菜。

（2）花枝菜。花枝菜有花椰菜（菜花），花椰菜色洁白、细嫩，其供食用的花蕾和花枝含有较多的糖分、蛋白质，食味鲜美，经过储存保鲜可以常年供应市场。但因菜质柔嫩，易受机械损伤而发生褐变，因此，在经营中需注意轻拿轻放，防止菜花受损伤。

6. 食用菌类

食用菌是一类可供食用的低等植物的总称，主要是大型无毒食用真菌子实体，世界食用菌年总产量约130多万吨，其主要品种有：蘑菇、香菇和木耳，此外，还有金针菇、草菇、平菇和猴头菌等。

（1）蘑菇。蘑菇又名双孢蘑菇、白蘑菇，是欧美各国最早栽培的食用菌；已有300多年的历史，目前世界已有80多个国家进行栽培，年产量90万吨左右，占食用菌总产量的70%。我国年产量15万吨左右，占世界第三位。主产地为福建、广东、江苏、浙江、湖北等省及上海市。我国蘑菇罐头年出口量为6万多吨，占世界第一位。

（2）香菇。香菇又名冬菇，因其香气浓郁而著称。我国早在600年前即已在浙江栽种。世界年产量约17万吨，占食用菌总产量的13%。我国香菇年产量约2500t，次于日本，居世界第二位。主产地为福建、广东、浙江、江西、湖北、湖南、四川、云南、广西、江苏等省。

（3）木耳。木耳包括黑木耳和银耳，世界年产量约1.4万吨，我国产量1.2万吨，居世界第一位。黑木耳1.1万吨，主产地为湖北、陕西、广西、云南、黑

龙江、河南、四川等省，其中以湖北的产量为最多，黑龙江的质量为最佳，年出口量为1000t左右。银耳是我国特产，是一种较名贵的滋补品，年产量1500t左右，主产地为四川、湖北、贵州、福建等省。

食用菌含有多量的蛋白质、氨基酸和维生素，其中蛋白质的含量都高于一般果蔬，例如蘑菇中的蛋白质含量高达36.1%，高于肉类和鱼类。无论蘑菇、香菇或是平菇，都含有17～18种氨基酸，并且大多数食用菌中都含必需氨基酸，故食用菌是一种营养价值较高的食品。此外，食用菌还含有丰富的维生素，如蘑菇中含硫胺素（B_1）、核黄素（B_2）、抗坏血酸（C）、维生素K、泛酸、叶酸等，在香菇中维生素的含量更多，除维生素B_1、B_2、B_{12}以外，还含有丰富的维生素D原。香菇和木耳中蛋白质含量也都在10%以上，并且均含有维生素B_1、维生素B_2和烟酸，均富含钙、磷、铁等矿物质。

由于食用菌含有丰富的蛋白质及其必需氨基酸、维生素、矿物质等营养成分，因此，常称为“健康食品”，并且将其推荐为现代宇宙航行员的食品。食用菌不仅营养价值较高，而且药用价值也较高，香菇、蘑菇、金针菇等含有能降低血液中胆固醇的有效成分——香菇素，香菇素具有防止胆固醇过高，治疗高血压和动脉硬化的功能。猴头菌对胃和十二指肠溃疡有良好疗效，猴头菌中所含的多糖和多肽类物质是抗肿瘤的有效成分。据研究试验证明，从食用菌提取出的真菌多糖，可提高人体内免疫系统的功能，具有抗癌作用。此外，利用食用菌制成的抗生素目前已有数十种，如香菇菌素、野菇菌素、火菇菌素、密环菌素、侧耳菌素等。总之，食用菌的食用价值和药用价值已越来越多地受到各国的普遍重视。因此，在国际上已将食用菌作为一种新兴的“健康食品”引入人类的生活领域，以改变食物的结构，增强体质。

（二）根据农业生物学分类

这种分类法是把蔬菜植物的生物学特征与栽培技术特点结合起来，虽然分类很多，但比较实用。

1. 白菜类

这类蔬菜都是十字花科的植物，包括大白菜、小白菜、结球甘蓝（圆白菜）、球茎甘蓝、花椰菜甘蓝等。

2. 根菜类

这类蔬菜以肥大的肉质直根为食用产品，如胡萝卜、萝卜、根用芥菜、根用甜菜等。

3. 茄果类

主要是番茄、茄子、辣椒等。

4. 瓜类

主要是黄瓜、冬瓜、丝瓜、南瓜、葫芦、苦瓜等。

5. 豆类

主要是菜豆、刀豆、毛豆、扁豆、豌豆、蚕豆、毛豆等。

6. 葱蒜类

这类蔬菜是百合科的植物，主要是大葱、洋葱、蒜、韭菜等。

7. 绿叶菜类

主要是苋菜、芹菜、茼蒿、莴苣、落葵等。

8. 薯芋类

主要是马铃薯、山药、姜、芋头等。

9. 水生蔬菜

主要是藕、茭白、菱角、慈姑等。

10. 多年生蔬菜

主要包括金针菇、竹笋、百合等。

11. 食用菌类

主要包括蘑菇、香菇、草菇、木耳、银耳等。

12. 芽菜类

这是一种新开发的蔬菜，用蔬菜的种子或者粮食作物种子发芽的蔬菜产品，绿豆芽、黄豆芽是人们很早就开始食用的，除此之外还有豌豆芽、萝卜芽、荞麦芽等。

13. 野生蔬菜类

野生蔬菜的种类很多，普遍食用的包括蕨菜、野生木耳、野生蘑菇、发菜等。

第三节　水果与蔬菜的采收及采后处理

一、采收

果蔬的采收成熟度与方法对果蔬的品质有很大的影响，也是做好商品化处理的基础，只有品质优良的产品才能继续在之后的储藏及运输过程中保持品质。

果蔬的采收是果蔬栽培生产的最后一个环节，也是果蔬进入商品流通领域的开始。采收工作具有很强的季节性和技术性，并且直接关系着果蔬的产量和质量。如果采收过迟，果蔬会因生长或成熟过度而衰老，变得不耐储藏或不适于加工；反之，如果采收过早，则不能具有本品种所固有的色、香、味，并且容易干缩皱皮而影响外观。因此，只有适时采收，才可能获得质量好和耐储藏的产品。

适时采收，首要是要确定适宜的采收期和适当的采收方法。果蔬的采收期取决于果蔬的成熟度、生长日期以及销售、加工、储运等不同的要求。

(一) 采收时间的确定

果蔬采收期的确定主要取决于它们的成熟度。一般把果蔬分为三种成熟度。

1. 采收成熟度

采收成熟度是指果蔬达到了可以采收的时期，但还未完全成熟，本品种应有的色、香、味还未充分表现出来，还不完全适于食用，这一成熟度的范围很大。一般具有明显后熟作用的果蔬，如苹果、香蕉和番茄等，只要达到采收成熟度即可采收，因为经过一段储藏，在适宜的环境中，可以自然完成后熟，达到本品种固有的食用质量和风味要求。例如，晚熟种苹果在达到采收成熟度时采收，经过2～3星期或1～2个月的后熟过程，其食用质量最好。

此外，作为某些加工品的原料，其成熟度与制品的质量关系很大。例如，果脯的原料，必须在果实还相当硬时采收，即在采收成熟度时采收，以防止果脯在加工过程中经过热煮时出现煮烂现象，影响制品质量。

2. 食用成熟度

果蔬在这时已经成熟，充分表现出本品种特有的外形、色、香、味，在化学成分和营养价值上也达到了食用的要求，风味和质地均最好。缺乏或无后熟作用的果蔬如大多数蔬菜和桃、杏、李、葡萄等水果，则适于在达到食用成熟度时进行采收，采收后即可供当地消费，但却不适于长途运输或长期储藏。这时的果蔬适于作为加工干果、干菜，酿造和腌渍用的原料，因为含糖量高，大部分原果胶已转化为果胶。

3. 生理成熟度

所谓生理成熟度是指果蔬在生理上已达到充分成熟阶段，种子充分成熟，果肉变软，由于果实的呼吸和化学成分的水解作用的加强，果味变淡，甚至无味，营养价值降低，故不适于食用，更不耐储藏，但具备果蔬留作种子的要求。对于籽仁类（瓜籽、杏仁等）或作种子的蔬菜（留种用的茄子、黄瓜等）等，都应该在达到生理成熟度时进行采收，否则会影响果蔬的产量和质量。

果蔬的成熟是一个复杂的生理生化变化过程。果蔬的上述三种成熟度，表明不同的成熟度，其中的化学成分和生理活动的变化亦是有所差异的，并直接影响着果蔬的食用质量、供应时间和耐储性。

(二) 采收方法

果蔬的采收方法有人工采收和机械采收两种。目前我国主要采用人工采收方法。机械采收可以节省很多劳力，采收效率高，但采收的产品质量差。例如，果实用机械采收，往往会折断果梗并会造成机械损伤，因而作为鲜销和储藏的果蔬不适于采用机械采收。机械采收的果蔬多用作加工制品的原料。

不同种类不同品种的果蔬需用不同的采收工具和采收方法。例如，根茎类蔬菜采收用锹挖或用机械采收。甘蓝、大白菜等用刀割。柑橘类果实应用圆头果剪齐萼剪下，剪时避免刺伤果皮和损伤萼片。当苹果和梨成熟时，因其果梗与短枝间产生“离层”，故采收时只要用掌将其向上一托即可自然脱落，但应防止折断果梗。桃、杏等成熟后果肉柔软，人工采收时容易造成指甲受伤，所以应小心摘取。香蕉、菠萝成熟后应用刀割取；核桃、板栗、香榧、橄榄、枣等则以竹竿打或摇落采收。采收的鲜果一般应保留果梗。

(三) 采收注意事项

为使采收的果蔬保质保量应注意以下几点。

(1) 从采收到装筐或装箱，应防止一切机械损伤。果蔬有了损伤，微生物就容易侵入，使果蔬的呼吸强度增加，从而降低了耐储性。与此同时，商品价值也相应降低。因此，在采摘时一定要注意轻摘轻放。

(2) 采收时应注意气候条件。防止果蔬产品受到雨淋和霜冻的危害。采收最好是在晨雾消失、露水已干的晴朗天气进行。采收时应避开中午。

(3) 果蔬要掌握分期采收的原则。因为同一植株的果实，由于生长部位和受环境条件的影响不同，不可能同时成熟。按照果蔬的成熟先后进行分期采收，有利于提高产品质量和增加产量。

(4) 采收后的果蔬在包装和运输前应充分散发“田间热”。果蔬在田间生长期间有较高的温度，尤其是处在气温高的季节里更为显著，此即为“田间热”。因此，果蔬采收后，需要露天放置一段时间，来散发其“田间热”，以防止因受热而造成果蔬腐烂，便于运输和储藏。

二、整理与分级

果蔬采收后，必须及时地进行分级，只有这样才能确保产品的安全储藏与运输。正确的分级，不仅能促使果蔬达到商品标准化，而且对贯彻国家的优级优价政策，不断提高果蔬的质量，推动果蔬的生产发展，以适应国内外市场对果蔬的要求都具有重要的意义。

果蔬的分级是按照国家或地方规定的果蔬收购规格标准或收购质量标准进行的。果蔬分级时，主要的根据是果蔬的品质、颜色和大小三个方面。其中，果蔬的品质最重要，它包括果形、成熟度和病虫伤害等项目；颜色是果蔬进行分级的项目，要求具有本品种成熟时正常的色泽；大小是果蔬分组的项目，常以果实的横断面直径（厘米）表示，不论哪一种果蔬，其品质和颜色的要求在同一等级内必须是一致的。品质、颜色、大小三者互相联系，因此，在分级时，应当根据上述三个方面对果蔬的质量进行综合评定。

蔬菜的分级除了根据品质、颜色、大小三方面以外，还应当要求蔬菜清洁，修整状况良好，不带泥土或黄烂帮叶等。

果蔬分级的基本质量指标有以下 6 项。

1. 形状

形状是果蔬品种的重要特征，每个品种都具有其特有的形状，依据形状可以鉴别同一批果蔬的品种是否一致，生长发育是否均匀。品种一致发育均匀良好的果蔬，它们的营养成分和生理状态基本相同，因而其质量和食用价值均较高，并便于包装、储运及加工。但是由于外界环境条件差、遭受病虫害等原因，往往会有畸形果蔬出现。畸形果蔬由于发育不良其质量较低。

2. 大小

同一块园地或同一棵植株上长的蔬菜或水果，经常出现大小不等的情况。一般同一品种个形大的一般要比个形小的发育充分、质量优良、可食部分多、商品价值大。因此，果蔬按照大小分组，可更好地评价其质量，也便于包装和销售。

3. 色泽

色泽是果蔬品种的重要特征，它是由不同的色素所引起的，能反映果蔬的成熟度和新鲜度。

果蔬在成熟过程中，由于某些色素的分解或合成而引起色泽的改变，随之果蔬中的营养物质也在变化。例如，许多水果成熟后绿色消失而显现出鲜艳的红色或紫红色（或称表色），红色面积越大，其食用质量亦越佳，因此可用表色面积的大小来评定水果的质量。

新鲜的果蔬具有鲜艳的色泽。当新鲜度降低时，色泽最易改变，如不新鲜的绿叶蔬菜变黄（或称黄化）、红色的苹果变暗等。

4. 成熟度

如前所述，成熟度能充分反映果蔬的风味和食用质量，以及它们的耐储性。因此，成熟度是果蔬的重要质量指标。

果蔬成熟度可用表皮颜色变化、肉质硬度、可溶物的含量、糖酸比值、果体大小以及生长期长短来表示。而以表皮颜色变化、肉质硬度、糖酸比值来确定成熟度较为准确。

5. 损伤

由于果蔬的组织结构柔嫩，不仅在生产和流通过程中极易受到各种机械伤害，并由于采收以后所造成的伤口难愈合，容易感染腐败微生物，对长期储藏极为不利。因此，在果蔬分级时，应严格限制机械损伤的大小及部位。

6. 病虫害

由于果蔬富含营养成分，在生长期间最易遭到虫害和病害的侵染，例如，苹果和梨常常受到食心虫的危害，柑橘常受介壳虫、柑蛆、锈壁虱等的危害；而由真菌或细菌引起的各种腐烂病害（如软腐病、炭疽病、轮纹病、青霉病等）以及储藏生理病害（黑心病、水肿病等）对于果蔬也有很大的危害性。在分级时，受到病虫害的果蔬，应该剔除或者降低等级。

有许多病虫害是属于国际或国内禁疫性质的，在果蔬的对外贸易中，对这些病虫害，有的限制数量和范围，有的则绝对禁止。例如，柑橘或苹果的甲壳虫和食心虫，柑橘的蒂腐病、疮痂病、黑腐病等都属于禁疫对象。

此外，干疤、水锈、冻伤、枯萎、日烧等病害也应加以防止。

果蔬的分级，一般是根据标准规定项目凭感官进行鉴定的，果蔬的大小，除目测或手测以外，还可以采用简单的器械（如圆孔分组板或光电分级机等）；果蔬的硬度则以压力式硬度计测定。

三、包装

近年来，果蔬在百姓日常饮食结构中的比例呈逐年上升趋势。人们希望在任何时间、任何地点均能买到新鲜、高品质的果蔬，这就需解决好各种包装技术在果蔬保鲜过程中的应用，并了解包装产业的发展现状。包装在果蔬的储运销各个环节中是必不可少的，它起着保护果蔬、延长果蔬的保鲜期、方便装卸作业等重要作用。

（一）果蔬包装要求

影响果蔬新鲜度的主要因素是果蔬的呼吸作用和蒸腾作用。果蔬呼吸作用会造成内部营养成分消耗、肉质软化、营养价值降低；乙烯气体能促进果蔬老化，并使呼吸作用加快；果蔬中水分含量高达85%～95%，如果水分损失量达到5%，外观就会蔫萎，降低商品价值；如果变黄，维生素C的含量就会降低。可见，呼吸作用是影响果蔬鲜度的主要因素。另外，由病原微生物引起的腐烂变质是蔬菜鲜度降低的另一个影响因素。果蔬在储藏中仍然是有生命的机体，它需要抵抗不良环境和致病微生物的侵害，保持品质、减少损耗、延长储藏期。因此，果蔬包装需要针对果蔬生理变化特点，有效地降低果蔬呼吸作用带来的危害，从而延长果蔬生命，使其保持新鲜，并且要求包装具有保护性、通透性和防潮性，并要求质量轻、无污染且易于回收处理。

（二）果蔬包装材料

传统的果蔬包装材料有竹筐以及由天然纤维或合成纤维生产的网、袋等，现在普遍采用的包装材料主要有塑料、复合包装材料、纸与纸制品包装材料。

1. 塑料包装材料

与一般材质相比，塑料包装材料具有质量轻、抗压性强、不易破碎、便于印刷等优点，在果蔬包装中应用较广。塑料包装材料种类多，目前广泛采用的有热固性塑料、热塑性塑料、复合包装材料，其中常用的热塑性包装材料有聚乙烯（PE）、聚丙烯（PP）、聚偏二氯乙烯（PVDC）等。热塑性塑料提高了包装的隔阻性和渗透性，目前聚偏二氯乙烯（PVDC）、乙烯和乙烯醇聚合物（EVOH）

在阻气、防水、防潮、保鲜、遮光等方面应用前景看好。复合软包装材料有铝箔、蜡、薄纸复合，铝箔、防油胶黏剂、羊皮纸复合等，作为一种更实用、更完备的包装材料具有取代硬包装材料的趋势。

2. 纸与纸制品材料

这类包装材料具有价格低、透气性好、防护性好、易成型、缓冲大等优点，在果蔬的外包装和内包装中大量使用，用于外包装的主要是瓦楞纸板、瓦楞纸箱、黄板纸等，作为内层包装材料的主要是玻璃纸、羊皮纸等。纸类材料缺点是易吸水受潮，耐压性容易受到影响。近年来，以 PVC 为主的功能性保鲜材料、可食性膜、新型包装纸、活性包装材料等在果蔬保鲜包装中也有大量应用。

(三) 果蔬包装容器

包装容器要有利于果蔬的冷却。菜豆、豌豆和叶菜类蔬菜，如装在不透气的容器（木板箱或纸箱）、篮子、口袋或密集堆积时，热的唯一消散途径是从包装内部到容器表面，包装中心部位的货物呼吸热不能很快消散、会迅速地升温。通过采取较小的包装或者对大件包装的容器采用通风化结构，才便于果蔬冷却散热。

新鲜果蔬的采后生理活动和冷链物流，对包装容器提出了要求：冷气有效地透入冷藏产品的包装内；包装层水蒸汽渗透性与产品需求量相一致。要防止因过度潮湿引起的腐烂变质，也要避免由于热烘干引起的干缩、失质量。包装容器结构采用的常用通风措施是容器壁上的开孔。借助开孔容器形成合适的气体通道，它首先通过新鲜空气提供给果蔬产品氧气，其次排出二氧化碳和乙烯这些有害物质。

(四) 果蔬包装技术

果蔬包装材料与包装技术相伴而生。随着高新技术的开发和应用，果蔬包装技术得到了快速发展。根据不同产品的需要，包装技术有自发调节气体包装、充气包装、减压包装、活性包装、可食性膜及涂层包装等。

四、预冷

(一) 预冷概述

预冷是现代果蔬流通体系的重要内容，也是冷链物流的首要环节。研究表明，在整个冷藏链中，不经预冷的果蔬在物流环节的损失率为 25%～30%，而经过预冷的果蔬损失率仅为 5%～10%。预冷是温度管理的开始。对于呼吸强度较高的果蔬，迅速将其冷却到适宜的储运温度，能大大延长果蔬保质期。几乎所有的农产品都能通过预冷延长保质期。许多果蔬在相对温暖的气候下成熟并采收，这时候的最高气温可能达到 40℃以上。那么，果蔬的品温将达到 32℃左右。

在此温度下，温度每下降 5℃，产品呼吸强度就会降低一半。以芦笋为例，新鲜的芦笋非常容易腐烂并木质化，采收后需要立即进行预冷，防止品质迅速下降。在高温环境下（温度低于 30℃），芦笋会在 4h 内变质并腐烂。如果进行预冷处理，保质期可以延长到 10 天，甚至更长。

（二）预冷的方式

果蔬预冷采用的主要方式有冷风预冷、冷水预冷、加冰预冷和真空预冷等。预冷方式的选择要考虑不同水果和蔬菜的低温适应能力、收获季节、比表面积、组织结构、处理量、运行成本等因素。

1. 冷风预冷

冷风预冷又分为库内预冷法、强制通风预冷法、压差通风预冷法。

（1）冷库预冷法。又称冷库风冷却法，是将装有果蔬的容器放在冷库内依靠冷风机吹出的冷风进行冷却。该方法简单易行，但冷却速度慢，一般需要 1～3 天才能冷却到预定温度（通常比储藏要求温度高 1℃～2℃）。

（2）强制通风预冷法。该法是在库内预冷的基础上发展起来的一项预冷技术，是指在具有较大制冷量和送风量的冷库或其他设备中，用冷风直接冷却容器中果蔬的方法。它与冷藏库的区别为制冷机的制冷能力不同，制冷机的制冷能力是冷藏库的 2～3 倍。由于空气流动量增大，与库内预冷法相比，明显加快了果蔬的冷却速度，强制通风冷却所需时间只有普通冷库风冷却的 1/2 或者 1/3。

（3）压差通风预冷法。该法是在强制通风预冷方法基础上改进的一种预冷方法。其冷却速度较快，投资也不是很大。将压差预冷装置安放在冷库中，当预冷装置中的鼓风机转动时，冷气吸入预冷箱内，产生压力差，将产品快速冷却。预冷时，将箱子孔跟孔堆叠排列，用抽风机或风扇强制抽吸或吹进冷空气。由于在箱子两端形成压力差，使冷空气有效地流经箱内，可以明显提高水果的预冷速度，压差预冷法与强制通风预冷法相比，在货堆的上方容易造成冷风短路的地方加装挡板，促使冷风通过指定路径流向果箱内，明显提高了通过预冷物的有效风量，加快了预冷速度，压差预冷时间为 4h～6h，仅为同等条件下冷库预冷时间的 1/10～1/4，预冷过程失水可控制在 2%以下。

2. 冷水预冷

冷水预冷是将果实放入冷却水中降温的方法，冷却水有低温水（一般为 0℃～3℃）和自来水两种。为提高冷却效果，可以用制冷水或加冰水的低温水处理。冷水预冷法降温速度快、成本低，但要防止冷却水对果蔬的污染。由于水的传热系数远比空气大，所以冷却速度要比冷风预冷法快，设备投资运作费用也比冷风预冷法低。但冷水预冷过的蔬菜往往带有较多的水分，微生物易繁殖，极易造成蔬菜腐烂，往往在流通中不受欢迎。

3. 加冰预冷

加冰预冷法指在装有水果和蔬菜的包装容器中加入细碎的冰块，一般采用顶端加冰块的方法。此法适用于与冰接触不会产生低温伤害的产品，如菠菜、花椰菜、甘蓝、葱、白萝卜和胡萝卜。如果将产品的温度从35℃降到2℃，所加冰量应占产品质量的38%。这种方法的优点是冰的吸收热量大，冷却速度快，果蔬表面潮湿、无干耗，设备简单、操作方便，缺点是制冰条件要求高，劳动强度大，制冰设备占地面积大，初次投资高。因此，加冰预冷法适用范围有限。

4. 真空预冷

真空预冷是利用水蒸发的汽化热冷却的方法，使果蔬所含的水分在较低的温度下蒸发带走果蔬自身的热量，达到冷却果蔬的目的，是利用将水的压力从常压0.1MPa降到663Pa时，水的沸点从100℃降到0℃，此时水在0℃迅速沸腾蒸发，每蒸发1g水带有2514J的热量。果蔬每失水1%，降温6.2℃。真空预冷可以在15min～20min内将果蔬从20℃左右降至2℃～3℃，但只限于果蔬中的茎、叶类，几乎不能冷却水分不易蒸发的果蔬，且投资费用较高。

五、愈伤

果蔬在采收过程中很容易造成机械伤，尤其是块茎、块根类蔬菜，比如芋头、马铃薯、山药、洋葱等，采收过程中造成的很小的创伤会使微生物侵入从而引起腐烂，因此这些果蔬必须经过愈伤才能延长其储藏期。愈伤是果蔬伤口处周皮细胞的木栓化过程，需要在高温高湿的环境下进行。例如，山药在38℃和95%～100%的相对湿度下愈伤24个小时，就可以降低其表面真菌的活动性以及减少其内部果肉的腐败。成熟的南瓜，采收后将其放置在24℃～27℃的环境下2周，其伤口便可愈合，果皮产生硬化，储藏时间也得到了延长。马铃薯在18.5℃下保持2～3天，然后再放入7.5℃～10℃和90%～95%的相对湿度下10～12天即可完成愈伤。经过愈伤的马铃薯的储藏期比未愈伤的延长50%，而且极少出现腐烂现象。也有一些果蔬愈伤的相对湿度要求较低，如大蒜和洋葱在采收后要在室外进行晒晾，使其外部鳞片干燥，从而减少微生物的入侵，使鳞茎的茎部以及盘部的伤口愈合，延长储藏期，也有利于运输。

第四节　水果与蔬菜的冷藏和运输

一、水果与蔬菜的冷藏

（一）果蔬冷藏原理

果蔬变质的主要原因是呼吸作用，变质过程中的主要矛盾是呼吸作用和耐藏性的矛盾。耐藏性是指在储藏期间果蔬保持自身质量的特性，果蔬的耐藏性并非是由果蔬的某一种性质所决定的，而是果蔬各种物理、化学、生理学、生物化学性质的综合反映。低温能够降低果蔬的呼吸强度，延长储藏期限。但温度又不能过低。过低会导致果蔬发生生理病害，甚至冻死。例如，香蕉储藏温度要求在2℃～13℃，如降到2℃以下时，香蕉就会变黑。因此，储藏温度应该选择在果蔬的储藏适温。果蔬储藏不仅与温度有关，还与储藏间的空气成分有关。不同种类的果蔬，有各自适宜的气体成分。因此，在降低温度的同时，如能控制空气中的成分（氧、二氧化碳），可以取得最佳的效果。

（二）果蔬冷藏库的管理

1. 清扫与消毒

果蔬在常年储藏过程中，在储藏库内墙壁、货架、箱筐及空气中存在有较多的细菌和霉菌的孢子，这些细菌和霉菌是果实储藏中发生侵染病害的主要病原。因此，储前和储后对库体及储果用具进行清洗和消毒十分重要。清洗消毒的方法很多，比较常用的有以下几种。

（1）漂白粉溶液喷雾消毒。取10%的漂白粉溶液，对库体进行喷雾消毒，喷雾量为40mL/m^3，储藏用具可用0.5%漂白粉水溶液洗刷。

（2）福尔马林溶液喷雾消毒。福尔马林又名甲醛，取1%～2%的甲醛溶液，对库顶、墙面、地面及储藏器具进行喷雾消毒后密封24h。也可用甲醛与等量的高锰酸钾混合熏蒸的方法进行消毒，甲醛用量为3mL/m^3～6mL/m^3，每间储藏室分几个点进行熏蒸，密闭6h～12h。

（3）乳酸熏蒸。80%～90%的乳酸与等量水混合，倒入瓷盆中加热即可，用量约1mL/m^3，熏蒸后密闭6～24h。

（4）臭氧消毒。臭氧是一种强氧化剂，对细菌、真菌和病毒具有广谱高效的灭菌效果。可以采用浓度为6×10^{-6}的臭氧进行空库消毒，也可以采用浓度为2×10^{-6}的臭氧对果蔬表面病菌直接消毒。臭氧还具有除臭、氧化乙烯、乙醛和乙醇等有害气体，消除残留农药的作用，对果蔬保鲜具有良好的效果。

2. 空库降温

果蔬入库前，不管是否经过预冷，都应该对空库降温，以便果蔬入库后迅速达到最适宜的储藏温度。空库降温的最低温度应控制在果蔬最适宜的储藏温度以上，如苹果、猕猴桃、蒜苔等最适宜的温度是0℃，空库的温度应冷却到0℃～5℃之间。

3. 入库管理

果蔬入库的容器、品种、数量和堆垛方式都与储藏效果有关。

（1）容器。苹果和梨等果蔬宜采用盛果量为400kg，规格为1200mm×1200mm×800mm的大木箱或塑料箱，以最大限度地利用库体空间；猕猴桃则适宜用盛果量为 20kg～25kg 的小木箱或小塑料箱。装箱不宜过满，以免堆码时压伤果实。

（2）入库品种。同一间储藏室内应存入相同品种、相同成熟度的果实，不允许不同品种、不同成熟度的果实混放，以免其释放的乙烯及其他有害气体互相影响储藏质量。

（3）入库数量。果蔬入库时不宜一次装载完毕。未经预冷的果蔬，每次入库量不应超过库容总量的 20%，库温上升不应超过 3℃，如果库温达到了 7℃，即应停止入库，待库温降低后再继续入库。入库时制冷机正常运转，送冷降温。

（4）堆码。储藏箱堆码时，要求整齐、规格，垛的大小要合适，过大会影响通风，过小会降低库容量。垛与库壁至少相距 20cm，垛高不能超过冷风机的出风口，垛与垛之间应留有 20cm～30cm 间距，堆垛的行向应与空气流动方向一致，每垛中，箱与箱之间要留有 1.5cm～2cm 的间隙。堆码时要离开冷排管 2m 距离，以免产生低温伤害。

（三）果蔬冷藏的条件

1. 果蔬冷藏的条件

果蔬经过冷却后，便可以送入冷藏间冷藏。冷藏间的温度以及相对湿度都要保持稳定，最好在吸入管线上装有恒压阀，不可以有较大的波动，否则将会直接影响果蔬的呼吸作用。如果温度过高，相对湿度过大，果蔬的呼吸作用就会加快，会使果蔬发生变质腐烂，同时也会使果蔬的表面“出汗”，形成水滴促进微生物的生长繁殖，不耐储藏；温度过低，相对湿度过小，会引起果蔬发生低温病害，会使果蔬干缩（如萝卜出现空心情况）。所以，一般果蔬的冷藏温度是－1℃～1℃之间，水果的相对湿度一般在 90%～95%之间，蔬菜的相对湿度在 85%～90%之间。如果冷藏间的相对湿度过低的话，可以在鼓风机前配备自动喷雾器，清洁的水随着冷风形成细微的雾状喷向冷藏间的空气中，来调节冷藏间的空气湿度，也可以向冷藏间内喷洒清水或者在包装容器上盖上浇湿的草席。如果相对湿度过高，可在冷藏间的墙角处放一些吸湿的物质，比如干石灰、无水氯化钙、干燥的木炭等，可以降低湿度。

冷藏间的空气流速不应该过大，一般采用自然循环。果蔬在冷藏期间，由于呼吸作用会放出 CO_2，空气中存留过多的 CO_2 时，会促进果蔬的缺氧呼吸，产生许多不完全分解的物质，比如乙醇、乙酮等中间产物，会使果蔬产生中毒现象（CO_2 生理毒害），加速果蔬的衰老以及死亡，使果蔬不能够进行长期储藏。因为冷藏间内应该装有通风管道，排除冷藏间内过量 CO_2，换进新鲜空气。通风时间和次数不宜过长和过多，否则会加速果蔬的呼吸作用，从而缩短冷藏时间。实验证明，冷藏间的空气中含有适量的 CO_2 是必须的，这样可延迟果蔬的呼吸作用和成熟，并且抑制微生物的活动。可以用冷风机进行通风换气，冬季时在中午或者傍晚通风比较适宜，夏季时在午夜或者凌晨比较适宜。一般在果蔬入库的初期，每天定时通风两次就可以，之后根据冷藏间内的空气清新程度和有无异味来确定通风时间以及次数。如果在夏季温度特别高时，不适宜通风换新鲜空气，可以在冷藏间里装有带有溴化活性炭（溴有腐蚀性，不适宜大量采用）或者其他多孔材料的空气洗涤器，使冷藏间内空气通过洗涤剂，将有害气体吸走进行空气洗涤，以保证冷藏间内空气清新。

不同的果蔬有不同的冷藏温度，所以应尽量分开冷藏。多数根茎、叶菜类蔬菜都适宜储藏于接近冰点的温度；苹果、梨、桃、李子、菜花、芹菜等原产于温、寒带的果蔬，最适宜的冷藏温度大多为0℃左右；原产于热带、亚热带的果蔬，冷藏温度大多高于0℃，例如香蕉为13℃，芒果为10℃，黄瓜为12℃～13℃。如果储藏温度高于最适温度，将会加快后熟衰老过程，缩短储藏期；如果储藏温度低于最适温度，将会导致冻害或冷害的发生。部分果蔬的主要物理特性和冷藏条件如表1-1所示。

表1-1　　部分果蔬的主要物理特性和冷藏条件

果蔬名称	含水量（%）	冰点温度（℃）	储藏温度（℃）	相对湿度（%）	储藏时间（月）
苹果	85	－2	－1～1	85～95	2～7
杏子	85.4	－2	－0.5～1.6	78～85.7	14
香蕉	75	－1.7	11.7	85	14
樱桃	82	－4.5	－0.5～1	80	7～21
葡萄	82	－4	－1～3	85～90	1～4
橘子	90	－2.2	0～1.2	85～90	56～70
桃子	86.9	－1.5	－0.5～1	80～85	14～28
梨	83	－2	0.5～1.5	85～90	1～6
李子	86	－2.2	－4～0	80～95	21～56
西瓜	92.1	－1.6	2～4	75～85	14～21
芹菜	94	－1.2	－0.6～0	90～95	2～4
黄瓜	96.4	－0.8	2～7	75～85	10～14
韭菜	88.2	－1.4	0	85～90	1～3
洋葱	87.5	－1	1.5	80	3
西红柿	94	－0.9	1～5	80～90	7～21
大蒜	74	－4	0～1	80～85	6～8
南瓜	90.5	－1	0～3	85～90	2～3

2. 果蔬冷藏禁忌

（1）洋葱、蒜及姜有强烈的气味，还有柑橘、土豆等都应该单独冷藏，以免使其他果蔬染上气味。

（2）芹菜不可以与梨或者苹果冷藏在一起，因为它们互相会使对方染上异味。

（3）卷心菜、胡萝卜、土豆、洋葱不可以与梨或者苹果冷藏在一起，如果冷藏在一起，苹果或梨会变味。

（4）芹菜不能与胡萝卜、洋葱等冷藏在一起，否则会使芹菜染上异味。

（5）柑橘、苹果不能与蛋、肉等冷藏在一起，否则会相互串味。

（6）柑橘不能与有味的食品冷藏在一起，否则会相互串味。

（7）苹果不能与鸡蛋冷藏在一起，否则鸡蛋吃起来会有香水味。

（8）梨、苹果不能与土豆冷藏在一起，否则会使梨、苹果产生土腥味。

（四）果蔬在冷藏过程中的变化

1. 果蔬的蒸腾、萎蔫和发汗

这是植物具有的正常的生理变化过程。新鲜的果蔬含水量较高，在冷藏期间，水分就容易蒸腾，如果蒸腾过多，就会引起很多变化，比如果蔬质量减轻，细胞的膨胀压降低而导致果蔬发生萎蔫现象，丧失原有的鲜嫩品质，水解酶的活性增大，降低了果蔬的耐储藏性和抗病性，降低了其风味与营养价值。

果蔬在冷藏期间的水分蒸腾速度与含水量没有直接的关系。比如洋葱的水分是86.3%，马铃薯的水分是73%，洋葱的水含量比马铃薯高，但是它们同在0℃时，洋葱质量损失1.1%，马铃薯质量损失2.5%，洋葱的质量损失反而比马铃薯小。这是因为原生质胶体的亲水程度和果蔬的表皮结构阻碍水分的蒸腾。果蔬水分的蒸腾速度与所处环境的温度、相对湿度、空气流速以及果蔬的成熟度相关。外界温度越高，相对湿度越小，空气流速越大，果蔬的水分蒸腾就越强烈。相反，则就越弱。果蔬的水分蒸腾速度同时也随着果蔬成熟度的增加而减少。

为了保持果蔬的新鲜品质，应保证冷藏间内的相对湿度较高，以降低水分的蒸腾，必要时还可以用人工加湿法。

但是，如果冷藏间的相对湿度过大，已经超过饱和点，果蔬的表面就会出现“结雾”的现象，这就是所谓的果蔬“发汗”。发汗对于果蔬是非常不利的，因为这样会加强微生物的污染，特别是水滴聚集在果蔬伤口位置时，会造成果蔬极易腐烂。冷藏中果蔬出汗的主要原因是空气相对湿度过大，室温忽高忽低，以及堆放果蔬的温度低于冷藏间的温度。为了防止果蔬出现发汗现象，可以采取以下措施：保持冷藏间温度稳定，通风时内外温差不大；果蔬的温度与冷藏间的温度相差不大；堆放的果蔬不宜过多，要留有通风位置。

由于果蔬是一个活的有机体，当其表面的气孔闭合时，可以减少果蔬的蒸腾作用。光线能够刺激果蔬气孔的张开，因此，冷藏间内的光线不能太强，当冷藏

间无人时应将灯关闭。此外，果蔬的包装也会影响其蒸腾作用。

2. 呼吸作用、后熟作用与衰老

由于果蔬的呼吸作用使果蔬所含的糖和有机酸减少，会影响其香气和风味，果蔬的呼吸作用与冷藏温度有关，冷藏温度越低，呼吸作用越小。在冷藏过程中，随着果蔬呼吸作用时间的延长，果蔬的淀粉以及双糖的含量会逐渐减少，转化为单糖被消耗；果蔬的总体果胶数量无明显减少，但是水溶性果胶增多，这样就使果蔬的硬度降低；果蔬的蛋白质含量降低，而转化的氨基酸数量增多。

后熟是果蔬采收后其成熟过程的延续，后熟对于改善部分果蔬的食用质量有很大意义。例如，香蕉、柿子、梨的某些品种（鸭广梨、西洋梨等），以及西瓜、甜瓜等，只有到达成熟后，才有很好的食用价值，对于蔬菜中的果菜类（西红柿除外）则随着后熟，它们的成分会在组织或者器官之间转移和重新分配，导致产品形态变劣、组织粗老以及食用品质下降。当果蔬完成后熟后已经处于生理衰老的阶段，因而失去耐储藏性。因此，要想长时间储藏果蔬，应控制其冷藏条件延缓其后熟以及衰老过程的进行。

促进果蔬后熟和衰老的主要因素是高温、氧气和某些刺激性的气体，如乙烯、酒精等。其中果蔬产生的乙烯数量虽然不多，但是却能大大加速果蔬的后熟与衰老进程。所以在果蔬冷藏过程中，要采取适宜的低温以及适宜的通风条件，还要采取其他方式减少果蔬冷藏间中的乙烯。

对于某些果蔬还可以利用催熟的方法加速其后熟过程，以适应市场销售的需求。催熟的机理就是基于加强果蔬中酶的活性和创造缺氧呼吸的条件。这些条件是：维持适宜的高温（25℃～30℃）；在密封的环境下保持适量的低氧；利用某些催熟剂（乙烯、乙烯利、酒精等）加强酶的活性。例如，香蕉在密封环境下采用乙烯催熟法，温度保持在0℃，乙烯浓度是空气的1%，空气相对湿度为85%，就可催熟出售。

3. 低温冷害与冻害

冻害是指温度低于0℃时，果蔬组织冻结而造成的伤害。当温度低于果蔬的冰点时，组织就要结冰，结冰过程促使细胞脱水，脱水后细胞收缩，原生质发生不可逆变性，细胞膜受损，发生冻害。遭到冻害的果蔬常会发生色素降解，组织变成透明或半透明，发生褐变或呈现水浸状破坏。

在冷藏库中，当果蔬发生轻微冻害时，组织细胞尚未遭到破坏，可以将温度调节到0℃进行解冻，解冻后冰晶上的水分重返细胞，果蔬还能恢复正常状态，称之为复鲜。必须注意，解冻过程不宜太快，如果解冻过程太快，细胞来不及将融化的冰晶水分吸收回去，细胞仍会因缺水而死亡。此外，为防止解冻时果蔬失水，应尽可能保持库内较高的相对湿度。不同果蔬种类对冻害的敏感程度不同。有些对冻害十分敏感，一经产生冻害即难以复鲜，有些对冻害则不敏感。例如菠菜在－9℃下仍可复鲜，而苹果低于－2.5℃时即难以复鲜了。

冷害是指在0℃以上时，因不适宜低温而造成的生理病害。冷害的症状经常是离开低温条件转移到温暖环境之后才表现出来的。受冷害的果蔬表面出现凹陷或变色，局部组织坏死，内部褐变或呈现水浸状斑点，果实不能后熟，容易腐烂。在冷藏过程中，为了防止冷害的发生，首先要根据果蔬对低温的敏感性，提供临界低温以上的温度条件，选用接近成熟的果实，增加储藏环境的相对湿度，做好储前的预冷工作。表1－2为部分果蔬的冷害临界温度及冷害症状。

表1－2　部分果蔬的冷害临界温度及冷害症状

果蔬种类	临界温度（℃）	冷害症状
苹果（部分品种）	2.2～33	橡皮病，烫伤，果肉（果心）褐变
梨（部分品种）	5.0～8.0	果肉（果心）褐变
香蕉（绿、黄果）	11.7～13.3	果皮变黑，后熟不良
葡萄柚	10.0	果皮凹陷，水浸状腐烂
柠檬	10.0～15.4	果皮凹陷，红褐色斑点，囊瓣膜变红
橙（品种各异）	2.8～5.0	果皮凹陷，褐变
柑橘（品种各异）	3.9～9.0	果皮凹陷，腐烂，水肿
芒果	4.4～12.8	果皮变黑，后熟不良
菠萝	6.1～10.0	后熟异常，果肉变褐
樱桃（部分品种）	0～1.0	储后升温发生烫伤病
梅（部分品种）	5.0～8.0	褐变，凹陷
荔枝	0～1.0	果皮变黑
橄榄	6.0～7.0	果肉褐变
番木瓜与木瓜	6.1～7.0	果皮凹陷，果肉水浸状，后熟不良
人参果	1.9～2.0	不能成熟
桃与杏	0～1.0	果实异味
扁豆	7.2～10.0	凹陷，变色
黄瓜	7.2	凹陷，水浸状斑点，腐败
茄子	7.2	烫伤病，腐烂

4. 乙烯增多

随着果蔬储藏时间的延长，果蔬逐渐成熟，由此产生的乙烯数量也越多，在呼吸高峰时，乙烯数量达到最大，乙烯能够增加果蔬细胞膜的透性，增强果蔬的呼吸作用，促进果蔬的成熟过程。所以果蔬产生的乙烯量增多，是果蔬成熟的一个重要标志，同时也意味着果蔬储藏期的结束。为此，可以用高锰酸钾溶液浸泡过的砖或者活性炭来吸收空气中的乙烯，也可以用减压法使果蔬内的乙烯不断排出到库外，降低乙烯含量，来延长果蔬的储藏期。这些方法都可以消除乙烯，延缓果蔬的成熟，增强储藏效果。另外，用丁烯酸的衍生物及类似物等乙烯抑制剂也可有效地抑制果蔬产生乙烯，这些抑制剂还可以抑制病害的发生，延长果蔬的储藏期。

二、水果与蔬菜的冷藏运输

冷藏运输即利用制冷装置及其他设备，使易腐产品在运输过程中始终处于适宜环境之中，避免其在运输途中变质受损。因此，冷藏运输受外部环境的影响较大，并且对制冷技术有较高要求，冷藏运输是冷链物流各环节中最薄弱的环节。由于我国冷藏运输装备落后，冷藏运输过程中造成的食品损耗巨大。有关研究表明，发展冷链物流，可以将我国果蔬损耗率从30%降低到5%，约可节省一亿亩耕地（约5%的全国耕地面积）。

（一）果蔬运输的基本要求

1. 快速性

在果蔬采摘后，果蔬仍然是一个活体，它的呼吸作用以及蒸腾作用会不断消耗其体内的营养物质，并且散发出热量。因此，必须对其进行快速装运，以便尽量保持果蔬的新鲜度以及优良品质。

2. 轻装轻卸

果蔬的生产以及销售都是零散的，基本上都要经过一次或多次的聚集或者分配，在果蔬的输运过程中，要尽量减少中间环节，一定要轻装轻卸，选择合适的包装材料和容器来保护商品，减少商品在运输过程中的损失。

3. 防热、防冻、防污染

果蔬都有其适应的温度要求，温度过高会导致呼吸强度增高，使产品加速衰老，温度过低又会使产品受到冷害或者冻害，运输过程中温度的波动会使产品表面上结露，运输过程中还要注意卫生，防止果蔬在运输过程中被污染。

4. 合理堆码

果蔬在运输过程中要堆码合理，堆码的方式要有利于堆间的通风。

（二）果蔬运输的条件

1. 果蔬质量

质量是果蔬运输、配送的基础条件。在果蔬运输、配送过程中要注意果蔬的形状、色泽、成熟度、香味和病虫害等。

2. 包装

果蔬运输过程中的包装主要起到保护、保鲜作用，果蔬外包装箱、竹筐等起到对果蔬的保护作用，包装纸、单果包装薄膜袋、包装箱内衬薄膜起到对果蔬的保鲜作用。果蔬运输、配送过程中包装的好坏，直接影响到流通效益和果蔬的价格。

3. 温度

适宜的低温流通手段可以保持果蔬新鲜程度和品质，以及降低流通过程中的损耗。国际制冷学会规定，果蔬的运输温度等于或略高于储藏温度，低温流通超过 6 天的果蔬与低温储藏的温度相同，如表 1－3 和表 1－4 所示。

表 1－3　国际制冷学会推荐的新鲜蔬菜运输温度　单位：℃

蔬菜种类	1～2 天的运输温度	2～3 天的运输温度
芦笋	0～5	0～2
花椰菜	0～8	0～4
甘蓝	0～10	0～4
莴笋	0～6	0～2
菠菜	0～5	未推荐
辣椒	7～10	7～8
黄瓜	10～15	10～13
菜豆	5～8	未推荐
食荚豌豆	0～5	未推荐
南瓜	0～5	未推荐
番茄（未成熟）	10～15	10～13
番茄（成熟）	4～8	未推荐
胡萝卜	−1～20	0～5
洋葱	5～10	−1～13
马铃薯	5～10	5～20

表 1-4　国际制冷学会推荐的新鲜水果运输与装载温度　单位:℃

水果种类	2～3 天的运输温度		5～6 天的运输温度	
	最高装载温度	建议运输温度	最高装载温度	建议运输温度
杏	3	0～3	3	0～2
香蕉	≥15	15～18	≥15	15～16
樱桃	4	0～4	建议运输≤3	
天板栗	20	0～20	20	0～20
甜橙	10	2～10	10	2～10
柑和橘	8	2～8	8	2～8
柠檬	12～15	8～15	12～15	8～15
葡萄	8	0～8	6	0～6
桃	7	0～7	3	0～3
梨	5	0～5	3	0～3
菠萝	≥10	10～11	≥10	10～11
草莓	8	−1～2	建议运输≤3	
甜李子	7	0～7	3	0～3

4. 湿度

果蔬在流通过程中需要较高的相对湿度，如果果蔬所处的空间密封性很好，采用隔水纸箱或者纸箱内铺垫聚乙烯薄膜，并且进行单果包装等措施，可以很好地防止果蔬在流通过程中的水分损失。鲜嫩蔬菜所需相对湿度为 90%～95%，洋葱、大蒜为 65%～75%，瓜类为 70%～85%。

5. 气体成分

果蔬在流通过程中所处空间的密封性不同，不同气体所占百分比不同。气体成分对果蔬的呼吸、衰老有很大的影响。一般来讲，果蔬流通过程中要提高流通空间中 CO_2 比例，降低 O_2 比例，同时控制果蔬生理作用产生的乙烯。对二氧化碳敏感的果蔬，在流通过程中注意通风，适当地降低 O_2 升高 CO_2 的含量，既可抑制呼吸又不干扰正常的代谢，如果 O_2 的含量太低，无氧呼吸会产生乙醇、乙醛等有害物质。果蔬因呼吸、容器材料及运输工具的不同，容器内气体成分也会有相应的变化，因此可用塑料薄膜贴附的有耐水性的纸箱，其气体分子的扩散受到抑制，但须适当地通风换气。

（三）果蔬运输的操作

1. 果蔬装箱方式

为了让果蔬既不受损伤又能通风及充分利用空间，装箱的技术颇为重要，常见的装箱形式如下。

（1）直线排列：果蔬在箱内上下层对齐，适用于小型、条形果蔬，但底层载荷大，通风透气差。

（2）对角线式：将果蔬逐个错列摆放，适宜于大型果蔬，不宜滚动，底层载荷小，通风透气好。

（3）同心圆式：常用于圆形篓筐包装，将果蔬从底层沿篓壁呈同心圆式顺序排列，盛装量大。

（4）板式排列：箱内置个数一定的格板，果蔬逐个放入板格内。便于记数、安全。果蔬装箱后各项指标（重量、质量、等级、包装等）经检验都合格者即可封箱成件，木箱一般用铁钉封箱，铁丝捆扎，纸箱用强力胶水、纸带封箱、尼龙扁带捆扎。

2. 果蔬装车堆码方式

在果蔬装载堆码前，对运输工具进行清洗，必要时进行消毒杀菌，不能与其他不同性质的物品混装。堆码时，货物间要留有适当间隙以保证货舱内空气流通，每件货物不能直接与货物间底部和货物间壁部接触，货物不能仅依靠机械冷藏车的出风口或加冰冷藏车的冰箱挡板。堆码完毕后，最后一排包装箱与车厢后门之间用支撑架隔开，同时货物加固绑牢。一般装车堆码方式有三种。

（1）“品字形”装车法。货物奇数层与偶数层交错骑缝装载，此方法适用于箱装货物。

（2）“井字形”装车法。实际装载时，根据车辆有效装载尺寸以及货物的包装规格确定纵向或横向的放置数量。“井”字形装车方法装载量大，货物牢固。

（3）筐口对装法。主要用于竹筐等包装，筐口对装法不必留有间隙也可以保证空气流通。实际操作中，根据不同果蔬对温度、湿度和气体成分等要求进行混合装载，原则上要求单位运输工具只能装载一种果蔬。

3. 果蔬运输过程中的防震

果蔬运输过程中，无论采用何种运输方式，都要避免震动给果蔬带来的损伤。由于运输过程中的震动，箱内的果蔬逐渐下沉，致使箱内上部的果蔬发生跳动和旋转运动，同一箱内的个体之间、车体与箱子之间以及箱与箱之间的振动频率一旦相同时，就会产生共振现象，箱子垛得越高共振越严重。总之果蔬的耐运性不但与内因（如成熟度等）有关，还受震动、滚动、跌落等因素的综合影响。因此运输时必须尽量减少震动。为了防止震动对果蔬的影响，首先要选择合适的装车形式，其次容器内要有一定的填充材料、包装纸等衬垫物，这样就可以吸收一部分震动，使冲击力有所减弱。

与静置储藏相反，运输及装卸时，货物易受到震动和碰撞，引起擦伤、折断、叠压、脆裂等损伤，从而导致呼吸强度加大、蒸发加快、催熟、自身养分消耗等生理性损伤。引起果蔬物理性质损伤的震动强度，在加速度状况下以1G为标准。铁路运输为0.1G～0.6G，卡车为0.1G～2.4G，海上运输为0.1G～0.15G，冷冻集装箱的震动强度尚未制定。据测定10cm高度的落体或横倒会受到约10G的冲击，这表明货物转运期间所受的冲击是相当大的。果蔬因品种和成熟度不同，具有不同的抗震能力。抗震强的果蔬如番茄、梨、温州蜜柑及夏柑等。

4. 果蔬运输方式

不同的运输方式震动强度不同，常用运输方式震动强度从小到大依次是：水路运输、铁路运输、公路运输。除此之外还有航空运输以及集装箱运输。

(1) 水路（包括内际和海上）运输。这种运输方式成本低、较平稳、运载量大，但水运连续性差、速度慢，联运中要中转、装卸，也会增加货损。故而它只适用于近距离运输以及耐储运蔬菜或蔬菜加工制品的远距离运输。

(2) 铁路运输。这种运输方式运载量大，成本低，受季节变化影响小，虽中间环节多，灵活性、适应性差，但仍然是目前蔬菜运输的主要方式。适用于大宗蔬菜的中、长距离运输。

(3) 公路运输。这种运输方式成本较高、运输量小；路面不平时震动大，产品易受损伤，但具有较强的灵活性和适应性；它无须换包装即可直送销地，甚至可实现“门对门”的运输；还可深入到非铁路沿线的偏远城镇或工矿企业。这是其他运输方式所不能替代的。随着国道的不断扩建、新建以及“绿色通道”的确立，公路中短途及长途运输日趋发展。

(4) 航空运输。这种运输方式速度快、保质好、受损小，但运输高，运量少。空运特别适于新鲜柔嫩、易受机械伤害而变质的高档次蔬菜，如石刁柏、鲜食用菌和结球生菜等，有时也为特需供应做特运。

(5) 集装箱运输。这种运输方式可实现整件吊装，不仅会极大地提高装卸效率，更重要的是便于不同运输方式之间的联运，大有潜在的发展前景。

果蔬属于易腐食品，因此，一旦决定异地销售，就要选择最佳方案，及时组织外运，尽量减少运输中的周转手续和滞留时间，将果蔬的损耗降到最低限度。

第二章 肉与肉制品

第一节 概述

肉是构成肉用畜禽一切组织的总和，也可以说是适合人类作为食用的动物机体的所有构成部分。它包括肌肉、脂肪、结缔组织、内脏及其制品。肉类食品是富有营养的动物性食品之一，是供给人体必需的氨基酸、脂肪酸、无机盐和维生素的重要来源。肉类食品吸收率高，滋味鲜美，饱腹感强，含有多种风味物质，不但营养丰富，而且可以做成各种佳肴。

一般来说，人食用畜肉的量远大于禽肉，这应该是由于兽类的体型远大于禽类的缘故，故而能产生更多的肉。肉类几乎是最普遍受人喜爱的食物。肉类营养丰富，味美，食肉使人更能耐饥；长期食用，还可以帮助身体变得更为强壮。此外，人食用肉类食物，可以刺激消化液分泌，助于消化。因此，食肉与食素的区别也引起了许多很难证明的解释，如食素使人安静，食肉使人勇敢。肉中的蛋白质含量在10%～20%，俗称的瘦肉是脂肪含量较少的肉，而肥肉是脂肪含量较多的肉，瘦肉的蛋白质含量比肥肉多。新鲜肉的平均含水量是60%～70%，脂肪含量与水含量成反比。肉中的脂肪含量，与动物的种类、年龄、身体的部位、育肥状况均有关系。100g肉的平均能量为880kJ（210大卡）。肉类提供的蛋白质对人体有重要的生物学意义。肉类食物的蛋白质是完全蛋白质，可以提供人体所需的全部种类的氨基酸。当肉类蛋白质在人体内被消化时，分解出来的氨基酸即可被吸收。与肉类蛋白质相比较，植物类食物所提供的蛋白质有时则不如肉类蛋白质的氨基酸成分那么全面，有的会缺乏8种人体的必需氨基酸或者是包括8种必需氨基酸在内的20种基本氨基酸中的一种或几种，例如，谷类普遍缺少赖氨酸这种必需氨基酸。肉类蛋白质与植物性蛋白质混合食用，便可以互相补充，更具营养。

一、肉的组成

肉是由肌肉组织、脂肪组织、结缔组织和骨组织等组成的。这些组织在肉中的含量因动物的种类、品种、性别、年龄、肥度及用途不同而有一定的差别。

（一）肌肉组织

肌肉组织是肉品中的主要成分，可分为横纹肌、心肌和平滑肌三种。各种畜禽肌肉组织的含量平均占活体重的 27%～44%，占胴体重的 50%～60%。肌肉组织在畜禽体内分布很不均匀，通常家畜的臀部、颈部和腰部远较胸部、肋部和四肢下部丰满。但禽类则以胸肌和腿肌最发达。

（二）脂肪组织

脂肪组织是决定肉品质量的第二位因素，主要由脂肪细胞和疏松结缔组织构成，占胴体重的 2%～40%。

脂肪组织主要分布在皮下、肾脏周围及腹腔内，在眼窝、假肋也有分布，在肌肉和肌束间的分布使得肌肉的横断面呈现出大理石样的外观。肌间脂肪组织的储存，可改善肉的滋味和品质。

（三）结缔组织

结缔组织是构成肌腱、肌鞘、韧带及肌肉内外膜的主要成分，一般占胴体重的 9%～11%，广泛分布在畜体各部位，包括皮肤、肌肉和脂肪组织中膜以及血管、淋巴管等。

结缔组织中的纤维主要为胶原纤维、弹性纤维和网状纤维。不易被消化和吸收，因此，富含结缔组织的肉不仅适口性差，营养价值也不高，结缔组织含量越多，肉的品质就越低。使役、老龄和瘦弱的动物肉中结缔组织含量高，同一个体运动和负重的部位含量高，动物的前躯多于后躯，肢体的下部多于肢体的上部。

（四）骨

骨和软骨也是肉的组成部分，其含量的多少决定肉品的食用价值。骨在肉品中的含量，取决于畜的种类、品种、年龄和肥度等。一般骨所占胴体的比率为：牛 15%～20%、马 13%～15%、羊 8%～17%、猪 5%～9%，其中以猪的屠宰率和净肉率最高。

骨的食用价值主要是存在于骨骼内腔和松质骨里充满着的骨髓。骨髓中含有 5%～27%脂肪和 10%～32%的骨胶原，其他成分为矿物质和水。因此熬骨头汤时能产生大量的骨髓油和骨胶原，它们具有很高的营养价值，可增加肉汤的滋味，并使之具有凝固性。

二、肉的化学组成

肉的化学成分主要包括蛋白质、水分、脂肪、无机盐、碳水化合物、维生素和其他的一些微量成分（含氮浸出物、乳酸等）等。这些成分，由于动物的种类、品种、年龄、性别、饲料、使役程度、营养状况、畜体部位不同而稍有差异。完全除去脂肪的精肉，其化学成分大体相近，组成成分如图 2－1 所示。

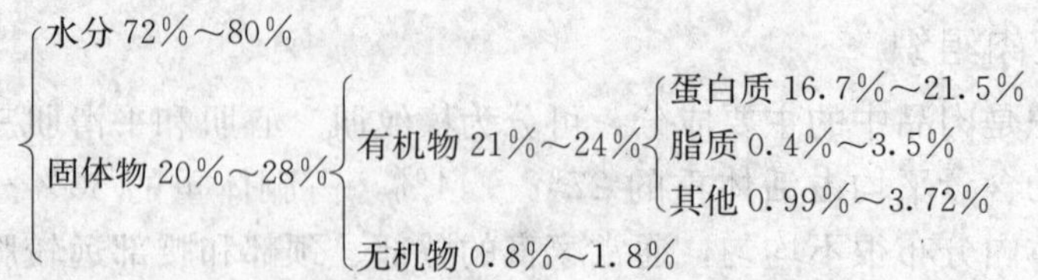

图 2-1　肉的化学组成

三、肉的营养价值

(一) 蛋白质

蛋白质是肉品中最主要的成分，其含量为 10%～20%。肉类蛋白质可分为两部分，一部分是肌浆蛋白，约占肉中蛋白质总量的 80%以上，主要包括肌凝蛋白、肌红蛋白等；另一部分是间质蛋白，含量占总蛋白质的 4%～8%，主要是胶原蛋白和弹性蛋白。此外有 4%的明胶，10%～13%的非蛋白质含氮物。蛋白质分为全价蛋白质和非全价蛋白质。全价蛋白质容易被消化吸收。而非全价蛋白质不易被消化吸收。因此，肉品中全价蛋白质与非全价蛋白质含量的多少，直接影响其营养价值。

将新鲜肌肉加以压榨所得到的汁液称为肌浆，其中残留的少许固形物质叫做肉基质。

1. 肉基质

肉基质的主要成分是硬性蛋白质，包括弹性硬蛋白、网状硬蛋白、胶原蛋白、糖蛋白、神经角蛋白、核蛋白等。

2. 肌浆

肉类中的蛋白质，大部分（80%）以胶质状态分散于肌浆中。因此，肌浆蛋白质的状况基本上代表了肉类蛋白质的性状。肌浆中的蛋白质主要包括：肌动蛋白、肌红蛋白、肌白蛋白、肌球蛋白、肌纤维蛋白等。

肉基质中的蛋白质多属于非全价蛋白质，不易被消化吸收；而肌浆中的蛋白质都是全价蛋白质，容易被消化吸收。因此，肉中蛋白质的含量并不能完全反映肉的营养价值，如牛肉中蛋白质一般为 20%，其中结缔组织蛋白占 4.0%，猪肉中蛋白质含量为 17%，其中结缔组织就占了 5.0%。

肉类蛋白质营养价值较高，不但含有人体需要的各种必需氨基酸，而且其含量和利用率均相当高（见表 2-1），尤其富含一般植物性食品中所缺少的精氨酸、组氨酸、赖氨酸、苏氨酸等。

表 2-1　几种肉类中蛋白质的氨基酸含量及利用率　单位：%

必需氨基酸	猪肉		牛肉		羊肉	
	含量	利用率	含量	利用率	含量	利用率
色氨酸	1.33	86.6	1.14	72.5	1.31	88.2
苯丙氨酸	3.86	93.2	4.02	90.2	3.72	93.3
赖氨酸	7.98	93.3	8.83	92.8	7.67	91.8
苏氨酸	4.80	92.8	4.18	89.3	4.79	90.8
蛋氨酸	2.58	92.5	2.40	91.4	2.50	95.4
亮氨酸	7.16	93.4	8.49	92.8	7.15	94.3
异亮氨酸	4.82	92.4	5.27	92.5	4.60	93.1
缬氨酸	4.81	89.3	5.48	90.6	4.74	91.1

（二）脂质

肉中的脂质主要由甘油和各种脂肪酸所结合而成的甘油三酯组成。此外还有少量的卵磷脂、胆固醇、游离脂肪酸和脂溶性色素等。肉类脂肪的含量和品质随动物的种类、肥度、性别、年龄等条件而有所差异。一般来说，其含量在10%～30%。

脂肪除了提供能量（37kJ/g），隔热保温外，还可以改善肉的品质和滋味，供给人体必须脂肪酸（亚麻酸、亚油酸及花生四烯酸），而且是脂溶性维生素（维生素 A、D、E、K 等）含有者和传递者，并可促进脂溶性维生素的吸收。

肉中的脂肪酸主要是硬脂酸、油酸、棕榈酸等，此外还有亚油酸、挥发酸等。由于受各种脂肪酸含量的影响，其性质也不相同，如羊肉中脂肪含硬脂酸最多；水牛肉比黄牛肉含油酸量低，而亚麻二烯酸含量却比黄牛肉高 13 倍；马肉及兔肉中含亚麻油酸的量高。其他的如碘值、皂化值等也都各不相同，可用来识别肉品的属性。

动物脂肪的吸收率与其熔点有较大的关系。其熔点越接近体温，消化率就越高，熔点在 50℃以上者则不易消化。动物性脂肪差不多接近人体的体温，因此消化率较高，如猪脂的消化率为 97%，牛脂为 93%，羊脂为 88%。

（三）糖类

肉类中的糖类主要以糖原的形式存在，此外还有少量的葡萄糖和微量的果糖。一般来说，其含量不超过 1%，但马肉除外（2%以上），糖原在动物体内变化很大，容易受其他因素的影响，如宰前休息状况、长途运输等。糖原含量越高，宰后生成的乳酸就越多。因此，糖原的含量对肉品的成熟和保藏有很重要的意义。

（四）无机盐

肉类中的无机盐含量在1%左右，主要是钾、钠、钙、镁、铁、锌、磷、硫等，以钾、磷、硫、钠含量最多，在精肉中分别占0.184%～0.415%、0.131%～0.343%、0.187%～0.230%、0.066%～0.168%。这些无机盐在肉中主要以其盐类及磷酸、盐酸等存在。

肉中无机盐易被消化吸收，对调节生理机能具有重要作用。但肉中无机盐的含量并不平衡，肉不是钙的良好来源，但骨骼中却含有较高的钙、磷，血液和肝脏中含有较高的铁。肉类食品中无机盐的吸收和利用较植物性食品要高。

（五）含氮浸出物

肉品中含有一些能溶于水的含氮浸出物，约占肌肉的1.5%，主要是各种游离氨基酸、肌酸、肌酐、核苷酸类物质（ATP、ADP、AMP、ITP、IMP）、肌肽、组胺等物质。

含氮浸出物可增加肉的香味，刺激胃液分泌，促进消化活动，同时对机体的新陈代谢具有重大的作用。在肉类食品中，禽类的含氮浸出物较畜肉高，所以禽肉鲜美；老禽肉的含氮浸出物较幼禽高，因此老母鸡汤较幼鸡汤味美。

（六）维生素

肉品中维生素含量虽少，但种类较多。肉类被认为是B族维生素的良好来源，B_1、B_2、B_5、B_6、B_{12}等都有一定的含量，其中特别是维生素B_1量最多。肝脏是各种维生素最集中的器官，维生素A和D含量最多，B_6、B_{12}也较丰富。禽肉中维生素E含量较多，由于维生素E具有抗氧化作用，所以，禽肉较畜肉保存时间长。

第二节　冷鲜肉

一、冷鲜肉概述

冷鲜肉是严格按照兽医检疫制度执行，对屠宰后的畜胴体迅速的进行冷却处理，从而使胴体温度（以后腿肉中心点为测量点）在24h以内降到0℃～4℃（此温度高于肉组织的冰点而避免冻结），并在后续的加工、流通及销售过程中一直保持在0℃～4℃的生鲜肉。近些年，冷鲜肉受到越来越多消费者的爱好。在欧美、日本等发达国家，市场上销售的肉类中绝大部分是冷鲜肉，丹麦、澳大利亚等国冷鲜肉大量出口国际市场。我国是世界上生猪养殖与猪肉消费最多的国

家，随着居民消费水平的提高、屠宰加工技术的进步、物流运输的畅通、营销设施的完善，冷鲜肉在城市的销售比重在迅速增加。

冷鲜肉的特性有3个。

1. 安全卫生性

由于冷鲜肉从原料检疫、屠宰、快冷分割，剔骨、包装、运输、储藏，到销售的全过程始终处于冷链过程，迅速排除肉体热量，降低深层温度，并在肉的表面形成一层干燥膜，减缓肉体内部水分的蒸发，延长了肉的保藏期限，并阻止微生物的生长和繁殖，使大多数微生物（尤其是腐败菌和致病菌）被抑制。另外，冷鲜肉中肌糖原酵解生成的乳酸也可抑制或杀死肉中的部分微生物，安全卫生性得到一定保障，且减缓肉体内部水分的蒸发，延长了肉的储藏期限。

2. 营养特性

冷鲜肉遵循肉类生物化学基本规律，冷鲜肉从屠宰到销售过程，大约要经过2天时间，这是一个自然成熟的过程。在此期间肉在适宜温度下有序地完成了尸僵、解僵、软化和成熟这一过程，肌肉蛋白质正常降解，肌肉排酸软化，嫩度明显提高，质地变得柔软有弹性，营养物质得到充分保持，非常有利于人体的消化吸收。冷鲜肉在冷却加工过程中，肌肉通过自溶酶的作用，使部分肌浆蛋白质ATP分解成次黄嘌呤核苷酸，肌肉中肌原纤维的分解成肽和氨基酸，成为肉浸出物的成分，同时连接结构会变得脆弱并断裂成小片化，使肉变得柔嫩多汁并具有良好的滋味和气味，口感细腻、滋味鲜美。

冷鲜肉未经冻结，食用前无需解冻，不会产生营养流失，克服了冻结肉的这一营养缺陷。由于冷链形成，冷鲜肉中脂质氧化受到稳定抑制，减少了醛、酮等小分子异味物的生成，并防止其对人体健康带来的不利影响。

3. 感官特性

事实表明，冷鲜肉在规定的保质期内色泽鲜艳，肌红蛋白不会褐变，此与热鲜肉无异，且肉质更为柔软。冷鲜肉在低温下逐渐成熟，蛋白质、三磷酸腺苷等正常分解，不仅形成了可溶性肽和氨基酸，而且获得了鲜味核苷酸，使肉的风味明显改善。在成熟阶段，某些化学组分和降解形成的多种小分子化合物的积累，为熟化时肉香形成打下基础。

另外，冷鲜肉食用方便，具有不用解冻、即买即用的方便性，而且在冷鲜肉生产过程中，多配合有按食用特点设置的分割利用程序，呈现分割肉状态，为消费者提供了极大的方便。

二、冷鲜肉的加工工艺

（一）冷鲜肉工艺流程

冷鲜肉工艺流程如图2-2所示。

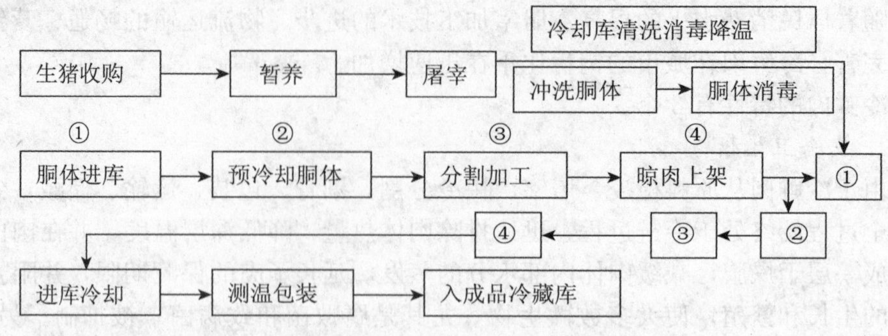

图 2-2 冷鲜肉的工艺流程

1. 生猪收购及宰前处理

冷鲜肉的生产对活猪的要求如下。

（1）猪的品种：以优质瘦肉型猪为好，品种猪因胴体瘦肉多，肥膘少，便于加工为冷鲜白条肉、红条肉，也减少分割中肥膘类加工的工作量，提高产品出品率与加工效率。

（2）猪的运输：生猪装运中应防止挤压，装猪车可分 2～3 层，以每头猪占面积为 0.13m^2～0.135m^2 为宜，以免相互挤伤，使细菌进入肉体，影响冷鲜肉的质量与保质期。

（3）猪的暂存：在生猪上、下车及进圈停食待宰、送宰中严禁踢打生猪，停食待宰时间应在 12h～24h，并保证猪的饮水（屠宰前 3h 停止），待宰猪圈内每头猪所占面积应在 0.15m^2 以上。

（4）猪的清洗：宰前生猪淋浴冲洗干净，使得加工过程中少受菌体污染。

（5）病猪的剔除：病猪不能与健康猪同时屠宰，病猪应在急宰间中宰杀，并按有关规定处理。

2. 生猪屠宰

冷鲜肉生产对屠宰的要求如下。

（1）严格的控制屠宰过程中对猪胴体的污染，特别是猪粪、毛、血、渣的污染。

（2）从击晕开始至胴体分解结束，整个屠宰过程应控制在 45min 内，从放血开始到内脏取出应在 30min 内完成，宰后胴体立即进入冷却间。

（3）猪放血后应使用洗猪机，对胴体表体清洗；下烫池前，应用海绵块塞住肛门，以减少粪便流出，产生污染。

（4）屠宰烫池易对胴体产生污染（刺口、皮肤、脚圈叉档口及粪便），且烫池水温对冷鲜肉质将产生一定影响，因此应注意烫池水的卫生与温度。

（5）采用剥皮方式生产，应注意猪胴体在预剥线上、剥皮机、接猪台的卫生

与消毒。

(6) 使用清洁的滑轮与叉档。

3. 冷却

(1) 一次冷却工艺。由于畜肉的冷却过程最好在较短的时间里完成，所以冷却时应尽可能采用最低的温度，但不能使肉的内部冻结。肉类的冷却一般采用－15℃冷却制冷装置来完成。冷却间一头装有干式冷却机。应将肉类挂在吊钩上，并列放置，中间留有间隔，冷风从这些间隔中流过，使肉类快速冷却。由于热鲜肉的温度高，为了使肉体的温度快速下降，缩短冷却时间，在畜肉进冷却间前，要开启制冷装置对冷却间进行降温，将冷却间的温度降至－4℃～－3℃，在进料结束后，库内温度不能有大幅度上升，最高不超过3℃～4℃，最好控制在0℃左右，在经过10h后，整个冷却过程的温度应稳定在－1℃～0℃，不能有较大的温度波动。在冷却初期，相对湿度应控制在95%～98%，6h～8h后，相对湿度应保持在90%～92%。这样，既能保证表面形成风干的保护膜，抑制微生物的增长，又不会因为水分蒸发过多而引起质量损失。在冷却时，空气流速应保持在0.5m/s～1.5m/s，不应该超过2m/s。

(2) 二阶段冷却工艺。采用两阶段冷却工艺对畜肉进行冷却，其主要特点是采用较低的温度和较高的风速，两阶段的工艺一般是：第一阶段对畜肉进行快速冷却。对此阶段的要求是：在畜肉进库前要求库温保持－15℃～－10℃并恒温10min，每米轨道挂放猪胴体3个（两轨道之间胴体品字排列），进料时间≤1小时/间，冷风机风速210mPs，相对湿度92%～95%，在畜肉进库后库温－8℃～0℃，冷却时间3h～4h，胴体冷却后平均温度<12℃。第二阶段是对畜肉恒温冷却，对这一阶段的要求是：在畜肉进库前库温－2℃～－1℃；在畜肉进库后库温0℃～4℃；冷风机风速115mPs～210mPs；相对湿度90%～92%；冷却时间>12h；胴体冷却后平均温度<2℃～4℃；胴体冷却总损耗1.6%。两阶段冷却工艺形式，一种是先在吊轨的冷却间或者冷却隧道里进行，然后再输送到另一个冷却间里；另一种是两阶段冷却在同一冷却间里进行。

4. 分割

(1) 分割包装设备用具包括四种。

一是简易分割线，它是采用分割三段锯、不锈钢分割台、分割产品在工序之间靠人工传递。优点是投资省，缺点是污染严重，劳动强度大，电锯操作不安全，不利于冷鲜肉生产中品质保证。

二是自动分割线：在胴体接收分割为大块肉阶段，采用单层，由四条线组成（胴体接收、前段肉、中段肉、后段肉切割、输送），三台电锯（前段分割锯、后段分割锯、大排锯）。

三是分割剔骨整理阶段：根据生产量由3～5条自动传输线组成，每条自动线可分为单层、双层或三层，操作台在分割自动线两旁安置不锈钢操作台，台板采用食品用无毒尼龙板。优点是减少了分割肉生产中的污染，便于清洗消毒，提高生产效率，保证了分割肉品质，降低劳动强度，缺点是投资大。

四是晾肉架车：分割后产品应平摊放在晾肉架车上，晾架时要求肉无叠压，进行预冷或进入包装（指冷分割产品）。晾肉架车一般采用六层六轮，不锈钢制作，每层上有不锈钢筛网，载肉量在500kg以内。

(2) 分割包装时间控制。分割车间主要是对胴体进行按部位分割、去脂、剔骨，其产品在分割车间的加工与停留时间，应控制在30min内，以中止酶的活性。冷却至4℃～7℃的分割产品，在包装车间时应尽快完成包装，并及时进入冷藏库储存（－4℃～0℃）。一般方法设计时包装间紧邻分割后预冷间，将放在晾肉架车上冷却好的分割产品（500kg左右）一车推入包装车间包装完毕后，再由预冷间中推出下一车包装，以免积压回温。

5. 包装

裸露或者只进行简单包装的鲜肉，细菌繁殖特别快，在4℃条件下，细菌一天可繁殖2倍，在16℃时可繁殖15倍，在27℃时可繁殖3000倍。因此，在常温的情况下，肉的货架期只有半天，冷藏也只有2～3天。冷鲜肉是将分割后的肉经过20h左右，将肉体温度冷却至4℃左右进行包装，严格控制了微生物的生长。包装后由冷藏车运送至没有冷藏陈列货柜的食品超市销售。包装一般采用无毒、耐寒、柔韧性好，透明度高的塑料薄膜，以便于消费者看清生肉的本色。

充气包装所用的气体是氮气和二氧化碳，能够保持肉的氧合肌红蛋白颜色为鲜红。PA/EVOH/PE可热成型、挺度好、阻隔性高，适用于气调包装。PA/EVOH/PE阻隔性高，适用于真空包装。气调包装的货架期猪肉大约14天。真空包装的货架期猪肉30天左右，牛肉80天左右。

(二) 冷鲜肉的品质要求

冷鲜肉的感官指标、理化指标、微生物指标如表2-2、表2-3和表2-4所示。

表2-2　　感官指标

项目	指标
色泽	肌肉鲜红均匀，脂肪乳白色，有光泽
组织	纤维清晰，富有弹性
黏度	外表湿润，不粘手
气味	具有鲜猪肉固有的气味，无异味
肉汤	澄清透明，脂肪团聚于表面

表 2－3　　理化指标

挥发性盐基氮 mg/100g	≤15
汞（以 Hg 计）/mg·kg^{-1}	≤0.05
砷（以 As 计）/mg·kg^{-1}	≤0.5
铅（以 Pb 计）/mg·kg^{-1}	≤0.5
镉（以 Cd 计）/mg·kg^{-1}	≤0.1
锌（以 Zn 计）/mg·kg^{-1}	≤100
铜（以 Cu 计）/mg·kg^{-1}	≤10
氟（以 F 计）/mg·kg^{-1}	≤2.0
铬（以 Cr 计）/mg·kg^{-1}	≤1.0
亚硝酸盐/mg·kg^{-1}	≤3.0

表 2－4　　微生物指标

pH 值	5.8～6.2
沙门氏菌、致泻大肠菌	不得检出
细菌总数	103～104 个/平方厘米

三、冷鲜肉的冷藏与运输

（一）冷鲜肉的冷藏

1. 冷鲜肉的冷藏条件

经过冷却的冷鲜肉，要想进行短期储藏或者在短期内完成肉的成熟作用，应该及时将冷鲜肉通过轨道运送入冷藏间进行吊挂冷藏。冷藏间的空气温度一般在－1℃～1℃之间，并且保持稳定，每天冷藏间内升降幅度不超过 0.5℃，进出货时温升不超过 3℃，相对湿度保持在 85%～90%较为适宜，温度以及湿度条件可以适当调节，以有利于延长肉的保藏期。即冷藏间的空气温度降低时，相对湿度可以增大一些。一般每降低 1℃，可增大相对湿度 5%左右。冷藏间的空气流速应均匀且不应过快，保持自然循环就可以，一般为 0.05m/s～0.1m/s。冷藏期限根据肉体温度以及冷藏条件来确定，一般在 15～20 天。而剔骨肉块比白条肉冷藏时间明显要短，仅仅 5～7 天，这是由于加工过程中受污染较多，肌肉表面积增大，且组织受到破坏，促进微生物的生长繁殖，冷鲜肉冷藏 5 天后，应该每天对冷鲜肉的质量进行检验，发现问题要及时进行处理。

表 2-5 为国际制冷学会第 4 委员会对冷鲜肉冷藏的推荐条件，但是在实际应用中，应比表中期限缩短 25%左右。

表 2-5　　冷鲜肉的冷藏条件

品种	温度（℃）	相对湿度（%）	冷藏期
牛肉	−1.5～0	90	4～5 周
仔牛肉	−1～0	90	1～3 周
羊肉	−1～1	85～90	1～2 周
猪肉	−1.5～0	85～90	1～2 周
内脏	−1～0	75～80	3 日
兔肉	−1～0	85	3～5 日

2. 冷鲜肉在冷藏过程中的变化

（1）干耗。冷鲜肉在冷藏过程中的干耗，初期较大，以后逐渐减少。

（2）完成成熟过程。冷鲜肉的冷藏期间，会逐渐解僵从而完成成熟过程，成熟的肉质变软，增加了香气、鲜度以及商品价值。

（3）颜色发生变化，表面发黏和发霉。冷藏温度较低，能够保持肉的亮红色泽，持续的时间较长。如果湿度较高，也可达到同样的效果。当冷鲜肉到达一定的保藏期限后，由于氧化作用的剧烈，肉就由亮红色、紫红色转变为红褐色。再由于细菌以及霉菌的繁殖，蛋白质的分解，肉的颜色就会变绿、变黄、变青，光泽度降低，发暗发黑。随着冷藏时间的延长，微生物繁殖逐渐加重，当到达一定程度时，会使肌红蛋白以及血红素呈现淡灰色，肉体的表面会出现片状或者块状的菌落，从而使肉的表面产生一层白毛黏液或产生不良气体。当冷鲜肉处于这种状态时，$1cm^2$ 肉表面的细菌可达到 5000 万个以上。发黏的肉必须迅速处理，否则肉会腐败而失去食用价值。肉达到发黏状态所需的时间与肉最初污染的细菌数有关，如果最初细菌污染数量为 100 个/平方厘米，16 日出现发黏的情况，当细菌污染数量为 100000 个/平方厘米，则 7 日发黏。所以为了延长肉的冷藏时间，应严格执行屠宰加工过程中的操作要求以及卫生管理，防止和减少肉的污染。冷藏期间库温不能保持在较低的温度，经常波动，就会容易引起霉菌的生长，出现白色、黑色、暗绿色的点，肉品发黏的时间也明显缩短，并且能够深入内部，引起肉的腐败变质。

（二）冷鲜肉的运输

运输车辆采用机械冷藏车，冷鲜肉出冷藏库最好设有专用的密闭运输通道，直接采用“门对门”方式上车，装货前先做好货物装运顺序，原则是同类产品先

生产的先发货，一车要送几地的，最先到达地的货物最后上车，以便卸车。进肉前应先将车辆清洗消毒，装货前先制冷使车内温度降至10℃以下，装货时应继续制冷，整车上货最好在60min内结束，关好车门后迅速使车内温度降至0℃～4℃。运输途中注意观察温度变化情况，以控制产品升温。

红条肉、白条肉、带膘白条肉采用带挂钩的冷藏车。胴体挂在车厢内，挂钩与叉档均为不锈钢制作。如没有挂钩的冷藏车，可采用工字钢与钢管做框，不锈钢条做钩的活动架，放置车厢内。胴体最好套有白布袋或薄膜袋，以减少污染与干耗。分割肉、小包装产品、猪副产品可采用塑料周转箱，内衬大方薄膜袋，在车内可重叠6层码放。

第三节 冻结肉

一、冻结肉概述

采用－25℃以下的低温使肉快速降温并完全冻结，然后保存在稳定的－18℃条件下，以冻结状态销售的肉称为冻结肉。

(一) 冻结肉的特性

1. 卫生安全性

由于低温，冻结肉的组织呈冻结状态，大量微生物被冻死，其余部分的生长繁殖受到明显抑制，肉的带菌状况得到明显改善，消除了常温下肉类极易被微生物污染的弊端。因而更为卫生安全，有利于肉制品的长期保存。

2. 营养特性

肌肉中含有70％～80％的水分，肌肉中的水分在冻结时体积会增加9％，形成的冰晶损伤细胞膜。在冰晶形成过程中，未结冰部分的溶质浓度逐渐升高，致使可溶性蛋白质发生盐析作用从溶液中析出，蛋白质的胶体性质遭破坏，可溶性蛋白的量也减少。冻结使蛋白质结构破坏后，对水的亲和力也下降，会影响到解冻后蛋白质的持水力。同时还会使缓冲能力减弱，酸性物质的增减会使H^+浓度出现较大波动，由此而促进蛋白质的变性，肉的品质下降。冰晶越大损伤越重，在组织冻结状态下影响不显著，一旦解冻，肌细胞中形成的冰晶会刺破细胞膜，造成汁液流失，流失的汁液可占原质量的7％左右，这些汁液中富含蛋白质等营养成分，由于失水，其营养物质和风味的损失较大。

没有与空气隔绝的冻结肉，结冰时组织中单分子层水也可能结为冰晶，使脂质失去了水膜的保护，在长期储存过程中，脂质被氧化而降低营养价值。此外，在未达到最大僵直期的肉被冻结后，再行解冻时，有解冻僵直现象出现，此时达到最大僵直的时间会缩短，因而肉的收缩大，硬度高，汁液流失多，对营养和风味影响很大。在缓慢冻结中，这一影响更为严重。解冻后流失的汁液量，以猪肉为例，正常情况下不应超过5%，当冻结肉解冻的汁液流失达9%以上时，烹调后就变得粗糙、无味，这也就是人们常说的食用冻结肉时口感变“老”的原因。

3. 感官特性

在冻结储存中，由于冻结方式上存在的种种问题，可能造成肉块表面失水，组织干缩，肉纤维变粗肉色变暗等不良变化。脂质的缓慢氧化有异味产生。大多数情况下，冻结肉是将宰杀完毕的屠体立即强制冻结，继而冻藏形成的，是一种重要的食物储备。由于仍然没有在适当的条件下，使肌肉组织完成正常的成熟过程，所以组织内蛋白质的降解，ATP的分解及某些小分子物质的二次反应尚未充分进行，所以导致作为鲜味物质基础的肽、氨基酸和核苷酸，作为香味物质基础的某些前体物十分缺乏，难以呈现鲜美滋味和特有香气。通过冻结工艺和技术的改进，有望解决以上问题。

二、冻结肉的加工工艺

经过冷却的肉类，只能作15～20天短时间的冷藏。因为冷却肉的温度在冰点以上，为0℃～4℃，肉中的水分尚未冻结成冰，这对于微生物和酶的活动能力仅能有一定程度的抑制，但不能完全终止它们的作用。因此，肉类要做6～12个月长期冷藏和长途运输，就必须采取冻结技术。所以，肉类的冻结目的就是使肉类保持在冰冻低温状态下，一般在－15℃，以阻止肉体内部发生微生物和酶的各种生物化学变化，防止肉类品质下降，以便作长期冷藏，并适于长途运输。同时也是为了保障供给，调节市场需求、军需储备和出口需求。

（一）肉类的冻结方法和要求

肉类的冻结方法一般以空气作为介质，采用非连续式的吹风冻结间进行。在冻结间内安装有干式冷风机，并有吊运轨道以挂运肉体。猪半胴体、牛1/4胴体、小牛胴体、羊和羔羊胴体均可用单钩或双钩吊挂。冻结间的装载量一般为5～20t。对于分割及畜肉的副产品可采用搁架式或金属平板式冻结装置等进行冻结。为了提高冻结质量，缩短冻结时间，节能省电，肉类在冻结过程中应符合以下几点要求。

（1）在进货前，应先对冻结间内的干式冷风机进行冲霜后降温。进货过程越短越好，并应一次进完。

（2）合理吊挂肉体，较重和较肥的肉体应吊挂在冷风机的出风口，较轻和较瘦的肉体可吊挂在冷风机的入风口，以使冻结间内的肉体在同一时间内达到同一肉温要求。

（3）严格库房操作管理，及时关闭库门和灯。

(4) 充分挖掘制冷压缩机的制冷能力，严格遵守双级冷压缩机的操作规程，正确调整好制冷系统的吸气压力与温度、排气压力与温度、中间压力与温度、油压与油温等运转参数，以达到最佳制冷效果。

(5) 冻结间内的货在未出库时，不得再装热货，以免引起库温波动影响冻结质量。

(二) 肉品的冷冻工艺

肉的冻结工艺通常分为两阶段冻结工艺和直接冻结工艺两种，许多国家主张采用直接冻结工艺，并计划近几年全面实施。英、美、德有关方面则仍主张采用先预冷后冻结的两阶段冻结工艺，日本则二者兼用。

1. 两阶段冻结工艺

两阶段冻结工艺是采用在两个蒸发温度，即－15℃冷却系统和－33℃冻结系统下，先冷却后冻结的工艺。肉类在蒸发温度－15℃冷却系统下，肉温由常温冷却到0℃～4℃。在调整好有关阀门后，使蒸发温度在－33℃冻结系统下，立即将肉类就地或送入冻结间进行冻结。冻结间温度一般为－25℃～－23℃，空气相对湿度以90％左右为宜，空气流速为2m/s～3m/s，经20h冷却的白条肉由0℃～4℃冻结到－15℃（指后腿中心温度），所需时间20h～24h。

2. 直接冻结工艺

(1) 直接冻结工艺的概念

直接冻结工艺即将屠宰加工后的肉体，经晾肉间滴干体表水后，不经过冷却过程直接送入冻结间进行冻结的工艺。白条肉在直接冻结时，在低温和较大空气流速作用下，促使肉体深处的热量迅速向表层散热。同时，由于肉体表面迅速冻结，导热系数随着冰层的形成得以增大2～3倍，更加快了肉体深处的散热速度，使肉体温度能在16h～20h内达到－15℃而完成冻结过程。

(2) 直接冻结工艺的优缺点

直接冻结工艺跟两阶段工艺相比较，有以下几个显著的优点。

①缩短了加工时间。一般直接冻结的时间在20h以内，肉体温度即可达到－15℃，冷加工工艺周期为24h。而两阶段冻结法的冻结时间为36h，冷加工工艺周期为48h。显然，采用直接冷冻工艺可节约冷加工时间约50％。

②减少水分蒸发，降低了干耗。实验证明，采用直接冻结的工艺生产的冻肉其干耗损失约比两阶段冻结工艺生产的冻肉降低0.88％，虽然经过5个月到一年半时间的储藏，其冷藏过程中干耗偏大，但两种冻结工艺的冻结和冻藏的干耗量基本相等。实际上冻肉的储藏时间一般在半年以内，因此，采用直接冻结工艺的冻肉干耗损失要小于两阶段冻结工艺。

③节省电量。采用直接冻结工艺每冻结1t肉耗电量为63kW·h，而采用两阶段冻结工艺每冻结肉1t，耗电量为23.6kW·h（冷却）＋57kW·h（冻结）＝

80.6kW·h。直接冻结比两阶段冻结每吨肉省电18.6kW·h。

④减少了建筑面积，降低了投资成本。以每日冻结间生产100t冻肉的冷库为例，仅需两间40t的晾肉间，不需要再建冷却间，约可减少建筑面积30%，从而节省了基本建设投资。

⑤节省了劳动力。由于直接冻结不经过冷却过程，因此可以减少搬运量，节省约50%的劳动力。

但是直接冻结工艺也有其缺点，直结冻结工艺的缺点主要是肉类冻结后在较低的冻藏间内储藏过长，如果库温忽高忽低不稳定，会使冰结晶融化后再冻结，造成结晶冰的再结晶。这样的冻结是慢速冻结，冰结晶将由小变大，这不仅使肉的质量下降，而且同时也增加了冰晶体的升华面积，使干耗增加。因此，经直接冻结的肉在冻藏间储藏时，其干耗大于两阶段的冻结肉干耗。为此，应注意尽量缩短直接冻结肉的冻藏期，并应遵循“先进先出”的原则。另外，直接冻结会使牛、羊肉体产生寒冷收缩现象，造成肉的质量有所降低，但对猪肉影响不大。因为猪肉脂肪层较厚，导热性差，其酸碱值比牛、羊肉下降快，因而不会发生寒冷收缩现象。

(3) 直接冻结工艺的要求

①经屠宰加工整理后的猪胴体必须先放入晾肉间进行分级暂存，待累积到相当于一间冻结间容量时，集中迅速推进冻结间。晾肉间的容量至少应有两间冻结间的容量。晾肉间内应装有排风装置，对地处气温较高的南方地区的晾肉间应装设冷风机，以便吹干肉胴体表面水分，同时可适当降低肉胴体温度。

②冻结间进货前应对冷风机进行冲霜并降温，待库温降至－15℃以下时才开始进货。

③在高温季节里，对进货时间超过0.5h的，应采取边进货边降温的方法，以避免库内墙面滴水产生冻融循环而损坏冷库，进完货后，要求冻结间的温度在0℃以下。

④为保证肉的冻结质量，必须配备与冻结间生产能力相适应的冷风机和设备。这样，在低温和强大空气流速的作用下，由于肉胴体深处与其表面的温差很大，肉胴体深处的散热会很快进行；同时，由于肉胴体表面迅速冻结成冰，使导热系数增加，因而就更加速了肉胴体深处的散热速度，缩短了冻结时间，能在16h～20h内使肉胴体温度降到－15℃而完成冻结过程，保证了肉的品质。否则，肉胴体深处的热量会长时间排不出来，引起酶对蛋白质的变性与分解，加上微生物的作用，使肉胴体深层腐败变质。

⑤在对制冷系统操作调节时，要求在肉温降至0℃时再对冷风机冲1次霜，使其工作效率得到充分发挥，以保证在20h内完成冻结过程。

(4) 白条肉直接冻结工艺的质量要求和操作要点

①肉胴体必须先放在晾肉间分级暂存，待累积到相当于冻结间容量时，一次性迅速送入冻结间。晾肉间的容量至少有两间冻结间的容量。晾肉间内可以安装冷风机或排风机，以便除去水分，并适当降低肉温2℃～3℃。

②进货前冻结间的冷风机必须冲好霜，库温须降到－15℃以时才可以进货。

③在进货时，为了确保库内墙面不滴水，不产生冻融循环，要求边进货，边开冷风机，边开供液阀进行供液降温。进完货后，要求冻结间的室温在0℃以下。

④在冻结期间，为了充分发挥冷风机的工作效率，保证冻结质量，要求在肉温降到0℃时应进行一次水冲霜。但要注意尽量不要使水落到肉体上。

⑤直接冻结工艺要求配备适当的冷风机和机器设备，保证制取足够的冷量。这样，在低温和较大空气流速作用下，促使肉体深处的热量迅速向表层散热。同时，由于肉体表面迅速冻结，导热系数随着冰层的形成得以增大2～3倍，更加快了肉体深处的散热速度，所以缩短了冻结时间，使肉体温度能在16h～20h内达到－15℃而完成冻结过程。快速冻结的目的在于保证冻结肉品的质量。如果冷量不足，肉体深处的热量长时间排不出来，则会引起酶和微生物的作用加剧，致使肉体深层腐败变质。所以肉类在冻结操作过程中，应充分发挥制冷压缩机和设备的效率，合理开启压缩机，并应使制冷压缩机的产冷量和冻结间蒸发器的热负荷相适应，及时调整供液量和有关阀门，加强操作管理，提高冻结速度。

⑥冻结速度要求越快越好。因为不提高冻结速度而以慢速冻结时，首先结冰的是食品细胞之间的自由水，其饱和压力小，而细胞内的自由水因没冻结成冰，饱和压力大，使细胞内的自由水向细胞外渗透形成较大的冰结晶，其体积增大9%～10%，结果使细胞受挤压而变形，甚至造成细胞膜破裂，食品解冻后营养下降较多。同时，由于冰结晶的形成以较慢速度由表面向中心推移，使肉的中心温度在很长时间内处于停滞状态。而采用快速冻结时，由于冻结速度大于自由水的渗透速度，散热作用的加强，使冰结晶可均匀地分布在肉品细胞内、外，形成小的结晶体，不会使细胞受挤压而变形和破裂，因而有效地保持了食品解冻后的营养价值。这不仅维持了冻结肉质量，而且还减少了干缩损耗。

(三) 冻结肉的解冻

解冻是使冻结肉及其制品中的冰晶融化成水并被肉吸收而恢复到冻结前的新鲜状态，可视为冻结的逆过程。冻结食品在消费或加工前必须解冻，解冻状态可分为半解冻和完全解冻。在解冻过程中应尽量使食品在解冻过程中品质下降最小，使解冻后的食品质量最大地接近于冻结前的食品质量。食品在解冻过程中常出现的主要问题是汁液流失，其次是微生物繁殖和酶促或非酶促等不良生化反应。汁液流失一般是不可避免的，汁液流失程度与肉的新鲜程度、切分状况、冻结和解冻方式等有关。如果在冻结与冷藏中冰晶对细胞组织和蛋白质的破坏很小，那么在合理的解冻方式下，部分融化的水可能重新渗入到细胞内，在蛋白质颗粒周围重新形成水化层，使汁液流失减少，保持了较好的营养和原有的风味。

在解冻过程中，微生物繁殖的程度和食品本身发生生化反应的速度随着解冻温度的升高而加剧。关于解冻速度对食品品质的影响一直存在着两种观点：一种认为快速解冻会使汁液没有足够的时间重新进入细胞内；另一种则认为快速解冻可减轻浓溶液对食品品质的影响，还可以缩短微生物繁殖和生化反应的时间。

解冻的一般要求有：

(1) 均匀解冻，以半解冻状态为好。

(2) 尽量减少解冻时的汁液流失率。

(3) 抑制细菌的繁殖生长。

(4) 解冻介质的温度不宜超过 20℃。

(5) 解冻速度尽可能地快，尽量缩短食品在较高温度下停留的时间。

(6) 解冻结束后，应将食品立即放到 0℃左右的温度下冷藏或及时加工。

冻结肉的解冻方法包括空气解冻法、水解冻法、高压静电解冻法、高频解冻法。

1. 空气解冻

空气解冻多用于畜胴体的解冻，通过改变空气的温度、相对湿度、风速、风向达到不同的解冻工艺要求。一般要求空气温度为 14℃～15℃，相对湿度为 90%～98%，风速为 2m/s 左右。目前主要有低温微风解冻装置和压缩空气解冻装置，前者利用 1m/s 左右的低风速加湿空气解冻，解冻均匀，效果好；后者利用压力升高、冰点减低的原理，解冻时间短，产品质量好。

2. 水解冻

(1) 常压水解冻。水解冻速度快，减少重量损失，但也存在一些问题，如水中的微生物容易污染冻结品和肉中的可溶性物质易流失等，因此水解冻多用于已包装肉品的解冻。

(2) 高静水压解冻。高静水压（50MPa～1000MPa）解冻的原理是当压力上升到 210MPa 时水的凝固点下降，此时冰发生相转变，凝固点又上升，因此高压下水的未冻结区是潜在的解冻区域。相比传统方法，高静水压解冻法解冻速度快，且对解冻后食品的外观和风味保持较好。

3. 电解冻

电解冻主要包括低频解冻、高频解冻、微波解冻和高压静电解冻。

(1) 低频解冻。低频解冻是将冻结食品视为电阻，利用电流通过电阻时产生的热，使冰融化。

(2) 微波解冻。微波解冻（915MHz 或 2450MHz）是在交变电场作用下，

利用物质本身的电性质来发热使冻结品解冻。微波应用于冷冻食品的解冻工艺可分为调温和融化两种。调温一般是在冷藏的食品解冻时，从较低温调到正好略低于水的冰点，即－4℃～－2℃。此时，物料处于固态，易于切片、切丁或进行其他加工。利用微波解冻进行解冻前的调温可以极大地提高解冻效率。融化是对冻鱼、冻肉进行微波快速解冻，只需将原料放在输送带上，微波直接照射。利用微波解冻，它的优点在于：速度快，效率高，解冻后肉的质量接近新鲜肉；营养流失少，色泽好，操作简单，耗能少，可连续生产。微波解冻过程中，频率是一个关键因素。一般说来，频率越高，其加热速度越快，但穿透深度越小。另外，频率对解冻食品的质量也有影响。

（3）高压静电解冻。高压静电解冻是一种有极大开发应用前景的解冻新技术。此法是将冷冻食品放置于高压静电场中，电场设于－3℃～0℃的低温环境中，利用高压电场微能源产生的各种效应使食品解冻。

（4）高频解冻。高频解冻是在交变电场作用下，利用水的极性分子随交变电场变化而旋转的性质，产生摩擦热使食品在极短的时间内完成加热和解冻。利用这种方法解冻，食品表面与电极并不接触，而且解冻更快，一般只需真空解冻时间的20％，而且解冻后汁液流失少，操作简单，安全卫生，目前国内外已有30kW左右的高频解冻设备投入市场，可以大量快速地对冷冻食品进行解冻。

三、冻结肉的冷藏与运输

（一）冻结肉的冷藏概述

低温储藏能够抑制微生物的生命活动，延缓组织酶、氧以及光和热的作用，可以较长时间的保证肉的品质，货架期能达到四个月以上。冻结肉的包装可采用可封性复合材料，包括聚酯薄膜（PET）、聚乙烯（PE）、铝箔（AL）等真空包装或者充气包装材料，但很多厂家考虑经济原因，往往只采用单层的聚乙烯薄膜。

冻结肉的冻藏是将冻结后的肉送入冻藏库中进行长期储存。储藏的肉进入冻藏库前肉温必须在－15℃以下，冻藏库内空气温度不得高于－18℃，因为在这样的温度条件下，微生物的繁殖几乎完全停止，肉胴体内部的生物化学变化受到了抑制，表面水分蒸发量也较小，能够保持较好的品质。此外，制冷设备的运转费用也较经济。我国肉类低温冻藏库大多采用－18℃库温，也有一些大型储备性冻藏库采用－20℃库温，以保证长时期储存的肉类产品的品质。

对生产性冷库来说，冻结肉进入冻藏库时，其中心温度在－15℃以下；而对于分配性冷库来说，由于冻肉经长途运输，因此肉温有所上升，但它们也应在－8℃以下进库，如果高于－8℃，即说明冻结肉已经开始软化，必须进行复冻后才能进入冻藏库储存。

冻藏库的温度应保持稳定，其波动范围不能超过±1℃。如果温差过大，会造成肉胴体组织内晶体融化和再结晶，增加干耗损失和加速脂肪酸败。冻藏库的空气相对湿度要求越高越好，并且保持稳定，以尽量减少水分蒸发。一般要求空气相对湿度保持在95%～98%，其变动范围不能超过±5%。冻藏库的空气只允许有微弱的自然循环。如采用微风速冷风机，其风速亦应控制在0.25m/s以下。不能采用强烈吹风循环，以免增大冻结肉的干耗。

为延长冻结肉的储藏期限并保持肉品的原有风味，可采用更低的冻藏温度，即冻藏间的温度由原来的－20℃～－18℃下降为－30℃～－28℃。

(二) 冻结肉冷藏期间品质的变化

1. 颜色的变化

肉品的颜色在感官中最重要，消费者对肉的第一印象就是颜色。肉颜色变化范围较大，可从鲜肉的深紫红色到腊肉的浅褐色。肉品颜色的变化与肌红蛋白有关，肌红蛋白是一种水溶性蛋白，由蛋白部分和中央含有铁原子的非蛋白卟啉环构成，铁原子的氧化状态对肉颜色有重要影响。因此，肌肉颜色的变化主要取决于肌红蛋白的含量和其所处的状态。肉的颜色是由肌肉中的色素物质肌红蛋白和血红蛋白的含量与变化状态所决定，肌肉从鲜亮的樱桃红色变为褐色主要是由于氧合肌红蛋白被氧化成高铁肌红蛋白以及肌间脂肪发生脂质氧化等综合作用的结果。在高分压氧存在下，肌红蛋白与氧结合为氧合肌红蛋白，肉色变为紫红色，继续氧化，Fe^{2+}变为Fe^{3+}，生成氧化肌红蛋白，颜色为红褐色。在低温下，控制了生物变化，同时抑制了微生物的生长繁殖，降低反应的速率，延长肌肉的货架期。因此冷冻储藏条件下肌肉的温度较低，延缓肌肉颜色的变化速率。在冷冻储藏间虽然温度很低，但随着时间的延长，肉品中各种生化反应及耐冷微生物分泌的水溶性或脂溶性色素致使肉品颜色发生变化，如脂肪氧化肉品表面变为淡黄色。总体来说，肉品颜色随着冻藏时间的延长，逐渐变暗。比如，对冷冻储藏的罗非鱼每隔10天进行颜色感官评定，时间越长，颜色变化越不令人满意，评分越低。

2. 组织结构的变化

冻结肉的干缩是指在空气中储藏时水分从食品表面蒸发，引起肉品表面粗糙，色素浓度升高，肉品颜色加深；冻藏表面还会出现脱水多孔层，脱水多孔层随水分的不断逃逸而加深，并被空气充满，成为高度活化层，可吸收库内的各种气味，并进行着强烈的蛋白质、脂肪、各类风味物质等的氧化及水解反应，产生种种有害或怪味物质，导致肉的品质恶化，甚至不能食用。

在冷冻储藏过程中，由于冰晶增大而使肌肉纤维蛋白质脱水变性，电镜结果显示肌纤维出现明显的裂缝、空隙，粗细丝排列紊乱、松散，肌节、A带、I带以及横纹结构模糊甚至消失，Z板扭曲、断裂，严重时溶解消失，肌浆网体变

形、破坏直至消失，肌原纤维中产生大量泡等。冷冻储藏过程中加压导致肌节，组织纹理属性变化严重。用氯化钠、磷酸三钠、三聚磷酸钠、焦聚磷酸钠处理鸡的胸脯肉，并在－20℃冷冻储藏10个月，观察肌肉的结构发现，在冻藏中大冰晶的形成使肌原纤维肌节收缩，但M带和Z带仍然可观察到。冰晶的形成对肉的质量变化是重要的影响因素，并且三聚磷酸钠和焦聚磷酸钠能组织冰晶的形成，防止肌节的收缩，这对在冷冻储藏中稳定肌原纤维蛋白组织，维持鸡胸脯肉质量和延长储存期有重要作用。如果冻藏中加压到200MPa将会导致蛋白质的冷变性，肌动蛋白完全变性，其他组织中蛋白也变性严重，但结缔组织蛋白变化较小。

3. 成分的变化

冷冻储藏期间肉品的脂类会发生自动氧化，此外还会发生降解，游离脂肪酸的含量随着冷冻储藏时间的增加而增加。通过对在－18℃环境中冷藏15个月的超期冻猪瘦肉的pH值、挥发性盐基氮、酸价、过氧化值测定发现，大部分冻肉仍属一级、二级鲜度，表明冻猪瘦肉在－18℃环境中冷冻储藏1年后，肉质无显著变化，但脂肪氧化酸败严重。研究表明牛肉中总脂肪和甘油三酯随着冷冻储藏时间的增长而降低，总磷脂较恒定，TBA值逐渐增加。研究表明出口冻牛分割肉的pH值、挥发性盐基氮的变化从开始上升，到一定时间后变化或略有下降或缓和趋于稳定，以后变化加快。速冻羊肉挥发性盐基氮值随储藏时间的延长增加，速冻羊肉储藏温度越高，挥发性盐基氮值的增加越快，储藏温度越低，挥发性盐基氮值的增加较缓。另外，冻结肉解冻后一些水溶性的维生素将会随汁液流失。这主要与解冻方式有关，一般流水解冻水溶性维生素损失较大。冷冻储藏中一些对低温较敏感的维生素也会发生损失。

4. 微生物的变化

冷冻储藏温度越低，微生物数量增长越慢。研究人员采用在－15℃、－20℃、－25℃三种不同温度冻藏羊肉，在冷冻储藏过程中，细菌增长缓慢，在同一时间点，细菌在－15℃的增长明显比－20℃与－25℃下要快。虽然在储藏中微生物数量随时间而增多，但－12℃的鸡肉在三个月内消费，微生物数量并不会超过限定值。冷冻储藏期间还可以改变肉品中革兰氏阳性菌和革兰氏阴性菌的比例，革兰氏阳性菌相对更具耐低温。研究表明肉毒梭菌芽孢接种于烹饪过的鸡肉中，在冷冻储藏中将减少53%，另外有15%的芽孢在冻藏脱水的过程中减少，在长期储藏的脱水产品中不必担心肉毒梭菌芽孢的残存。冻藏后，在室温下解冻，大约还有21%的好氧菌和37%的厌氧菌存在于鸡肉中。另外，冻藏中微生物种类和数量与肉的种类和肉pH有关。一些耐冷微生物在其适宜生长的pH下还能在冷冻肉品中生存。

（三）影响冻结肉品质变化因素

1. 包装

包装对延长冻肉的冷藏安全期和保护其品质新鲜度都起到重要的作用。试验表明经过相同时间冷冻储藏后，其包装完好的对照样牛肉的 TVBN 值比包装不完整的试验样的 TVBN 值低，这充分说明了包装在延长冻分割肉冷藏安全期中的重要性。在－18℃下冻藏采用真空包装能增加冻结肉感官的稳定性。

2. 冻结工艺

肉的冻结工艺通常分为两阶段冻结工艺和直接冻结工艺两种。研究表明，两阶段冻结工艺比直接冻结工艺更能提高肉品品质，经 40 天冻藏的猪肉，两阶段冻结工艺中 TVBN 值比直接冻结工艺低，并且 TVBN 增幅也比直接冻结工艺低。直接冻结工艺所需时间短，水分蒸发少，节省劳动力和电量，减少建筑面积，投资成本低。冻藏肉颜色的变化与冻结的速率有关，并且在合适的低温黑暗环境下肉的颜色较稳定。

3. 冻藏温度

在一定温度和时间下，冷冻储藏时的温度越低，肉品保藏效果越好。在不同的冷冻储藏温度下，肉的酸价变化随冻藏时间延长而增加，但增幅较缓慢。肉的颜色一般由鲜红色的氧化肌红蛋白变成褐色的氧化肌红蛋白，这一变化与温度有直接关系，温度越高则时间越短。

4. 冻藏时间

随着冷冻储藏时间的延长，肉的品质下降。对分割骆驼肉在冻藏期间肉的品质变化进行研究表明，在正常冻藏条件下，冻藏的分割骆驼肉，储存期 12 个月均可保鲜；储存期 14 个月，已降至次鲜标准；储存期 14 个月以上，即开始变质。应该根据不同肉品的特性、市场供应及工厂设备等因素来考虑冻藏的时间。

5. 空气湿度和流速

冷库的空气湿度与干耗有直接关系，湿度越大，干耗较小；湿度越小，干耗严重。在－18℃低温下，温度对微生物的生长繁殖影响小，从减少肉品干耗考虑，湿度越大越好，一般为 95％～98％。空气流速差将会使湿度分布不均匀，导致肉品品质出现差异，气流一般控制在 0.2m/s～0.3m/s。

（四）冻结肉的运输

运输的冻结肉应肉体坚硬，用硬物敲击时能发出清脆的响声，肌肉有光泽，红色均匀，脂肪洁白或淡黄。外表用手指或温热物体接触时能由玫瑰色转为红色，血管呈石灰光泽，气味正常。发现有发软、色暗褐或有霉斑、气味杂腥等现象的冻肉不能承运。

冻结肉在运输过程中应注意以下几方面。

（1）冻结肉在装车前应将其中心温度降到－15℃或者更低。应将车厢内温度

预冷到 10℃。

(2) 运输冻结肉时尽量使用机械冷藏车，要有良好的隔热性能，减少外界传入热量，应配备冷冻机或者其他的冷却设备，在装卸作业和运输中冷却装置必须始终处于工作状态。冷藏车车内应保持不超过－12℃。

(3) 装运应简便快速，尽量缩短交运时间，堆积的密度须能使货物外侧受到冷气完全包围。

(4) 装载、配送时间宜选择早晨和晚上，全程时间控制在 3h 内为宜。

(5) 冻结肉承运应使用冷藏车装运，冷藏车的内部材料应该是对食品味道和气味无影响的安全材料，箱体内壁包括顶板和地板应光滑、容易清洗、防腐、不受清洁剂的影响、不腐烂，便于消毒。加冰冷藏车装运时，冰中加盐热季 20%～25%，温季15%～20%，寒季 10%～15%。承运冻结肉的冷藏车不允许装载其他种类的货物。

(6) 冻结肉的装载方法采用头尾交错、腹背相连、长短搭配，紧密装载不留空隙。在输送过程中，为保证冷气在货库内畅通无阻地循环，装载货物体积要适当。

(7) 要装有显示库内温度的温度计或者温度测定装置，这种装置的精度要求高，为±0.25℃，要使得从库外容易读到度数，在运输过程中进行实时监控，密切关注冷藏车内的温度变化，防止温度降低影响冻结肉的质量。

第四节 肉制品

一、肉制品概述

肉制品是指用畜禽肉为主要原料，经调味制作的熟肉制成品或半成品，如香肠、火腿、培根、酱卤肉、烧烤肉等。也就是说所有的用畜禽肉为主要原料，经添加调味料的所有肉的制品，不因加工工艺不同而异，均称为肉制品，包括：香肠、火腿、培根、酱卤肉、烧烤肉、肉干、肉脯、肉丸、调理肉串、肉饼、腌腊肉、水晶肉等。我国肉制品生产有着悠久的历史，肉制品在世界上也享有盛名，特别是党的十一届三中全会以来，随着畜牧业生产和食品工业的发展，肉制品生产也得到了相应的增加，肉制品品种不断增加，质量不断提高，全国各地生产出许多名、优肉制品，并具有独特的风味，颇受广大人民群众的喜爱。肉制品的保存期，短的也许只能保存 3～4 天，长的则可保存 6 个月。其保存期的长短，主要取决于肉制品中的水分含量和加工方法，以及杀菌后的操作和包装技巧。

二、肉制品的分类

肉制品的种类繁多，德国仅香肠类产品就超过1500种；瑞士的一家发酵香肠生产企业生产500种以上的色拉米香肠；在我国，仅名、特、优肉制品就有500多种，而且新产品还在不断涌现。不同国家和地区间的地理环境、气候条件、资源、经济、民族、宗教、饮食习惯和嗜好等因素各异，肉制品的种类也不尽相同，因此肉制品的分类方法也存在极大差异，迄今为止，尚没有一个分类方法可以国际通用。

（一）根据我国肉制品最终产品的特征和产品的加工工艺分类

1. 香肠制品

香肠制品是指切碎或斩碎的肉与辅料混合后充填入肠衣内加工制成的肉制品，主要包括中式香肠、发酵香肠、熏煮香肠和生鲜肠等。中式香肠是按照我们民族的工艺加工制成的香肠制品，其主要以猪肉为原料，切碎或绞碎成丁，添加食盐、硝酸钠等辅料腌制后，充填入可食性肠衣中，经晾晒、风干或烘烤等工艺制成。发酵香肠是以猪、牛肉为主要原料，绞碎或粗斩成颗粒，并添加食盐、发酵剂等辅助材料，充填入肠衣中，经发酵、干燥、成熟等工艺制成的具有稳定的微生物特性和典型的发酵香味的肉制品。熏煮香肠是以肉为原料，经腌制、绞碎、斩拌处理后，充填入肠衣内，再经蒸煮、烟熏等工艺制成的肉制品。生鲜肠是未腌制的原料肉，经绞碎并添加辅料混匀后冲入肠衣内制成的生肉制品。生鲜肠未经熟制，多在冷却条件下储存，食用前需熟制处理。

2. 火腿制品

火腿制品是指用大块肉为原料加工而成的肉制品，其包括下述几类产品。干腌火腿是主要以猪后腿为原料，经腌制、干燥和成熟发酵等工艺加工而成的生火腿制品。著名的产品有金华火腿、宣威火腿、如皋火腿、帕尔玛火腿、伊比利亚火腿、美国的乡村火腿等。熏煮火腿是大块肉经盐水注射腌制、嫩化滚揉、充填入模具或肠衣中，再经熟制、烟熏等工艺制成的熟肉制品。压缩火腿是用小块肉为原料，并加入芡肉，经腌制、滚揉、充填入肠衣或模具中熟制、烟熏等工艺制成的熟肉制品。

3. 腌腊制品

腌腊制品是肉经腌制、酱渍、晾晒或烘烤等工艺制成的生肉制品，食用前需经熟制加工。腌腊制品包括咸肉、腊肉、酱封肉和风干肉等。咸肉是预处理的原料肉经腌制加工而成的肉制品，如咸猪肉等。腊肉是原料肉经腌制、烘烤或晾晒干燥成熟而成的肉制品，如腊猪肉等。酱封肉是用甜酱或酱油腌制后加工而成的肉制品，如酱封猪肉等。风干肉是原料肉经预处理后，凉挂干燥而成的肉制品，如风鹅、风鸡等。

鲜肉营养丰富，但不能久存，易被微生物侵蚀而腐败变质。而腌制以后，能耐保藏，增加风味，所以腌腊制品成为我国保存肉品的一种传统方法。其特点如下。

（1）腌腊制品具有特殊的风味、香气和色泽。

（2）水分少，重量轻，容易携带，便于运输、存放。

（3）能耐储藏，一般可存放数月，有的可储存一年乃至数年。煮熟以后也可放置数天，是良好的方便熟食和旅行食品。

（4）加工腌腊制品的设备比较简单，操作技术也很简便。

由此可见，在缺乏现代化加工设备的广大农村和国营农牧场，充分利用当地资源，生产腌腊制品仍然是一项比较简便而有效的生产方法。

4. 酱卤制品

酱卤制品是指原料肉加调味料和香辛料，水煮而成的熟肉制品，主要产品包括白煮肉、酱卤肉、糟肉等。白煮肉是预处理的原料肉在水（盐水）中煮制而成的肉制品，一般食用时调味，如白斩鸡等。酱卤肉是原料肉预处理后，添加香辛料和调味料煮制而成的肉制品，如烧鸡、酱汁肉、盐水鸭等。糟肉类是煮制后的肉，用酒糟等煨制而成的肉制品，如糟鸡、糟鱼等。

5. 熏烧烤制品

熏烧烤制品是指经腌制或熟制后的肉，以熏烟、高温气体或固体、明火等为介质热加工制成的熟肉制品，包括熏烤类和烧烤类产品。熏烤类是产品熟制后经烟熏工艺加工而成的肉制品，如熏鸡、熏口条等。烧烤类是指原料预处理后，经高温气体或固体、明火等煨烤而成的肉制品，如烤鸭、烤乳猪、烤鸡等。

6. 干制品

干制品是指瘦肉经熟制、干燥工艺或调味后直接干燥热加工而制成的熟肉制品，主要产品包括肉干、肉松和肉脯类。肉干是原料肉调味煮制后脱水干燥而成的块（条）状干肉制品。肉脯是原料肉预处理后，烘干烤制而成的薄片状干肉制品。

肉松是以鲜肉经高温煮透并脱水加工复制而成絮状的干肉制品。肉松是我国的著名特产，因为营养丰富、味美适口、能耐久储藏、携带方便等优点，很受人们欢迎。肉松是以瘦肉脱水干制而成，所以各种肉类的瘦肉，都可以制作肉松，一般以猪肉、牛肉、鸡肉等为多。其中猪肉松最受人们欢迎，尤以福建肉松、太仓肉松最为著名。

7. 油炸制品

油炸制品是指调味或挂糊后的肉（生品、熟制品），经高温油炸（或浇淋）而制成的熟肉制品。根据制品油炸时的状态分为挂糊炸肉、清炸肉制品两类。典型产品如炸肉丸、炸鸡腿、麦乐鸡等。

8. 调理肉制品

调理肉制品是以畜禽肉为主要原料加工配制而成的、经简便处理即可食用的肉制品。调理肉制品按其加工方式和运销储存特性，分为低温调理类和常温调理类。低温调理类包括冻藏类和冷藏类。

9. 罐藏制品

罐藏制品包括硬罐头和软罐头两类。软罐头的加工原理及工艺方法与硬罐头相似，但用的是软质包装材料。

10. 其他制品包括肉糕类产品和肉冻类产品

肉糕类产品是以肉为主要原料，添加辅料和配料（大多添加各种蔬菜）后加工制成的肉制品，如肝泥糕、舌肉糕等。肉冻类产品是以肉为主要原料，以食用明胶为黏结剂加工制成的凝冻状的肉制品，如肉皮冻、水晶肠等。

（二）根据地方特色分类

1. 京式肉制品

京式肉制品又称为北式或北味肉制品。京式肉制品在各地方肉食品中历史较为悠久，产品特点是口味重，所用佐料的品种及数量较多。京式肉制品中以烧制品最为著名，包括烧牛肉、烧羊肉、酱牛肉及酱猪肉等。

2. 苏式肉制品

苏式肉制品又称南味肉制品，其中包括苏州、无锡、上海等地肉食品，尤以苏州最为著名。其产品特点是味浓醇而带甜，以烧制品和脱水肉制品为代表产品。

3. 广式肉制品

广式肉制品指广东及广西生产的肉制品。广式肉制品吸收了京式、苏式和西式肉制品各自的优点，而使产品独具一格，其中以烤制品最为著名，如广东叉烧、烤乳猪等。此外，广东香肠和广东腊肉也是广式肉制品中较为著名的产品。

4. 西式肉制品

西式肉制品指仿制国外的一些肉制品，其中以灌肠制品为主，尚包括一部分腌腊制品。这类肉制品的产品特点是鲜嫩、味淡、香料特殊。

另外，根据历史渊源可将肉制品分为中式肉制品和西式肉制品，根据热加工温度可分为高温肉制品和低温肉制品。中式肉制品包括腌腊制品、酱卤制品、熏烧烤制品、干制品、其他肉制品等五大类。西式肉制品是指由国外传入的工艺加工生产的肉制品，主要包括培根、香肠制品和火腿制品三大类。高温肉制品是指经 100℃以上高温加工的肉制品，低温肉制品是指在 75℃左右的温度条件下热加工而成的肉制品。

三、肉制品的储藏与运输

（一）肉制品的储藏

肉制品的储藏条件对于肉制品的质量尤其重要，下面介绍几种肉制品的储藏方法。

1. 香肠制品的储藏

（1）熟猪油保鲜储藏。将猪油置于锅中熬炼，将熬炼出的液状猪油滤去油渣后倒入陶罐（或陶坛、搪瓷桶）中，将盖子盖严后置于阴凉、干燥、通风处。香肠沉入容器底部后，凝固后的猪油不仅能使香肠避免直接与空气接触而变质，还能阻止香肠的气味外溢，有利于长期保存。

（2）白酒涂抹保鲜储藏。储藏前，在香肠上涂一层白酒（45°～55°），然后将香肠放入密封性能良好的容器内，将盖子盖严，置于阴凉干燥通风处。香肠由于涂抹了具有杀菌功效的烈性白酒，不仅能杀灭吸附在香肠表面上的细菌，而且在短期内还能有效地抑制细菌在储藏容器内滋生繁殖，从而有利于香肠保鲜储藏，而且香味不变。

（3）菜缸保鲜储藏。先在缸底部垫 3cm～5cm 厚的干咸菜，用厚塑料布封口扎紧或加盖后置于阴凉干燥通风处存放即可。用此法保存香肠，由于干咸菜具有吸湿、抑菌、隔温功能，当空气湿度过大时，干咸菜能吸收储藏箱内滞留的湿气，待空气干燥时再将吸收的湿气散发。这样，干咸菜在缸内不仅能调控湿气，对高温也有一定的缓冲和阻隔作用，从而使香肠能够在良好的“小环境”中妥善保存较长时间后色、香、味仍完好如初。

（4）草木灰保鲜储藏。取刚刚烧过的草木灰冷却备用。储藏时，先在具有良好密封性能的容器底部铺垫 5cm～8cm 厚的草木灰，将香肠轻轻地整齐排列在草木灰上，再覆盖草木灰，覆盖的厚度以没过香肠 2cm～3cm 即可。每铺垫一层草木灰放置一层香肠，容器壁与香肠之间应留 2cm～3cm 的间隙，储藏时将该空隙也用草木灰填充。在香肠的最上层覆盖 5cm～8cm 厚的草木灰后再加盖封存。由于容器内配置的草木灰能起到吸湿、隔热、防虫、杀菌等功效，因而香肠储存半年以上也不会变味和生虫变质。

2. 火腿制品的储藏

火腿制品不能冷冻储藏，因为，火腿在制作的过程中，是经过腌制的，因而氯化钠含量较高。如果储藏温度过低，火腿中的水分极易冻结成冰，从而促进了火腿内脂肪的氧化作用，而这种氧化作用，又具有催化作用，使氧化反应的速度大大加快，火腿质量明显下降，在化开后，口感就非常不好，切开后可以看到呈蜂窝状，储藏期也会缩短。

火腿正确的储存方法，是将火腿放在避光通风的地方，进行低温储藏便可防止火腿脂肪的氧化酸败，延长储存时间。

3. 腌腊制品的储藏

将腊肉、腊肠放在温度低于 20℃、湿度低于 60%、通风、不被太阳直接照射的地方进行储藏时，可以储藏 2～3 周，将腊肠放在 4℃左右的冷藏室里进行储藏时，可储藏 3～4 个月，将腊肉、腊肠进行冰冻储藏时，以可储藏至少半年之久。

4. 干制品的储藏

对于肉松、肉脯等这些干制品，它们本身的水分已经很少，只要在常温下保存即可，但是要避免高温、日照，开封后应尽快食用完毕。

5. 罐藏制品的储藏

（1）未开封的罐头常温下保存就行。因为罐头是经过杀菌处理的食品，已经不含有致病菌和在常温下能繁殖的细菌。

（2）如果罐头开封，未食用完，要在冷藏条件下储存，储存时间一般不要超过三天。

（3）对于玻璃瓶和透明材质的罐头还要注意避光储存。

（4）无论什么样的罐头一般都要储存在阴凉避光处最好，尤其要注意尽量不要放在高温条件下和直射阳光的地方。

（二）肉制品的运输

在肉制品运输过程中对于低温肉制品（火腿等）和高温肉制品（香肠等）的运输车辆与运输温度要求不同，对于低温肉制品，运输车辆要求为箱式运输车，车内温度保持在 0℃～4℃。高温肉制品对运输车辆无特殊要求，但自然环境温度高于 25℃时，应注意控制肉制品温度。运输肉制品时还应注意以下几个方面。

（1）运输车辆应符合产品要求，每天要进行清洗消毒。

（2）运输过程中与肉制品接触的工具器皿，应该符合卫生要求，易于清洗。

（3）运输裸露产品时要生熟分开，不能与生肉制品接触。

（4）运输到商超等零售单位时，要进行“门对门”的对接，不要让肉制品暴露在常温下过长时间。

（三）肉制品的感官检验

感观质量是肉制品食用质量标准不可缺少的一部分。它是以人的感觉器官（视觉、听觉、嗅觉、味觉及触觉）进行分析判断，对肉制品的颜色、风味、外观、包装、柔软度、含汁量、味道、气味等进行综合评价，即感觉检验。此法不仅迅速简便，而且具有理化检验无可替代的特点。我们主要对以下几种肉制品的感官检验进行介绍。

1. 香肠制品的感官检验

对香肠的感官检验分为以下几个方面，如表 2-6 所示。

（1）观察香肠的外观，肠衣干燥完整且紧贴肉馅，无黏液以及霉点，肠体坚实而有弹性。

（2）将香肠切开，观察香肠切面，切面应坚实，切面的色泽应有光泽，肌肉灰红色至玫瑰红色，脂肪白色或者微带红色。

（3）闻其气味，香肠的气味应该是香肠固有的气味。

表 2-6　　香肠的感官指标

指标	良质	次质	变质
外观	肠衣干燥、完整，紧贴肉馅，无黏液及霉味，坚实且有弹性	肠衣稍湿润或发黏，易与肉馅分离，但不易撕裂，表面稍有霉点，但抹去后无痕迹，发软而无韧性	肠衣湿润，发黏，易与肉馅分离，易撕裂，表面霉点严重，抹去后仍留有痕迹
组织状态	切面坚实	切面整齐，有裂隙，周边部分有软化现象	切面不齐，裂隙明显，中心部分有软化现象
色泽	切面有光泽，肌肉呈灰红色或玫瑰红色，脂肪呈白色或微红色	部分肉馅有光泽，肌肉深部呈咖啡色，脂肪发黄	肉馅无光泽，肌肉灰暗，脂肪呈黄色
气味	具有香肠固有的气味	风味略减，脂肪有轻度酸败味，有时肉馅带有酸味	脂肪酸败味明显或有其他异味

2. 火腿制品的感官检验

对火腿制品进行感官检验，分为以下几个方面，如表 2-7 所示。

（1）将火腿切开，观察其切面，肌肉切而呈深红玫瑰色或暗红色，脂肪组织呈白色、淡黄色或淡红色，有光泽。

（2）观察其组织状态，应为致密结实或稍软。

（3）将竹签插入肉中拔出后嗅其气味，具有火腿特殊香味或香味平淡，无异味。

表 2-7　　火腿的感官指标

指标	良质	次质	变质
外观	皮坚硬洁净，皮面呈淡黄或棕黄色，腿肉表面干燥清洁	火腿外表轻度发霉和发黏	腿肉表面湿润发黏，松软，尤以骨周围组织更为明显，有严重虫蛀或霉烂现象

续　表

指标	良质	次质	变质
组织状态	肌肉切面平整，致密而结实	腿肉切面平整，较致密而稍软	肌肉切面呈酱色，具有各色斑点，肉质松软或糊状，在骨髓和骨周围组织尤为明显
色泽	呈玫瑰红色或桃红色，脂肪切面为白色或略带玫瑰色彩，有光泽	呈暗红色或深玫瑰红色；脂肪切面淡黄色或白色，而光泽较差	脂肪切面呈黄色或褐黄色，无光泽
气味	具有火腿特有的香味	稍有酱味或豆豉味，稍有酸味	有严重酸味和哈喇味，或有腐臭味

3. 腌腊制品的感官检验

对腌腊制品进行感官检验，有以下几个方面，如表2－8、表2－9所示。

（1）从表面和切面上观察腌腊制品色泽、硬度和组织状态。

（2）用特制竹签插入腌腊制品深部，选择骨骼、关节附近的组织插入，拔出后立即嗅闻气味，据此判定其新鲜程度。如连续多次嗅闻后，为防止嗅觉误差，应间歇嗅闻之。

（3）将腌腊制品切开，观察其内部肉馅和肌肉断面情况。

（4）必要时将腌腊制品试煮，品评腊肉的滋味和气味。

表2－8　　咸猪肉的感官指标

指标	良质	次质	变质
外观	外表干燥清洁	外表稍湿润发黏，有时有霉点	外表湿润，发黏，有霉点或变色
组织状态	质地紧密而结实，切面平整	质地稍软，切面尚平整	质地松软，切面发黏
色泽	切面有光泽，肌肉呈红色或暗红色	切面光泽较差，肌肉呈咖啡色或暗红色，脂肪微带黄色	切面没有光泽，肌肉切面色泽不均匀，呈酱色，骨骼周围常带灰褐色
气味	具有咸肉固有气味	脂肪有轻度酸败，骨组织周围稍有酸味	脂肪有明显酸败味，肌肉有腐败气味

表 2－9　　腊肉、腊肠的感官指标

指标	良质	次质	变质
组织状态	肉质干爽结实，有弹性，指压后不留明显压痕	肉质稍软，尚有弹性，指压痕易复原	肉质松软，无弹性，指压痕不易复原，带黏液
色泽	肉色泽鲜明，呈鲜红或暗红色，脂肪透明或乳白色	肉色泽稍淡，呈暗红或咖啡色，脂肪乳白色，表面稍有霉点，但抹去后不留痕迹	肉灰暗无光，脂肪黄色，表面有明显霉点，抹去后仍留有痕迹
气味	具有腊肉风味	风味略逊，脂肪略有酸败味	脂肪有明显酸败味或其他异味

4. 酱卤制品的感官检验

酱卤制品是指酱肉、卤肉、熟熏肉、熟禽兔肉及内脏等熟肉类制品。感官检验酱卤制品应肉质新鲜，无异物附着，无异味、异臭。

5. 烧烤制品的感官检验

烧烤猪、鹅、鸭类：

(1) 观察其色泽，肌肉切面应鲜红有光泽，脂肪是浅乳白色（鸡、鸭、鹅）或浅黄色。

(2) 观察其组织状态，对肌肉切面施压没有血水渗出，脂肪滑而脆。

(3) 闻其气味，应无异味、臭味。

叉烧类：肌肉切面微赤红色，脂肪白而透明有光泽，肌肉切面紧密，脂肪结实而脆，无异味、异臭。

第三章 乳与乳制品

牛奶是大自然赋予人类最有益于健康的食品，被称为“西方医学之父”的希波克拉底在《希波克拉底文集》中，将牛奶推崇为人类最完善的营养食品。牛奶中至少有100多种营养成分，其中所包含的水、碳水化合物、脂肪、蛋白质、维生素、微量矿物质元素以及免疫活性因子等都是人类赖以生存的营养素，牛奶不仅容易消化吸收，而且无论男女老少都适于饮用，被视为人类饮食结构中不可或缺的一部分。

乳类是营养丰富的动物性食品，而且消化吸收率较高，其中的营养物质配合比例十分恰当，能充分满足人体需要，尤其适合儿童及老年人。因此，世界各国都相当重视乳的生产，联合国粮农组织把乳制品列入与粮食一样重要的位置。我国对乳制品的发展也相当重视，提出了“学生奶计划”，近十几年乳牛业的发展更是十分迅速，奶产量已由1979年的90万吨发展到现在的900万吨，现在已基本解决了大、中城市的牛奶供应问题。

乳的营养虽然丰富，但同时也是细菌的良好培养基，乳一旦被微生物污染，在适宜的条件下，就会大量生长繁殖引起乳腐败变质；如果乳被致病菌污染，还可成为食物中毒和人畜共患病的媒介。另外，一些有害的化学物质，如黄曲霉毒素M1、抗生素、农药等，也可通过污染的饲料进入乳牛体内，并通过乳汁进入人体，影响人体健康。

第一节 原料乳

一、原料乳概述

原料乳是指刚从奶畜身上挤下来的用作乳制品加工原料的原奶。在我国，奶畜包括奶牛、奶山羊、黄牛、牦牛等。原料乳经过加工后可制成酸乳、炼乳、乳粉、奶油、干酪等乳制品。

（一）原料乳的物理性状

牛乳为胶体溶液，其中乳糖和一部分可溶性盐类可形成真正的溶液状态；而蛋白质则与不溶性盐类形成胶体悬浮液，脂肪则形成乳浊液状态的胶体性液体，水分作为分散介质，构成一种均匀稳定的悬浮状态和乳浊状态的胶体溶液。

1. 色泽

新鲜的牛乳是一种乳白色或稍带微黄色的不透明液体。这是由乳的成分对光的反射和折射所致。稍带微黄色是由于乳中含有核黄素、乳黄素和胡萝卜素的结果。奶油的黄色则与季节、饲料以及牛的品种有较大的关系。

2. 滋味和气味

正常的鲜乳具有特殊的香味，尤其是加热之后香味更加浓厚。这是由于乳中含有挥发性脂肪酸和其他挥发性物质。但乳的气味受外界因素影响较大，应注意环境卫生。新鲜的乳纯净则稍带甜味，这是因为乳中含有乳糖。

3. pH 和酸度

正常乳的 pH 值为 6.5～6.7，酸度为 16°T～18°T。

乳的酸度分为自然酸度和发酵酸度，二者之和称为总酸度。自然酸度主要由乳中的蛋白质、柠檬酸盐、磷酸盐及二氧化碳等酸性物质所形成。而牛乳挤出后在存放过程中，由于微生物的作用分解乳糖产生乳酸，使牛乳酸度升高，这种因发酵产酸而升高的酸度称为发酵酸度。通常所说的“酸度”是指总酸度。

4. 密度和比重

牛乳的密度是指乳在 20℃时的质量与同容积水在 4℃时的质量之比。牛乳的比重则指在 15℃时一定容积牛乳的重量与同容积同温度水的重量之比。在同温度下，乳比重和乳密度的差异值很小。但因测定的温度不同，两者之间相差 0.0019（简化为 0.002），即乳密度比乳比重小 0.002，并依此来进行比重和密度的换算。正常乳的比重为 1.028～1.032，平均为 1.030。乳的比重随温度而变化，在 10℃～25℃的范围内，温度每变化 1℃，乳的比重相差 0.0032。

5. 冰点和沸点

乳的冰点平均为－0.56℃，乳的沸点在常压下为 100.17℃。乳的冰点随水的含量的增多而升高，牛乳中每加入 1%的水，其冰点约上升 0.00054℃。乳的沸点随着其中干物质含量的增多而升高，当乳浓缩一倍时，沸点即上升 0.5℃。

（二）原料乳的化学组成

组成乳的化学成分主要有：水分、蛋白质、脂肪、乳糖、矿物质、维生素、酶、免疫体、色素、气体以及其他的微量化学成分，如表 3－1 所示。

表 3－1　鲜乳的化学成分

	水分（%）	蛋白质（%）	脂肪（%）	乳精（糖）（%）	矿物质（%）	比重（%）
牛乳	87.50	3.56	3.50	4.60	0.75	1.030
羊乳	86.50	4.03	4.09	4.49	0.81	1.031
马乳	90.68	2.02	1.17	5.77	0.36	—

1. 水分

水分是乳的主要成分，占 87%～89%。其中的大部分以游离水的形式存在，许多理化过程和微生物学过程均与此有关。其次是结合水，以氢键的形式与蛋白质和乳糖结合在一起，很难将它与其相结合的物质分开，故奶粉中总保留 3%左右的水分。此外，还有一部分结晶水，与乳糖共同形成结晶。

2. 脂质

牛乳中的脂质因乳牛的品种及其他条件而异，一般在 3%～5%。脂肪是乳中最重要的成分之一，它与乳及其制品的营养价值、风味、物理性状等有极大关系。尤其是它的风味，目前尚不能被其他油脂代替或人工模拟。

乳中的脂肪，以微细的球状成乳浊液存在于乳中。每个脂肪球的外面有一层磷脂蛋白膜，因而能使乳脂球均匀稳定地分散于乳汁中而不至于相互融合，但久经放置，小微球会渐渐浮于乳面，形成乳酪，而且这种膜能在强酸、强碱或机械搅拌下被破坏。

3. 蛋白质

牛乳中含有 3.5%的蛋白质（人乳约 1.25%），可分为酪蛋白、白蛋白和球蛋白。其中酪蛋白占乳蛋白质总量的 80%～82%，白蛋白约占 13%，球蛋白和少量的脂肪球膜蛋白约占 4%。

（1）酪蛋白不溶于水和乙醇，不因加热而凝固，但可被弱酸和凝乳酶凝固。酪蛋白在新鲜乳中主要以钙盐、酪蛋白盐形式存在。

（2）白蛋白为含巯基蛋白质，不含磷并能溶于水，不被稀酸和凝乳酶凝固，但加热到 70℃时，即开始变性发生凝固，加热至 110℃时，60%的白蛋白变性。

（3）球蛋白在常乳中处于溶解于水的状态，加热时不凝固，但在酸性条件下加热时，可发生沉淀。球蛋白与免疫有关，所以也称免疫性球蛋白。

4. 糖类

牛乳中的糖类主要是乳糖，另外有少量的葡萄糖。乳糖在牛乳中占 4.6%～4.7%，它在乳中几乎全部呈溶解状态。

5. 无机盐

乳中含有钠、钾、钙、磷等矿物质和铁、镁、铜、锌等微量元素。乳中的钾和钠，大部分以氯化物、磷酸盐及柠檬酸盐形式存在。钙和镁则与酪蛋白、磷酸和柠檬酸结合。

6. 维生素

乳中含有人体所需的多种维生素，主要有脂溶性维生素 A、D、E 及水溶性维生素 B_1、B_2、C 等，其次有维生素 B_6、B_{12}、PP 等。乳中各种维生素含量（见表 3-2）与饲料、季节和加工保存条件有关。

表 3-2 乳中各种维生素含量 单位：mg/kg

种类	A	D	E	B_1	B_2	PP	C
含量	0.13～0.16	0.07～1.2	0.6～1.23	0.2～0.7	1.0～1.25	1.5～1.55	8～18

7. 酶

乳中酶的主要来源是由乳腺分泌和乳中微生物生长繁殖产生。乳中常见的酶有：还原酶、过氧化物酶、过氧化氢酶、磷酸酶、蛋白分解酶、解脂酶和淀粉酶等。磷酸酶有两种，一种为酸性磷酸酶，存在于乳清中，经 73℃加热 50min 仍有活力，最适 pH 为 4.0。另一种为碱性磷酸酶，吸附于脂肪球膜上，经 63℃加热 20min 即被破坏，最适 pH 为 9.0～9.8。所以一般用碱性磷酸酶试验来检验市售乳是否经过加热消毒。

8. 气体

乳中气体约占乳总体积的 7%，其中有 55%～70%为 CO_2，5%～10%为 O_2，20%～30%为 N_2。乳经加热后，CO_2 逸出，碳酸减少，酸度降低。

9. 色素

乳中色素主要有胡萝卜素和核黄素等，一部分由动物体合成，另一部分则来自饲料，如叶绿素、叶黄素和胡萝卜素。

(三) 原料乳的营养价值

乳的组成成分中含有人体生长发育所必需的全部营养物质。1kg 牛乳的热值相当于 0.5kg 鲜鸡蛋、0.21kg 牛肉。尤其重要的是乳的各种成分几乎全部被人体消化和吸收，所以牛乳可谓是一种完全食品。

1. 乳蛋白质的营养价值

乳中蛋白质的消化率极高，据试验资料表明，酪蛋白的消化率为 95%，水溶性白蛋白和球蛋白的消化率为 97%。因为乳蛋白质属于高生物学价值的蛋白质，含有人体必需的全部氨基酸。

2. 乳脂肪的营养价值

乳脂肪中的脂肪酸含量较其他食用脂肪多，而且在体温条件下呈液体状态的短链饱和脂肪酸和不饱和脂肪酸所占的比率高于 50%，这是乳脂肪的特点。乳脂的熔点低于人的体温（28.4℃～33.3℃）。使其本身呈良好的乳化状态，易于消化吸收，因此乳脂肪对于人体有很高的消化利用率。

牛乳脂肪含有人体必需的脂肪酸，其中花生四烯酸占乳脂的 3%、亚麻二烯酸占 4%，但亚油酸的含量（2.8%）低于人乳（8.3%）。另外乳脂含有脂溶性维生素。

3. 乳糖的营养价值

乳糖在机体中被其酶分解为单糖，极易被机体吸收，其吸收率≥98%。半乳

糖对于幼儿的大脑组织及智力发育非常重要，它能促进脑甙和粘多糖类的生成。乳糖还能促进肠道内有益的乳酸菌的生长，由于乳酸的生成有利于钙和其他矿物质的吸收，并且有调节胃肠功能的作用。

4. 无机盐的营养价值

乳中含有人体必需的无机盐类，其中以钙和磷最为主要，并且易于被人体吸收利用。铁、铜、碘、锌等虽然含量少，但可被机体充分吸收利用。它们在机体的生长发育中均有相当重要的作用。

5. 维生素和酶的营养价值

维生素和酶没有直接的营养价值，但维生素为人体所必需，是其他营养成分不能替代的；酶对乳的储藏及加工有着相当重要的意义。

(四) 影响原料乳质量的因素

1. 奶牛的养殖环境

牛场的环境状况是保证优质奶源的首要问题。适宜的饲养环境可以减少奶牛的患病概率，有利于提高产奶量，保证牛奶品质，进而增加牛场的生产效益。相反，饲养环境差，运动场泥泞不堪，不但会增加疾病传播的概率，还会对牛奶产生污染。目前95%以上的牛场有运动场，其中37%的运动场为沙土地面，35%为砖地面，9%为三合土地面，18%为普通土地地面，砖铺地面不利于奶牛肢蹄健康，普通土地地面的积水问题较为突出，增加了乳房炎的发病概率。散养的农户，普遍采用手工挤奶，加之饲养环境较差，致使所生产的牛奶质量得不到保证。目前大多数农户在自己的庭院内饲养奶牛，部分养殖小区也存在人畜混居的问题，不利于传染病的预防。奶牛与人类之间存在着一些人畜共患病，如结核病、疯牛病等。人与牛生活在一起，很容易造成交叉感染。

2. 奶牛的饲养与饲料

目前，大部分奶牛养殖户采用低营养水平的粗放饲养，日粮结构不合理，缺乏优质的饲草、饲料，使得奶牛的生产潜力得不到充分发挥，牛奶的理化指标偏低。奶牛营养代谢病发病率高，不能完全推行分阶段饲养、机械挤奶、全混日粮饲喂、定期防疫检疫等科学的饲养管理方法。低劣的粗饲料无法提供足够的蛋白质和可消化碳水化合物，而精料中的优质蛋白原料不足，无法保证奶牛的营养需要，这是目前牛奶乳蛋白含量偏低的重要原因。奶牛的饲养管理和日粮结构直接影响了牛奶的质量。在采集原料乳时要查看牧场的饲养管理以及奶牛的饲料质量。

3. 奶牛的健康状况

只有健康的奶牛，才能产出优质的原料奶。目前，奶牛饲养中普遍存在重治疗、轻预防的饲养误区，防疫问题突出，发病率高。患病或亚健康状态的牛抵抗力弱，生产的牛奶多是乳房炎奶、抗生素奶、传染病奶等，对原料奶的质量安全

构成威胁。目前，不少养殖小区缺乏完善的奶牛免疫程序、防疫制度、消毒制度。具体表现为：免疫程序选择的具体时间不规范、免疫用量不合理、免疫时疫苗中加入其他药品、免疫后用具处理不当等，这些都可能导致免疫失败；消毒设施建设不当；还有一些养殖户防疫、隔离意识差，没有严格的防疫消毒制度，疏于日常管理。有些饲养人员甚至全家人都生活在养殖小区内，人员和物品随意进出小区，大大增加了传染病传播的机会。一旦某一户的奶牛出现传染病，在短时间内就会传染整个养殖小区，同时还会造成人畜之间的交叉传染，增加了疫病在小区内传播的风险，非常不利于奶牛小区的防疫。

4. 挤奶卫生管理与牛奶储存

挤奶操作应有一套标准化的规范，包括挤奶的卫生条件，挤奶的步骤，挤奶设备的标准操作。不规范的操作会提高原料奶受污染的概率。根据调查，对于挤奶操作的规范程度，奶牛场好于奶站，奶站好于农户，三者废弃前几把奶的比例为100%、60%、20%；挤奶前药浴的比例为92%、75%、20%；做到使用毛巾或纸巾擦干乳头的比例为95%，在牛奶储存过程中，奶站、奶牛场和农户能够在挤奶后2小时内将奶冷却到4℃的比例为97%、98%和25%，可见农户的问题较为突出；在运输过程中，牛奶的储存也存在一些问题，奶牛场和农户运送牛奶至乳品厂不超7℃的比例为60%和13%。在原料奶储藏和运输的各环节中，温度管理是保证原料奶品质的重要因素。牛乳是微生物生长繁殖的营养基质，牛乳刚挤出时，其温度约为37℃，处于微生物最易生长繁殖的温度范围内，如果处理不及时，微生物将大量繁殖，酸度迅速增高，牛乳质量降低，甚至会变质。因此，刚挤出的牛乳应迅速冷却，以保持其新鲜度。

5. 人为因素

目前，国内各大乳品企业的竞争集中于奶源的争夺及质量管理上，各大企业通过以质论价来控制原料奶的质量。以质论价主要是以乳脂率、非脂固形物质含量、蛋白质含量等指标计价，而部分奶站和奶农为了自身的经济利益，在原料奶中不断掺假，以提高上述指标的含量。这势必会影响乳品加工企业的产品质量和经济效益，同时也损害了消费者的健康。

牛奶掺假物质种类繁多，达几十种。单一掺假居多，多种物质同时掺假也时有发生。除水以外，牛奶中常见的掺假物质按其理化及生物学性质可分为五类。

（1）电解质类，如中性盐（食盐、硝酸盐类）。

（2）弱酸弱碱盐，如碳酸铵；强碱弱酸盐，如碳酸钠、碳酸氢钠；其他盐类，如：明矾、石灰水等。

（3）非电解质晶体类，如尿素、蔗糖等；胶体物质，如米汤、豆浆等；

（4）防腐剂类，如各种防腐剂及抗生素。

（5）杂质，如白陶土、牛尿、人尿等。目前已经发现的掺杂使假的主要物质有：乳清粉、葡萄糖粉、糊精、脂肪粉、植脂末、棕榈油、淀粉、豆浆、面粉、蔗糖、苏打、面碱、亚硝酸盐、硝酸盐、抗生素、双氧水（H_2O_2）、焦亚硫酸钠、甲醛、氯化物、尿素、水解动物皮毛蛋白粉、乳中掺牛尿等，这些物质严重危及乳品和乳品相关食品的质量安全。

二、原料乳的采集与储运

(一) 原料乳的采集

1. 挤奶的操作程序

(1) 统一使用“两次药浴，纸巾干擦”的挤奶工艺。

(2) 清洁检查：挤奶前先观察或触摸乳房外表是否有红、肿、热、痛症状或创伤。

(3) 乳头预药浴：挤掉头几把奶后，对乳头进行预药浴，选用专用的乳头药浴液，药液作用时间应保持在 20s～30s（注：乳房特别脏时，可先用含消毒水的温水清洗干净，再药浴乳头）。

(4) 擦干乳头：用一次性纸巾在药浴后擦干乳头及基部，要求每头牛至少一张。

(5) 挤头几把奶：把头几把奶挤到专用容器中，检查牛奶看是否有凝块、絮状物或水样，牛奶正常的牛方可上机挤奶；异常的，及时报告兽医治疗，单独挤奶，严禁混入正常牛奶中。

(6) 上机挤奶：上述工作结束后，及时套上挤奶杯组（套杯过程中尽量避免空气进入杯组中），时间是从刺激乳头开始 1min 内。挤奶过程中观察真空稳定情况，挤奶杯组中奶流情况，适当调整奶杯组的位置。排乳接近结束，先关闭真空，再移走挤奶杯组。严禁下压挤奶机，避免过度挤奶。

(7) 挤奶后药浴：挤奶结束后，应迅速进行乳头药浴，停留时间为 3s～5s。

(8) 固定挤奶顺序，切忌频繁更换挤奶员。

(9) 挤奶结束后，保证奶牛站立 1h。

(10) 药浴液每班挤奶前现用现配，并保证有效的药液浓度。每班药浴杯使用完毕应清洗干净。

(11) 使用抗生素治疗的牛只，应单独用一套挤奶杯组，每挤完一头牛后应进行消毒，挤出的奶放置容器中单独处理。

(12) 初乳不能混入商品奶中。

(二) 原料乳的储藏

乳制品质量安全中最重要的一环，就是原料乳的质量安全。原料乳具有鲜活易腐的自然属性，如不及时冷却，就会酸败变质，由此生产的乳制品质量安全无法得到保障。然而，奶牛场、奶站一般都远离市区，要保障原料乳质量安全，就必须要采用冷链物流，将新鲜安全的原料乳送抵乳品企业。因此，冷链物流系统的建设对乳制品质量保障具有重要的意义。

原料乳储藏和运输的各环节中，温度管理是保证原料乳品质的重要因素。牛乳是微生物生长繁殖的营养基质，牛乳刚挤出时，其温度约为37℃，处于微生物最易生长繁殖的温度范围内，如果处理不及时，微生物将大量繁殖，酸度迅速增高，原料乳质量降低，甚至会变质。因此，刚挤出的牛乳应迅速冷却，以保持其新鲜度。

冷却后的牛乳，应该尽可能的低温保存，以防止温度升高。试验表明如果将牛乳冷却到18℃，对鲜牛乳的保存已经有了相当大的作用；如果冷却到13℃，则可以保存12个小时并且新鲜度依旧。冷却只能暂时抑制微生物的生命活动，当牛乳的温度逐渐升高时，微生物又会开始活动起来，所以牛乳在储藏期间内要维持低温，在不影响牛乳质量的情况下，温度越低保存的时间越长。

在原料乳的储存中，储奶槽的隔热作用尤其重要，必须要在低温下保持相当长的时间。规定将水置于50.8mm厚度保温层的储奶槽中，当水温与槽外温度差为16.6℃时，18h内水温的上升必须保持到1.6℃以下。

(三) 原料乳的运输

原料乳的运输是乳品生产上尤其重要的一个环节，运输不妥，一般会造成很大的损失，甚至无法进行生产。如用汽车或其他交通工具时必须注意以下几点。

(1) 防止运输过程中温度升高。尤其是在夏季，运输过程中温度会很容易升高，因此运输时间最好安排在晚上或者早晨，或使用隔热的材料遮盖奶桶。

(2) 保持卫生清洁。原料乳运输过程中所使用的容器必须保持卫生清洁，并且进行事前杀菌。奶桶盖应有特殊的闭锁扣，盖内有橡皮衬垫，不要用纸张、油纸、布块等作为奶桶的衬垫物，因为它们可能将细菌带入桶内。除此之外，更不能用麦秆、青草、树叶等作为衬垫。

(3) 防止震荡。容器内必须装满原料乳并且盖严，以防止震荡。

(4) 快速运输。在运输过程中要根据路程计算时间，尽量在中途不停留或者只停留较短时间，以免原料乳变质。

(5) 采用奶槽车。在长距离运输原料乳时，尽量采用奶槽车。国产奶槽车的奶槽为不锈钢制品，车的后部有离心式奶泵，装卸非常方便。在国外有塑料制品的奶槽车，车体非常轻便，价格也比较便宜，隔热效果良好，使用起来很方便。用奶槽车运输牛奶时，奶槽车必须一直开到储藏间。奶槽车的输乳管与牛奶场的储奶冷却罐的出口连接。奶槽车一般装有一台计量泵，能够自动记录原料乳的容量。此外，接收的原料乳也可以依据所记录的不同液面高度来计算，需要注意的是，奶槽车的收集槽分为几个隔间，每个隔间要依次装满，以防止原料乳在运输过程中晃动，冷却罐一旦输送完毕，牛奶泵应该立即停止工作，避免空气进入原料乳中。当奶槽车按收奶路线装完一轮后应立即将原料乳送到乳制品加工厂。

（四）原料乳的感官指标

原料乳异常对生产出来的乳制品影响很大，所以要对原料乳进行感官检验，初步判断原料乳的质量，原料乳的感官特性如表 3－3 所示。

表 3－3　原料乳的感官特性

项目	指标
色泽	呈乳白色或稍带微黄色
组织状态	呈均匀的胶态流体，无沉淀，无凝块，无肉眼可见杂质和其他异物
滋味与气味	具有新鲜牛乳固有的香味，无其他异味

第二节　酸乳

一、酸乳的概述

酸乳是以牛乳或其他乳为主要原料，以乳酸菌或酵母发酵而制得的乳制品。酸乳多采用乳酸菌发酵，按工艺分为凝固型酸乳和搅拌型酸乳，其中搅拌型酸乳又包括调味酸乳和果浆酸乳等。普通酸乳通常以保加利亚乳杆菌和嗜热链球菌或乳酸链球菌作为发酵菌种。作为医疗用途的嗜酸菌乳、双歧杆菌乳等，则分别以嗜酸乳杆菌和双歧杆菌为主要发酵菌种。酸乳的发酵剂菌种不同，对酸乳的营养价值、医疗保健作用以及风味、状态、口感等均有决定性作用。一般而言，牛乳经过乳酸菌发酵制成酸奶后，其营养价值均有所提高，而且均具有一定的医疗保健和防病、治病作用。

（一）酸乳的营养价值

牛乳是酸乳的主要原料，其中含有 4.5%左右的乳糖，2.8%～3.2%的蛋白质（主要为酪蛋白），3.2%左右的乳脂类以及 0.7%左右的矿物质和丰富的维生素、有机酸等。牛乳中的乳糖是婴儿大脑和神经发育所必需的物质，乳蛋白是易吸收的全价蛋白质，乳脂富含卵磷脂和低级饱和脂肪酸，不仅易于消化吸收，而且可促进胆固醇代谢，防止心血管病和高血压，牛乳还以富含 Ca、P 而著称，因此它本身就是人们公认的营养食品。但牛乳也有其缺点：如乳糖不易水解，只有在乳糖酶的作用下才能水解，并且在人体中只有被水解后才能被吸收，对于体内缺乏乳糖酶的人而言，喝牛乳后就会因乳糖不能被水解、吸收而出现腹泻、腹胀等问题，这种现象叫乳糖不耐症。再如牛乳中的Vc和Fe含量较低，经煮沸杀菌后维生素破坏较多，特别是Vc更显不足。

牛乳制成酸乳后，其成分的营养价值会发生如下变化。

(1) 20%～30%的乳糖经乳酸菌发酵变为乳酸，酸奶呈酸性，pH 4.5左右，赋予酸乳以特有风味，剩余的乳糖仍可提供大脑和神经发育所需的半乳糖。

(2) 牛乳做成酸乳后，乳中成分在乳酸菌所产生的酶的作用下有适度分解，产生大量易于消化吸收的低级产物，如氨基酸、脂肪酸、多肽等，使消化吸收率提高。

(3) 酸乳干物质中含有1%的乳酸菌菌体物质，乳酸菌菌体蛋白质富含必需氨基酸，提高了牛乳蛋白质的营养价值，据测定，牛乳蛋白质的生物价为81.4%，而酸乳蛋白质的生物价为87.3%。

(4) 乳酸菌发酵中形成许多具有活性的酶类存留于酸乳中，其中乳酸酶在进入人体后可以协助人体水解乳糖，促进乳糖吸收。

(5) 在酸乳制作中，一般都加入8%左右的蔗糖，使酸乳的能量蛋白比更趋于平衡，并赋予酸乳甜味。

(二) 酸奶的营养保健作用

酸乳因含有菌体物质和发酵产物（如乳酸、维生素等）而具有营养保健作用。

1. 整肠作用

人类生存在一个充满着微生物的环境中，因此，人自出生后肠道就逐渐被各种微生物所占据。这些微生物菌群大致可分为对人体有益的菌群，如乳酸菌、双歧杆菌等；对人体既无害也无益的寄生菌群，如部分大肠菌群；对人体有害的菌群，如致病菌、产毒菌等。这些菌群之间互相拮抗或互相共生，共同构成人类肠道菌群区系。据研究，这些菌群之间的比例随人类的生理状况变化而变化，与人的健康状况关系非常密切。当双歧杆菌和嗜酸杆菌占优势时，肠道pH值低，其他菌群受抑制，人的健康状况就会很好；相反则抵抗力下降，即会出现各种各样的疾病，如腹泻、下痢、腹胀、肠臌气、中毒、肝胃机能下降、组织器官癌变等。人们食用酸乳后，酸乳中的乳酸和菌体物质在肠道内为乳酸菌和双歧杆菌生长提供了适宜的环境，并抑制腐败菌和有害菌群生长繁殖，使肠道菌群趋于正常，故具有整肠作用。因此，经常食用酸乳的人，胃肠道机能健全，不易生病。

2. 保护肝脏和肾脏的作用

酸乳具有整肠作用，提高乳酸菌和双歧杆菌在肠道菌群中的比例，减少腐败菌、产毒菌和致病菌等的比例，进入肠道中的蛋白质代谢正常，腐败过程减少，从而降低了氨、胺类、有机酸、吲哚、硫化氢等有毒物质的数量，细菌毒素也减少，减轻了肝脏的解毒负担和肾脏的排毒负荷，故饮食酸乳具有保护肝脏和肾脏的功能。

3. 防止便秘和下痢，减少肠道内产气量

酸乳中的乳酸具有刺激肠道蠕动，促进消化液分泌的功能，因此，消化机能增强，可防止便秘。此外，由于酸乳的整肠作用，肠道有害菌和腐败菌减少，食物在肠道内异常发酵和微生物分解减弱，减少了气体产生。故酸乳具有防止细菌性下痢和减少肠道内产气量的作用。

4. 防止乳糖不耐症

已如前述，由于乳酸菌产生的乳糖酶可以在肠道内帮助对乳糖的消化吸收，乳糖不耐症患者饮用酸乳并不表现症状。

5. 增强机体抗菌力和免疫力，防止外来菌的感染

酸乳的整肠作用使肠道嗜酸乳杆菌和双歧杆菌占优势，并形成不利于其他细菌存活的环境，故外来菌进入肠道后难以存活，机体的抵抗力也就增强了。同时，肠道内占优势的嗜酸乳杆菌和双歧杆菌对维持机体的免疫有关。研究表明，当人们免疫力减弱时，肠道双歧杆菌和嗜酸杆菌减少；相反的话，则增多。随着年龄的增长，人体肠道内的双歧杆菌和嗜酸乳杆菌减少，免疫力和抗病力下降，癌症发病率上升。因此认为，饮食酸乳，特别是嗜酸杆菌乳和双歧杆菌乳，能提高和维持肠道内正常菌群的数量，具有增强机体抗病力和免疫力的作用。

6. 美容健体作用

酸乳营养丰富，富含维生素且营养易于吸收，具有保健作用，长期饮用则机体健康，机能旺盛，肤色红润、细腻，具有良好营养的特征。此外，牛乳作为天然美容食品已为人们了解数百年，制成酸乳后实质上是增强了其固有作用。生活中也有不少人因常饮酸奶而青春常驻。

二、酸乳的分类

根据成品的组织状态、口味、原料中乳脂肪含量、生产工艺和菌种的组成可以将酸乳分成不同的类别。

（一）按成品的组织状态分类

1. 凝固型酸乳

其发酵过程在包装容器中进行，从而使成品因发酵而保留其凝乳状态。

2. 搅拌型酸乳

发酵后的酸乳在灌装前搅拌呈黏稠状组织状态。

（二）按成品的口味分类

1. 天然纯酸乳

不含任何辅料和添加剂，产品只由原料乳和菌种发酵而成。

2. 加糖酸乳

产品由原料乳和糖加入菌种发酵而成。糖的添加量一般为6%～7%。

3. 调味酸乳

在天然酸乳或加糖酸乳中加入香料而成。酸乳容器的底部加有果酱的酸乳称为圣代酸乳。

4. 果料酸乳

成品是由天然酸乳与糖、果料混合而成。

5. 复合型或营养健康型酸乳

通常在酸乳中强化不同的营养素（维生素、食用纤维素等）或在酸乳中混入不同的辅料（如谷物、干果、菇类、蔬菜汁等）而成。这种酸乳在西方国家非常流行，人们常在早餐中食用。

6. 疗效酸乳

包括低乳糖酸乳、低热量酸乳、维生素酸乳或蛋白质强化酸乳。

（三）按发酵的加工工艺分类

1. 浓缩酸乳

将正常酸乳中的部分乳清除去而得到的浓缩产品。因其除去乳清的方式与加工干酪的方式类似，有人也叫它酸乳干酪。

2. 冷冻酸乳

在酸乳中加入果料、增稠剂或乳化剂，并进行冷冻处理而得到的产品。

3. 充气酸乳

发酵后在酸乳中加入稳定剂和起泡剂（通常是碳酸盐），经过均质处理即得这类产品。这类产品通常是以充二氧化碳的酸乳饮料形式存在。

4. 酸乳粉

使用冷冻干燥法或喷雾干燥法将酸乳中约95%的水分除去而制成酸乳粉。

三、酸乳的加工工艺

酸乳的种类不同，所用原料及发酵剂菌种也各不相同，但制作过程基本相同，下面以生产较多的凝固型酸奶为例，详述如图3-1所示。

（一）工艺流程图

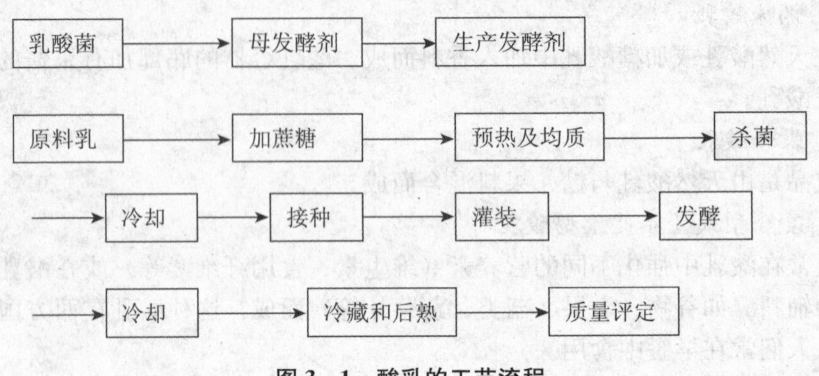

图 3－1　酸乳的工艺流程

（二）酸乳的生产工艺

1. 原料乳的检验以及消毒

原料乳进厂后，除按规定进行验收外，还须检验原料乳是否含有抗菌物质，并对原料乳的脂肪和乳固体含量进行处理。经检验合格的原料乳必须进行消毒杀菌处理。杀菌的目的是驱除乳中的氧气，将牛乳中全部病原菌和微生物破坏杀死，保证产品卫生、安全。牛乳加热多采用水浴、冷热缸或夹层锅杀菌，温度90℃～95℃维持 10min～15min，同时边加热边不断搅拌以防脂肪上浮。

2. 加入蔗糖

其目的是缓和成品的酸度，并使其黏度提高。添加量一般为原料乳的 5%～8%，方法有：（1）先将原料乳加热到 50℃左右，直接加入蔗糖，待加热到 65℃时，用泵循环通过纱布滤除杂质，用自动质量计量仪加入到标准罐中；（2）将砂糖配成一定浓度的糖浆，经杀菌后，与原料乳混合。

3. 预热、均质、杀菌和冷却

（1）预热。原料乳的预热温度应控制在 55℃～65℃。

（2）均质。原料乳经预热后应在 10MPa～15MPa 的压力进行均质，然后再进行杀菌。

（3）杀菌。经均质后的原料乳继续升温至 95℃，保温 3～5min 后，使其冷却到 41℃～43℃。杀菌的目的是：①杀灭原料基液中所有的致病菌和大多数杂菌，以保证食用安全；②为发酵剂（乳酸菌）创造一个杂菌少，有利于生长繁殖的外部条件；③提高乳中蛋白质与水的亲和力。

（4）冷却。将消毒杀菌过的牛乳用冷热缸或板式热交换器进行降温，一般温度降到 40℃～45℃即可接种。

4. 接种

接种是指通过计量泵或手工，将发酵剂连续地添加到经过预处理的原料乳中。在接种的过程中，原料乳必须始终保持搅拌状态。接种量一般分为低、高和最适 3 种。低接种量是以 0.5%～1.0%的比例接种，高接种量是按 5%以上的比例接种，最适接种量是按 3%的比例进行接种。为了使乳酸菌从凝乳块中分离出来，应在接种之前充分搅拌发酵剂，从而达到完全破坏凝乳的程度。

随着直接入槽式冷冻干燥颗粒状发酵剂（DVS）的问世，接种工作变得简单易行，即直接将此发酵剂按比例加入发酵罐中即可。

5. 灌装

经过接种并充分搅拌的牛乳要迅速连续地灌装到销售用的瓷罐、玻璃瓶、塑料杯和纸制盒容器中。灌装时应注意产品上部的空隙要尽可能小，灌装机需保持清洁，最好安装滤菌空调。

6. 发酵

发酵是影响产品质量的重要工序，它是在一间特制的发酵室内进行的，室内设有良好的绝缘保温层，热源有电加热和蒸汽管道加热两类，室内设有温度感应器。

（1）培养时间：短时间培养指在 41℃～42℃的条件下发酵 3h，长时间培养指在 30℃～37℃的条件下发酵 8h～12h。

（2）培养温度：嗜热链球菌和保加利亚乳杆菌的最适生长温度分别是 40℃～50℃和 40℃～43℃，混合菌种的培养温度一般采用 40℃～43℃。有时采用低温培养，指在某种特定的情况下需要在低于 40℃的温度下培养，其目的是防止酸乳产酸过度，并降低乳酸发酵速度。

（3）判定发酵终点：全部发酵时间一般是 3h 左右，长的可以达到 6h。发酵终点的确定会影响酸乳的风味和组织状态。如果确定过早，则酸乳组织软嫩，风味差；过迟则酸度高，乳清析出过多。因此，发酵终点的判定是制作凝固型酸乳的关键。一般采用抽样测定酸乳的酸度，当酸度达到 65°～70°时，观察酸乳的流动性和组织状态，如流动性变差且有小颗粒出现，即可终止发酵。

7. 冷却

冷却过程可分为 4 个阶段：第一阶段是从 40℃～43℃下降到 33℃～37℃，这是为了有效降低乳酸菌的增殖速度；第二阶段从 33℃～37℃降低到 18℃～20℃，主要目的是阻止乳酸菌的生长；第三阶段从 18℃～20℃降低到 10℃～12℃，可有效降低乳酸发酵的速度；第四阶段是指从 10℃～20℃降低到 0℃～5℃。

8. 冷藏和后熟

冷藏温度一般为 2℃～8℃，冷藏可促进香味物质的产生，改善酸乳的硬度，并延长保质期。酸乳产生香味物质的高峰期，是在制作完成之后的 4h 或更长，这段时间称做后熟期。影响后熟的主要因素有冷却时的冷却方法和发酵剂的活性。

9. 质量评定

凝固型酸乳的质量是针对其色、香、味和形而评定的。

色：酸乳的色泽与选用牛乳的含脂量有关。全脂酸乳在发酵期静置受热，乳中的脂肪球上浮而造成产品表面呈现微黄色，脱脂酸奶则呈乳白色。

香：酸乳具有特殊的香味，这种香味与发酵剂中保加利亚乳杆菌和嗜热链球菌分解乳糖和柠檬酸所产生的乙醛、丁二酮等芳香物质有关。

味：酸乳的滋味与产品品种有关。

形：形如羊脂，切断面光滑。经过检验合格的酸乳便可以食用。

四、酸乳的储运

酸乳目前有瓶装、杯装、袋装、屋形包装等包装材料，保质期短则数日，长的可达20天。瓷瓶装酸乳在2℃～6℃冷藏，保质期为3～7天；屋形酸乳采用屋形纸盒保鲜包装，0℃～4℃低温冷藏，保质期为7天；杯装酸乳采用2℃～6℃冷藏，保质期为10天以上；袋装酸乳2℃～6℃低温冷藏，保质期为48个小时。酸乳饮料在常温阴凉干燥处保存，保质期可达8个月。

由于酸乳不含防腐剂，如果保存条件不好，酸乳中的活体乳酸菌会不断繁殖，产生的乳酸使酸度不断提高，酸乳的口感变得过酸，严重时酸乳会变质。因此，夏季购买酸乳要格外注意酸乳的保存环境。最好不要长时间将酸乳摆放在温度较高的地方。此外，酸乳在运输过程中要采用冷藏运输，温度保持到2℃～6℃。

五、酸乳的感官检验

取适量式样于50ml烧杯中，在自然光下观察色泽和组织状态；可以先闻气味，然后用温开水漱口，再品尝样品的滋味。酸乳的感官指标如表3-4所示。

表3-4　酸乳的感官指标

项目	纯酸乳	调味酸牛乳，果料酸乳
色泽	呈均匀一致的乳白色或微黄色	呈均匀一致的乳白色或调味乳、果料应有的色泽
滋味和气味	具有酸牛乳固有的滋味和气味	具有调味酸牛乳或果料酸牛乳应有的滋味和气味
组织状态	组织细腻，均匀，允许有少量乳清析出；果料酸牛乳有果块或果粒	

第三节 巴氏杀菌乳

一、巴氏杀菌乳概述

巴氏杀菌乳是以新鲜牛奶为原料，经过离心净乳、标准化、均质、杀菌和冷却，以液体状态灌装，直接供给消费者饮用的商品乳。根据脂肪含量的不同，可分为全脂巴氏杀菌乳、高脂巴氏杀菌乳、低脂巴氏杀菌乳、脱脂巴氏杀菌乳。该商品应该当天出售、及时饮用。

(一) 巴氏杀菌乳的优点

巴氏杀菌乳营养丰富，容易消化吸收，物美价廉，食用方便。巴氏杀菌乳中干物质为11%～3%，乳脂肪为3%～5%，乳蛋白为3%～5%，可分为酪蛋白和乳清蛋白两大类，另外还有少量脂肪球膜蛋白质，无机物为0.35%～1.21%，平均为0.7%左右，其中，巴氏杀菌乳中蛋白含量略低于鲜奶中含量。目前，巴氏灭菌法中温度和时间的设定是以消灭贝氏柯克斯体为依据。这个热破坏过程满足对数方程，细菌被杀死的速度与目前的细菌成正比。巴氏灭菌法通过消灭致病菌和有害微生物，提高乳品安全性，延长产品的货架期。由于巴氏牛乳的处理方法比较温和，较好地保存了牛乳的营养与天然风味。在杀灭牛乳中的致病菌而有效保证食品的公共卫生和消费者的安全食用的同时，它几乎不会对牛乳产生多大的副作用（例如：牛乳原本色、香、味较大的变化），最大限度地保留牛乳原有的特质与风味。生鲜乳采用杀菌方法不同，营养的损失也不同。

巴氏杀菌乳中的蛋白质主要是酪蛋白、白蛋白、球蛋白、乳蛋白等，所含的二十多种氨基酸中有人体必需的8种氨基酸，其中蛋白质均为全价的蛋白质，它的消化率高达98%；脂肪是高质量的脂肪，品质最好，它的消化率在95%以上，而且含有大量的脂溶性维生素；乳糖是半乳糖和乳糖，是最容易消化吸收的糖类；矿物质和微量元素都是溶解状态，而且各种矿物质的含量比例，特别是钙、磷的比例比较合适，很容易消化吸收。

不是所有的牛奶都有同样的健康营养、只有饮用新鲜的牛奶，才能够达到最佳的增加营养、强身健体的作用。市售常见的两种鲜奶是巴氏杀菌乳和超高温灭菌奶。

和超高温灭菌奶相比，巴氏杀菌法加工的新鲜牛奶极大地保存了营养物质和风味。首先，巴氏杀菌乳低温杀菌，不破坏乳球蛋白和大部分的活性酶；超高温灭菌奶高温灭菌，会破坏牛奶中原有的乳球蛋白、活性酶、钙和维生素。其次，从加工过程中营养成分损失的情况来看，巴氏杀菌乳避免了牛奶中优质钙变性，钙含量更高更易被人体消化吸收；超高温灭菌奶中一部分优质钙转化为不能被人体消化吸收的不溶性钙，含量损失更多。巴氏杀菌乳中维生素 B_{12} 损失不超过10%；超高温灭菌奶中维生素 B_{12} 损失接近30%。巴氏杀菌乳中维生素C损失不超过10%；超高温灭菌奶中维生素C损失不低于15%，最高接近25%。最后，从储存过程中营养成分损失的情况来看，巴氏杀菌乳中维生素A损失不明显；超高温灭菌奶存放6周维生素A损失就达30%。巴氏杀菌乳中维生素 B_6 无损失；超高温灭菌奶存放一周维生素 B_6 就全部丧失。巴氏杀菌乳中维生素 B_{12} 损失不明显；超高温灭菌奶存放20周维生素 B_{12} 全部丧失。巴氏杀菌乳中维生素C损失24%～45%；超高温灭菌奶存放1～2周维生素损失100%（以上各项比较结论来自于2004年国际奶业联合会（IDF）公布的数据）。总的来说，巴氏杀菌能在清除有害细菌的同时，维持牛奶中的有益细菌，更符合人们的营养需要。

二、巴氏杀菌乳的加工工艺

（一）巴氏杀菌乳的生产工艺流程

巴氏杀菌乳的生产工艺流程如图3-2所示。

原料乳的验收→预处理→标准化→均质→巴氏杀菌→冷却→灌装封口→装箱→冷藏

图3-2　巴氏杀菌乳的生产工艺流程

（二）巴氏杀菌乳生产过程中的操作要点

1. 牛乳的验收

牛乳被挤出后，必须尽快冷却到4℃以下，并在此温度下保存，直至运到乳品厂。牛乳的储存温度不允许高于10℃。巴氏杀菌乳的质量很大程度上取决于原料乳，只有利用符合标准的原料乳才能生产出优质的产品。所以，牛乳收集的设备必须严格清洗，对牛乳进行过滤除杂，及时收购，冷藏运输，减少微生物的数量。

2. 牛乳的分离、标准化和脱气

（1）牛乳的分离净化。原料乳经过数次过滤后，虽然除去了大部分的杂质，但是，由于乳中污染了很多极为微小的固体杂质和细菌，难以用一般的过滤方法除去。为了达到最高的纯净度，一般采用离心净乳机净化。净乳机的净化原理为：乳在分离钵内受到强大离心力的作用，将大量的固体杂质留在分离钵内壁上，而乳被净化。固体杂质被分离并沿着钵片的下侧被甩到分离机壳的周围，沉积物从这里又被收集到排渣室。

（2）牛乳的标准化。标准化的目的是为了确定巴氏杀菌乳中的脂肪含量，以满足不同消费者的需求。常规巴氏杀菌乳含脂率为3%。因此不符合标准的原料

乳，都必须进行标准化处理以后才能用于生产。

（3）牛乳的脱气。牛乳刚被挤出后含有一些气体，为 5.5%～7%，经过储存、运输、计量、泵送后，气体含量达到 10%以上。这些气体大多数以结合的分散存在，对牛乳加工有不利的影响。工作时，将牛乳预热至 68℃后，泵入真空脱气罐，则牛乳温度立即降到 60℃，这时牛乳中的空气和部分水分蒸发到罐顶部，遇到罐冷凝器后，蒸发的水分冷凝回到罐底部，而空气及一些冷凝气体（异味）由真空泵抽吸排除。

3. 牛乳的均质

均质就是将原料乳中脂肪球在强力的机械作用下破碎成小的脂肪球。

4. 牛乳的巴氏杀菌

（1）杀菌的意义。鲜乳处理过程中，受许多微生物的污染（为乳酸菌其中80%）。巴氏杀菌必须完全杀死致病微生物，同时还应该杀死能影响产品味道和保质期的酶类和其他微生物。所以杀菌的意义就是为了消灭乳中的病原菌和有害菌，保证消费者身体健康以及提高巴氏杀菌乳在储存和运输中的稳定性。

（2）巴氏杀菌的方法。即牛乳在 62℃～65℃，保持 30min 或 72℃～75℃，保持 10min～15min。此条件下，牛乳中病原菌能基本被杀死，而不影响牛乳的品质。

5. 巴氏杀菌乳的灌装和储存

（1）灌装的目的。主要为便于分送和零售，防止外界杂质混入成品中和微生物再污染，保存风味和防止外界气味而产生异味，以及防止维生素等营养成分受损失等。

（2）巴氏杀菌乳的储存。在巴氏杀菌乳的储存和分销过程中，必须保持冷链的连续性。冷库温度一般为 4℃～6℃。

三、巴氏杀菌乳的储运

巴氏杀菌乳是一种低温杀菌牛奶。原奶中还会保留其他一些微生物，因此在巴氏杀菌乳的储存、运输和销售过程中，必须保持冷链的连续性，尤其从乳品厂至商店的运输过程及产品在商店的储存过程是冷链的两个最薄弱的环节。温度要求在 4℃左右。产品在装车、运输、卸车、最后运至商店的过程中，时间不应超过 3h，而且应选用保温密封车甚至冷藏车运输。除温度外，在巴氏杀菌乳的储存和销售中还应注意：小心轻放，避免产品与尖硬物体碰撞；远离具有强烈气味的物质；避光，暴露在日光下或其他光线下会产生日光味；防尘和避免高温；避免产品强烈振动。巴氏杀菌乳的保质期比较短，一般为 7 天左右，南方天气较热，尤其进入夏季，这对巴氏杀菌乳都是挑战，消费者在购买、保存和饮用巴氏杀菌乳时，一定要注意牛奶的保质。如果发现纸盒有胀包的现象，牛奶已经变质，一定不能饮用，所以在选购时要特别注意保存条件，任何一个环节的疏漏都会导致细菌的重生和牛奶的变质。

四、巴氏杀菌乳的感官检验

巴氏杀菌乳的感官检验如表3－5所示。

表3－5　　巴氏杀菌乳的感官检验

项目	要求	检验方法
色泽	呈乳白色或者微黄色	取适量试样于50ml烧杯中，在自然光下观察色泽和组织状态。闻其气味，用温开水漱口，品尝滋味
滋味、气味	具有乳固有的香味，无异味	
组织状态	呈均匀一致液体，无凝块、无沉淀、无正常视力可见异物	

第四章　蛋与蛋制品

第一节　蛋

一、蛋的营养成分和结构

（一）蛋的营养成分

禽蛋有较高和较全面的营养成分，具有很高的营养价值，尤其是优质蛋白质、维生素和无机盐类，含量特别丰富。禽蛋中所含的脂肪为乳融状，极易被消化吸收，消化率可达 95%。蛋经加工制成蛋制品后，它们的重要营养成分并没有受到损失。这些营养成分都是人体不可缺少的物质。一个人若吃了 100g 鸡蛋，即能得到约 14g 蛋白质，11g 左右的脂肪，681kJ 的热量，276mg 的钙质、磷质、铁质以及各种维生素。

1. 蛋白质

禽蛋中含的蛋白质主要是卵蛋白、卵黄磷蛋白和卵黄球蛋白，它们都是完全蛋白质，含有人体所必需的各种氨基酸。据知，有 8 种氨基酸是人体必需氨基酸，缺少一种，就会导致生理功能失常，生长停滞，发生疾病，而鸡蛋中含有这八种必需的氨基酸，而且鸡蛋中的氨基酸的相对含量很接近人体的需要量，因此其利用程度也很高。

2. 脂质

禽蛋中脂肪的熔点接近于体温，故常温下是液态，又是一种乳状液，故极其容易消化吸收，脂肪中卵磷脂、脑磷脂和神经磷质，对于人脑和神经组织的发育有重要意义，脂肪中的胆固醇与性激素也有密切关系。

3. 无机盐

禽蛋中钙含量较少，磷和铁含量较多，也容易被人体所吸收利用。此外，禽蛋中还有各种微量元素，它们都是构成人体的必需元素。

4. 维生素

禽蛋中维生素也很丰富，一个重量为 50g（去壳）的鸡蛋中可得到维生素 A 720IU，维生素 B_2 0.255mg，维生素 PP 0.05mg，维生素 B_1 0.08mg，以及其他维生素。人体每天所需的大部分维生素A、B_1都可由禽蛋提供。

综上所述，虽然禽蛋中所含维生素C不足，含钙较少，但仍可称为是具有高营养价值的天然食品。

（二）蛋的结构

禽蛋是由蛋壳、蛋白和蛋黄三个主要部分组成。蛋壳是在蛋的最外面，呈硬固状态，壳外还有一层黏液层，称之为壳外膜或叫做外蛋壳膜。蛋白是居于蛋黄和蛋壳之间的部分，呈黏稠透明状。蛋白最外层有两层薄膜包围，称之为蛋白膜和蛋壳膜。蛋白的两端各有一条带状物连接着蛋黄，称之为系带。蛋的钝端在蛋壳和蛋白之间，形成一个大小不等的空隙，称之为气室。蛋黄是蛋的最里层，居于蛋的中央部位，其外面包着一层薄膜，称之为蛋黄膜。蛋黄表面，有一个圆盘状物，称之为胚胎，如果未受精者则叫胚珠。

关于禽蛋各组成部分在蛋中的重量百分含量，因家禽的品种、年龄、产蛋季节、饲养条件和营养状况等条件的不同而有差异，如表4-1所示。

表4-1　禽蛋各组成部分的相对含量　单位：%

品名	蛋壳	蛋白	蛋黄
鸡蛋	10～12	45～60	26～33
鸭蛋	11～13	45～58	28～35
鹅蛋	11～13	45～58	32～35
鹌鹑蛋	8.2～8.4	60.4～60.8	31～31.4

1. 蛋壳

蛋壳部分主要是由蛋壳、壳外膜及壳内膜三部分组成，是包裹在蛋内容物外面的石灰质硬壳，其颜色与家禽的种类和品种有关，与蛋中的营养成分关系不大。无食用价值，仅起保护作用。

（1）壳外膜

蛋壳外表面有一层胶质性干燥黏液，叫壳外膜，它是一种无定形结构，无色透明，具有光泽的可溶性的蛋白质，紧贴蛋的表面，形成一层不易见到的薄膜，只有把蛋浸湿后才能感觉到它的存在。其作用是阻止细菌侵入及防止蛋内水分过多蒸发，避免蛋的重量减轻。壳外膜易溶于水，久藏或水洗，可使其溶解而失去保护作用。壳外膜的存在可以鉴别蛋的新陈以及是否是水洗蛋。

（2）蛋壳

蛋壳是由碳酸钙、碳酸镁、磷酸镁等矿物质组成的一层硬壳。它具有透视性，可借助于灯光或太阳光观察其内容物。其上有许多小孔（气孔），尤以钝端

为多，气孔是蛋本身进行新陈代谢的通道。气孔的大小也是不一致的，一般平均为4μm～10μm，鸡蛋的气孔小些，鸭蛋、鹅蛋的气孔大些。

（3）壳内膜

壳内膜紧贴在蛋壳的内侧，分内外两层，外层叫做蛋壳膜，内层称为蛋白膜，内外两层皆系网状薄膜，蛋壳膜的结构比较粗糙而厚，其纤维较粗，网状空隙较大，微生物可以直接穿过。蛋白膜纤维纹理比较紧密细致，较薄而透明，网间空隙较小，微生物不能直接通过蛋白膜而进入蛋内。微生物只有分泌蛋白酶将蛋白质膜破坏后，才能进入蛋内。

蛋产出后，由于外界温度比家禽体温低，蛋内容物收缩，空气从气孔进入壳内，使蛋的钝端壳内膜的内、外两层分离形成气室。新鲜的禽蛋气室面积小，放置时间越长，蛋的水分散失越多，气室的面积便会逐渐增大，所以根据气室面积的大小，可以判断禽蛋的新鲜与陈旧。

2. 蛋白

蛋白位于蛋白膜的内层，是一层白色半透明的黏性半流动体，约占蛋重的2/3，可分为浓蛋白和稀蛋白两种。浓蛋白富含溶菌酶，分布于蛋黄周围。在保存期间，由于受温度和蛋内蛋白酶的影响，浓蛋白逐渐变稀，所含溶菌酶也随之消失，最后造成蛋白被污染和腐败变质。稀蛋白是水样状，自由流动，多分布于蛋白的外层，不含溶菌酶。当保存温度较高，保存时间较长，浓蛋白减少而稀蛋白量增加，这就意味着蛋的品质下降。

3. 蛋黄

蛋黄由蛋黄内容物、蛋黄膜、系带和胚胎组成。

（1）系带

在禽蛋的两端，紧紧联系着蛋黄的两端，向蛋白处延伸，各有一条带状物，叫做系带。系带由致密的蛋白质组成，成螺旋状，用以固定蛋黄位置。系带是具有弹性的物质，它能随着禽蛋存放时间的加长而慢慢变细，失去弹性，并与蛋黄脱离，因而发生贴壳现象。

（2）蛋黄膜

蛋黄膜介于蛋白与蛋黄之间，紧裹蛋黄，为一层透明而韧性很强的薄膜。由于它具有很强的韧性，所以新鲜蛋黄紧缩成球形。打开蛋壳，将内容物置于平板上，也可见蛋黄高高隆起。

随着储存时间的延长，蛋黄膜韧性降低，蛋黄在平板上的高度降低而呈扁平状。若蛋黄膜韧性丧失，蛋黄即可破裂成散蛋黄。所以蛋黄膜的韧性大小和完整度，也是蛋新鲜度的标志之一，因而常用卵黄指数来判定蛋的新鲜度。

（3）蛋黄内容物

蛋黄为浓稠不透明呈半流动的乳状黏稠状物，主要是由无数富于脂肪的球形细胞所组成。

蛋黄液呈弱酸性，蛋黄的颜色取决于家禽日喂食粮食中胡萝卜素的多少，可分为黄色、淡黄色、黄白色三种，形成彼此相间的轮层。蛋黄的中央为黄白色蛋液所在地，呈细颈烧瓶状，位于蛋黄的中心，其瓶颈向外延伸，直达蛋黄膜下，托住胚胎。新鲜的禽蛋，蛋黄位于中心部分，摇动时可以使蛋黄的位置改变，但静置后，蛋黄又可位居中央。陈旧的禽蛋因浓蛋白减少，系带变细，固定蛋黄的作用变弱，蛋黄便可以上浮，形成靠黄蛋或贴皮蛋。

(4) 胚胎

在蛋黄的表面，即蛋黄中心通向蛋黄外部的细颈，在这狭颈的漏斗中有一个色淡细小的圆盘状物，叫做胚胎。受精卵的胚胎为圆形，未受精的胚胎称之为胚珠，为椭圆形。如环境温度较高，胚胎发育，蛋的品质即下降。

二、蛋的质量指标

蛋的质量指标是各级企业经营鲜蛋进行质量鉴定和评定等级的主要依据。

衡量蛋的质量有下列一些指标：蛋壳、蛋重、相对密度、蛋白状况、蛋黄状况、系带状况、胚胎状况、气室状况以及微生物学指标等。

(一) 蛋壳状况

蛋壳状况主要从蛋壳的清洁程度、完整状况和色泽三个方面来鉴定。质量正常的鲜蛋蛋壳表面清洁，无禽粪，无杂草及其他污物。蛋壳完好无损。蛋壳的色泽应该是各种禽蛋所固有的色泽，表面无油光发亮等现象。

(二) 蛋的重量

蛋的重量与蛋的储存时间、禽的品种有关。外形大小相同的蛋，若重量不同，则表明轻的是陈蛋，这是由于蛋内水分不断向外蒸发的结果，所以蛋的重量是评定蛋的新鲜程度的重要指标。因此，我国和世界上许多国家出口的鲜蛋都以重量作为划分等级的标准。蛋的大小不同，其结构不同，蛋壳、蛋白和蛋黄的组成比例不同。

(三) 蛋的相对密度

蛋的相对密度与重量大小无关，而与蛋存放时间长短、饲料及产蛋季节有关。进入流通领域中的鲜蛋相对密度通常在 1.060～1.080，若低于 1.0250，则表明蛋已陈腐。

(四) 蛋白状况

蛋白状况可以准确地判明蛋的结构是否正常，它是评定蛋的质量优劣的重要指标。

蛋白状况可以用灯光透视法和直接打开两种方法来判明。灯光透视时，如果

蛋内呈完全透明，表明浓厚蛋白很多，蛋的质量优良。打开后，可以经过滤手段，分别称量浓厚蛋白和稀薄蛋白含量，以蛋白指数来表明蛋白状况（以重量来表示浓厚蛋白与稀薄蛋白的比例称为蛋白指数）。质量正常的蛋，蛋白浓厚或稍稀薄。在商业和对外贸易中均把蛋白状况作为评定蛋的级别的标志之一。

（五）蛋黄状况

蛋黄状况是说明蛋的质量的重要指标之一。灯光透视时，若蛋黄位居蛋的中心，不显露，不移动，看不到蛋黄的暗影表明蛋最新鲜。若暗影明显或靠近蛋壳，表明质量较差。

打开后，观察蛋黄的高度也可以看出蛋的质量优劣。质量优良的蛋，其蛋黄几乎是半球形，而存放很久的陈蛋，其蛋黄是扁平的。也可以用蛋黄指数（蛋黄高度与蛋黄直径的比称为蛋黄指数）来说明蛋的新鲜程度。新鲜的鸡蛋蛋黄指数通常在0.401～0.442。当蛋黄指数小于0.25时蛋黄膜破裂，出现散黄现象，这是质量较差的蛋。

（六）系带状况

质量正常的蛋，其系带粗白并有弹性，位居蛋黄两侧明显可见。如果变细并与蛋黄脱离，甚至消失时，表明蛋的质量降低，并将出现程度不同的粘壳蛋。

（七）胚胎状况

鲜蛋的胚胎应无受热或发育现象。未受精蛋的胚胎在受热后发生膨大现象。受精蛋的胚胎受热后，最初产生血环，最后出现树枝状的血管，形成血筋蛋或血环蛋。

（八）气室状况

气室状况是评定蛋的质量的重要因素，也是灯光透视时观察的首要指标，鲜蛋气室很小，随着存放时间的延长、气室高度（或深度）的增大，蛋的质量也相应地降低。

（九）微生物学指标

微生物学指标是评定蛋的新鲜度和卫生状况的重要指标。质量优良的蛋应当无霉菌和细菌发育现象。

上述各项指标的综合，是评定蛋的质量鲜陈次劣并作为分级的依据。因为，只有综合各项指标状况，并加以分析后才能做出正确的判断和结论。图4－1便是综合各项指标来判定新鲜蛋与陈蛋的质量的最好例证。

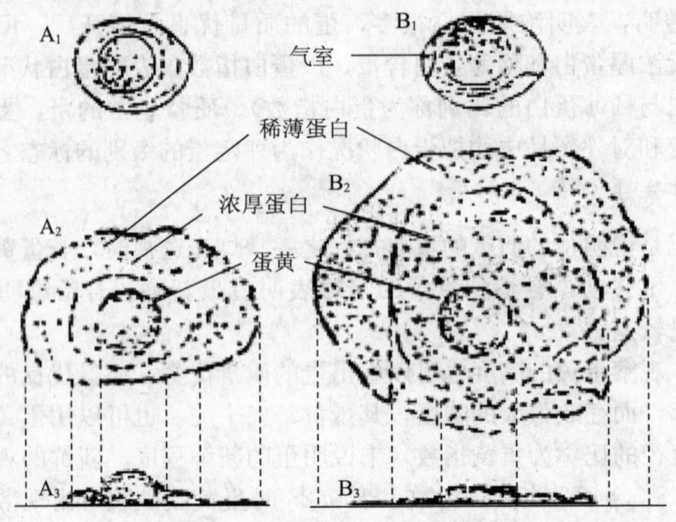

$A_1A_2A_3$—新鲜蛋；$B_1B_2B_3$—陈蛋；

A_1B_1—未打开时纵断面；A_2B_2—打开后俯视图；A_3B_3—打开后侧视图

图 4-1　新陈蛋的比较

三、鲜蛋的储藏方法

（一）鲜蛋的常用储藏方法

鲜蛋的储藏方法有很多，最常用的是冷藏法，除此之外还有许多方法。

1. 冷藏法

冷藏法是将蛋储存在温度－2℃～1℃、相对湿度为75％～85％条件下的一种储蛋方法。其原理是利用低温抑制微生物的生长繁殖和蛋内酶的活性，延缓蛋内生化的变化，使鲜蛋在较长时间内仍能保持原有的品质。鲜蛋在冷藏过程中，温度不宜低于－2℃，湿度不可大于85％或小于75％。温度过低，易使鲜蛋内容物冻结，致使蛋壳破裂。湿度过大，有利于霉菌的生长繁殖，湿度太小，则会增加蛋的干耗。禽蛋的冷藏法，在国内外已广泛应用，它具有保存期长（一般可储藏6个月左右），蛋品质下降小，适于大规模经营的优点，但冷藏法需要有一定设备，能量消耗大，成本较高。

2. 米糠保鲜法

用缸、坛、铁桶、木箱等容器，先在容器底部用充分干燥的米糠平铺一层，厚约10cm，再将一层禽蛋一层米糠放入容器内，装满后在上面再盖一层米糠，放在通风干燥处，每15天或30天检查1次。温度保持在10℃～15℃，不得低于0℃。该法可保存禽蛋2～3个月。

3. 草木灰保鲜法

将没受过潮且干净新鲜的草木灰均匀地在准备好的容器底部铺一层，厚

15cm 左右，然后放一层蛋隔一层草木灰，最上面一层要厚一点，放在通风干燥处，每月检查一次，可保存禽蛋一年不变质。

4. 豆类保鲜法

用大豆、绿豆、豇豆等材料，先在储蛋的容器底部铺一层厚 10cm 的豆，然后一层蛋隔一层豆，层层堆放，最上面一层要厚一点，最后盖上通气盖，放在干燥阴凉处，每 15～30 天检查一次，此法可保存 8～10 个月。

5. 小麦、小米保鲜法

小麦、小米任选一种，入储前要充分晒干。将小米或小麦在容器底铺 10cm 厚，然后放上一层蛋，再放一层小米或小麦，如此层层堆放，上面的小米或小麦要厚一点，放在通风干燥处，每月检查 1～2 次，可保存 6～8 个月。

6. 明矾保鲜法

取明矾 0.5kg，加温开水（60℃～70℃）7.5kg 溶解。待水完全冷却后倒入储蛋的容器内，再将蛋一个一个放入液体内，浸没蛋面，放在通风干燥处，这样夏季可保鲜 2～3 个月，冬季可保鲜 4～5 个月。

7. 淡盐水储藏法

主要是利用食盐水使蛋具有抑制细菌的繁殖能力，从而保鲜。淡盐水的配制：清水 10l，食盐 700g，煮沸搅拌后冷却至常温；先将经过挑选的鲜蛋放入容器中，再将配制好的盐水注入容器，直至盐水高出蛋面 4cm。

8. 巴氏杀菌储藏法

该法可抑制霉菌，还可防止蛋内水分蒸发，在多雨及潮湿地区可采用此法。先将挑选后的鲜蛋放入特制的铁丝筐内，每筐放入 100～200 个，将其沉入 95℃～100℃热水中浸泡 5～7s，立即取出晾干，待蛋温降至室温后即可储藏。如把巴氏杀菌法与其他储藏方法结合起来，效果更好。

9. 石灰水浸泡法

石灰水浸泡法，就是把鲜蛋浸在石灰水溶液内，使鲜蛋能较长时间不变质的一种储蛋方法。石灰水之所以能使蛋在一定时间内不变质，其原理是：生石灰（CaO）与水作用生成氢氧化钙［$Ca(OH)_2$］，它与蛋内呼出的 CO_2 作用，生成不溶性的碳酸钙微粒沉积在蛋壳表面，将蛋壳上的气孔堵塞，从而防止微生物的侵入，减少蛋内水分的蒸发和 CO_2 的逸散，抑制蛋的呼吸和酶的活性，延缓蛋内容物的变化，石灰水溶液与空气中的 CO_2 反应，生成一层磷酸钙硬质薄膜，使石灰水溶液不与空气接触，避免外界微生物的侵入。石灰水本身为强碱性，有一定的杀菌作用。因此，利用石灰水浸泡鲜蛋，能在一定时间内保持新鲜。石灰水浸泡储蛋的做法是：选优质洁净的生石灰 3kg，放入装有 100kg 清水的缸内，自然溶后，搅拌，静置，使其澄清，冷却后取其澄清液，然后把检验合格的鲜蛋，轻轻地放入石灰水中浸泡，液面要高出蛋面 10 cm～15cm，以使蛋全部淹没，经2～3天，液面上形成一层硬质膜，不要触动，以免薄膜破裂而影响储蛋质量。石灰水浸泡储蛋法，操作简便，成本低，效果好，一般可保存4～5个月。但经石灰水浸泡的蛋，蛋壳较脆，在包装和运输时要轻拿轻放。

10. 涂膜储蛋法

该法是利用无毒害作用的涂膜剂，涂布在蛋壳表面，干后形成一层均匀致密的保护膜，使蛋壳上的气孔处于密封状态，防止微生物的侵入，减少蛋内水分的蒸发和 CO_2 的逸散，抑制酶的活性，延缓蛋内容物的变化，而达到保持蛋的新鲜和降低干耗的目的。

涂膜剂有许多种，如石蜡（包括液体石蜡油和固体石蜡）、水玻璃溶液、聚乙烯醇、蜂蜡、油脂类等。但无论哪种涂膜剂，均应安全、卫生、无毒害、成膜性好透气性低、附着力强、吸湿性小、价格低、来源易、使用方便。

（1）医用液体石蜡油涂膜法

医用液体石蜡油为无色、透明的油状液体。用时先将石蜡油倾入缸内，后把经检验合格、洗净（洁净的鸡蛋可不洗）并晾干的鸡蛋放在有孔的容器内，入缸浸没数秒钟，取出沥干再移入塑料框中，入库保存。此种方法，在20℃～25℃的温度下，可保存3～4个月。

（2）水玻璃溶液涂膜法

水玻璃又名泡花碱，化学名称为硅酸钠。水玻璃溶液为白色、黏稠、透明、易溶于水、无毒、无味的液体。目前市售的水玻璃溶液有56波美度、50波美度、45波美度、40波美度，储蛋用的水玻璃溶液浓度以3.0～4.0波美度为宜。因此，买回的原玻璃液，需加水稀释，配成合乎要求的浓度后，才能用来浸涂鲜蛋。

（二）鲜蛋在储藏过程中的注意事项

1. 冷藏蛋出库后忌久储

因冷库内的温度低于外界气温，出库冷蛋遇到了热的空气，空气中所含的水分通过蛋壳的小气孔进入蛋内，促进蛋白质分解，蛋壳上的微生物也进入蛋内，加速蛋的腐败。因此，冷藏蛋出库后应随购随吃。

2. 储存蛋忌横放

鲜蛋久存后蛋白黏液素在蛋白酶的作用下，慢慢脱去部分水分，失去固定蛋黄的作用，这时，如把蛋横放（由于蛋黄比重比蛋白小），蛋黄就会上浮，靠近蛋壳，变成贴壳蛋或靠黄蛋。

3. 需储存的蛋忌清洗

蛋类自身的保鲜能力较强，其外还有一层保护膜，只要不损坏角质膜层，在6℃～10℃的环境中，蛋类可保存3～4个月。如果用水洗蛋，蛋壳外面的保护膜就会被破坏，使蛋内水分蒸发，呼吸作用加强，腐败菌会乘虚而入，使蛋白质腐

败变质。

4. 鲜蛋忌与有异味物质共存

鲜蛋壳上的小孔具有吸收异味能力较强的胶体成分，因而，不要把鲜蛋放在有强烈异味或不卫生的环境中，更不要与有强烈异味的东西混放，以防止蛋变味或串味。

5. 储存鲜蛋的场所，温度不宜过高

温度越高，蛋内的水分蒸发越快，蛋变质的速度也会更快，储存鲜蛋适宜低温，但温度也不能太低，如低于蛋的冰点速度（—22℃）时，鲜蛋会冻结而影响其质量及造成蛋壳破裂。

6. 防被蚊蝇叮

鲜蛋被蚊虫叮过后，蚊虫口器中的大量腐败细菌会从蛋壳上肉眼看不见的气孔侵入蛋内，在蛋内繁殖，使蛋腐败、变质，同时鲜蛋和蛋黄经过细菌分解后，韧性变差，包在蛋黄外面的蛋黄膜会破裂，从而使蛋黄蛋白混起来而形成散蛋黄。

四、鲜蛋的感官检验

禽蛋的感官检验方法，包括感官检查、灯光透视法、室测量法、比重法和哈夫单位公式计算法等，前两种方法适用范围较大，但需有一定的经验，后三种方法可选择性地使用。

（一）感官检查

主要凭借检验人员的感觉器官（视觉、听觉、触觉、嗅觉）来鉴别蛋的质量。此种方法对蛋的质量只能作出大概的鉴定，需采用光线透视法才能弥补感官检查的不足。

1. 鲜蛋

蛋壳上有一层霜状粉末，蛋壳完整而清洁，色泽鲜明，呈粉红色或洁白色，无裂纹，无不平的现象。轻磕时如石子相碰的清脆的咔咔声，在手中掂动有沉甸感。

2. 陈蛋

蛋表皮的粉霜脱落，皮色油亮或乌灰，碰撞响声空洞，在手中掂动有轻飘感。

3. 劣质蛋

其形态、色泽、清洁度、完整性均有一定的变化。如腐败蛋外壳常呈灰白色。曾经孵化或漂洗的蛋，外壳异常光滑，气孔明显，孵化蛋碰撞时，发出“嘎嘎”声。

（二）灯光透视法

在暗室中将蛋的钝端紧贴照蛋器的照蛋孔上，使蛋的纵轴与照蛋器约成 30 度倾斜。必要时，打开蛋壳检查蛋黄状况、蛋黄指数、蛋白状况、蛋白指数，系带状况、气味和滋味等。

1. 鲜蛋

（1）照射时所见：蛋壳表面无斑点，气室高度为 4mm～7mm，整个蛋呈微红色，蛋黄不见或略见暗影于中心。

（2）打开蛋壳可见：蛋黄隆起而完整，蛋白浓厚，稀稠分明，系带粗白而有韧性，并紧贴蛋黄两端。

2. 陈蛋

（1）照射时所见：气室较大，蛋黄阴影较明显，偏离蛋的中央。

（2）打开蛋壳可见：蛋黄偏平，膜松弛，蛋白稀薄，浓蛋白减少，稀蛋白增多，系带松弛。

3. 反常蛋

（1）双黄蛋：即一个蛋壳中有两个蛋黄，双黄蛋特别大，呈长椭圆形，照蛋时，可发现有两个明显的暗影。

（2）重壳蛋：有 2～3 层蛋壳的蛋，叫做重壳蛋。重壳蛋在灯光下透视，只见蛋内有一黑影，重壳蛋的蛋白较薄，蛋黄较少，其他与鲜蛋没有差异。

（3）软壳蛋：禽蛋的蛋壳是柔软的，而无硬壳，这样的蛋，蛋内的水分容易挥发，不宜储藏。

（4）衬壳蛋：蛋壳表面的一部分，填衬着一层石灰质的蛋壳，称衬壳蛋。衬壳蛋容易破损，不宜长途装运，对食用和蛋品加工无妨碍。

（5）沙皮蛋和沙顶蛋：沙皮蛋蛋壳组织粗糙，具有小颗粒物质在蛋壳的外表。沙顶蛋是蛋的钝端有沙粒状钙质。这两种蛋容易破碎，蛋内水分容易挥发，不宜储存和长途运输。

4. 次劣蛋

（1）粘壳蛋：蛋黄粘贴在蛋壳上，叫做粘壳蛋，又称做贴壳蛋。此种蛋灯光透视时可见其气室较大，蛋黄粘壳部分发现深色暗影，用力摇，蛋黄与蛋壳分离，暗影也随之消失，此为轻粘壳蛋；如用力振摇，蛋黄与蛋壳仍不分离，贴壳部分呈现深红色或黑色暗影，这类蛋称为红粘壳蛋或黑粘壳蛋，黑粘壳蛋质量已发生较大的变化，一般不能食用。

（2）散黄蛋：蛋黄膜破裂，蛋黄液由蛋黄膜流出而混入蛋白内的蛋称作散黄蛋。灯光透视时，看不到蛋黄暗影，仅见蛋内有蛋黄散在，呈不均匀的混浑暗影。轻度的散黄蛋，没有特殊的异臭味；严重的散蛋黄，具有一定的异常气味存在，不可食用。

(3) 胚胎发育蛋：受了精的蛋，因为受热或孵化而使胚胎发育的蛋，叫做胚胎发育蛋。根据胚胎发育程度不同，气室有不同程度的增大，胚胎也有不同程度的发育，轻者仅见蛋黄表面有增大的暗影，重者则形成血管网络。根据血管网络不同，若形成血圈蛋、血丝蛋、血筋蛋、又无发臭的经处理尚可食用；若在胚胎周围有树枝状血丝、血点、一般不能食用。

(4) 热伤蛋：没有受精的蛋，由于受热的作用，胚珠也会增大膨胀，但无血管出现，这种蛋叫热伤蛋。热伤蛋在外形上与正常蛋没有什么区别，在灯光下透视时，可以发现胚珠增大的暗影，严重的比原来胚珠增大 3～4 倍。打破蛋壳后检查，可见蛋黄膜松弛，弹性减弱，脂肪酸的酸度增高，一般可以食用。

(5) 霉蛋：由于霉菌侵入而导致蛋壳、蛋壳膜乃至蛋白、蛋黄发霉的蛋，称做霉蛋。霉蛋的壳面、壳内均有霉菌，灯照时呈暗黑色斑点，若仅在蛋壳上发现霉点，而蛋白、蛋黄未被侵入时，这种蛋可食用，若霉菌已遍及全蛋，蛋的气味、滋味带有霉味，则不可食用。

(6) 腐败蛋：蛋发生腐败变质现象者，称作腐败蛋。它是由于上述各种劣蛋没有立即处理，而导致细菌迅速大量繁殖而继续变质的蛋。腐败蛋壳呈乌灰色，甚至破裂，灯照全蛋呈一片黑色。蛋打开后，蛋白、蛋黄分不清，混为一片。呈水样黄褐色乃至黑褐色，具有特异难闻的臭气，此种蛋不能加工，也不得食用。

(三) 气室测定法

蛋储存时，由于蛋内水分的不断蒸发，可使气室空间日益扩大，因此，测定气室的高度，有助于判定蛋的新鲜度。

气室测定器是用透明的角板或塑料板制成的，其上有刻度。照蛋时，可以将气室测定器固定在照蛋孔的上缘，将蛋的钝端嵌入半圆形的切口中，读取气室左右两端落在规尺上的数值。也可以在照蛋时，先用铅笔在气室两边作一记号。然后再放入气室测定器上比较。气室的高度按下式计算：

$$\text{气室高度}=\frac{\text{气室左边高度}+\text{气室右边高度}}{2}$$

判定标准如下。

(1) 最新鲜蛋：气室高 4mm 以内。

(2) 新鲜蛋：气室高 5mm～7mm 以内。

(3) 普通蛋：气室高度为 10mm 以内，此蛋不宜冷冻。

(4) 可食用蛋气室高度为 10mm 以上者，此蛋只可食用。

(四) 比重法

鸡蛋的比重平均为 1.0845，在储存过程中，由于水分的挥发而使蛋的重量有不同程度的减轻，把其放在不同比重的标准氯化钠水溶液中，根据其浮沉的情况，就可以测定其新鲜程度。

首先应精密配制比重为 1.060（8%）、1.073（10%）、1.080（11%）三种不同比重氯化钠溶液，然后将蛋放入上述各种溶液中，合格的蛋，比重应在 1.050 以上。

判断标准如下。

（1）在比重 1.073 食盐水中下沉的蛋，为新鲜蛋。

（2）在比重 1.080 食盐水中仍下沉的蛋，为最新鲜蛋。

（3）在比重 1.073 和 1.080 食盐水中都悬浮不沉，而只在 1.060 食盐水中下沉的蛋，表明该蛋介于新陈之间，为次新鲜蛋。

（4）如在上述三种食盐水中都悬浮不沉，则为陈蛋或腐败蛋。

(五) 哈夫单位法

哈夫单位是用记录尺自动测定蛋的重量和蛋白的高度，再按一定公式计算出其指标的一种先进方法。用这种方法可以衡量蛋的内部品质，它是现在国际上对蛋的品质检验的重要指标。

蛋在存放过程中由于蛋白的水解作用，浓稠蛋白变稀，使蛋白的高度下降。因此，蛋越新鲜，哈夫单位数值越高。其指标范围从“100”到“30”，“100”为最高指标，“30”表示蛋的质量最差。测定时，先将蛋打开，使蛋液平摊在一玻璃板上，再用哈夫单位测定器来测定。

按下式计算：

$$\text{哈夫单位}=100\log\left[H-\frac{G\left(300W^{0.37}-1.00\right)}{100}+1.9\right]$$

式中：H 表示蛋白高度（mm）

W 表示蛋的重量（mg）

G 表示 32.6（常数）

第二节 冰蛋

鲜蛋除可带壳低温储藏外，还可去掉蛋壳将蛋液进行冻结处理。这是长期储存蛋的一种有效方法，损耗小，储运方便。冻结的蛋液解冻后，几乎与新鲜蛋一样鲜美，这种冻结蛋俗称“冰蛋”，是以均匀蛋液先经－30℃～－25℃急冻，再放于－20℃～－18℃冷库中，使中心温度达到－18℃～－15℃即成。冰蛋分为冰全鸡蛋、冰鸡蛋白、冰鸡蛋黄以及巴氏消毒冰全鸡蛋，它们在生活中有着不同的用途。

（1）冰全蛋。融冻后与去壳鲜蛋液相同，除不能做蛋黄完整的菜肴外，食用方法同鲜蛋。

(2) 冰蛋黄。用于食品工业制作蛋黄调味汁，蛋黄酱、蛋乳汁、饼干等含蛋制品，医药工业用于制作卵磷脂、蛋黄素、蛋黄油等。

(3) 冰蛋白。除用于食品工业外，纺织印染工业用于各种纺织品的着色剂，皮革工业用作于光泽剂，印刷制版作为感光剂及胶着剂，造纸工业用作施胶剂，医药工业制作蛋白银、蛋白铁液，还可做人造象牙、化妆品等。

一、冰蛋的生产工艺

(一) 冰蛋的加工工艺

1. 半成品的加工

选择良质鲜蛋，严禁使用粘壳蛋、黑斑蛋等劣质蛋，洗涤干净，在漂白粉溶液（有效氯质量分数0.08%～0.1%）中消毒5min，晾4h后在严格的卫生条件下打蛋，得到符合卫生要求的蛋黄液、蛋白液或全蛋液。车间内所有工具、容器应经4%碱水及清水分别浸泡并冲洗，再用蒸汽消毒10min。生产工人必须身体健康，生产前应洗手至肘部，再用乙醇消毒。

2. 搅拌和过滤

蛋液注入过滤槽，进行第一次过滤，可初步清除蛋壳、蛋液中杂质。随即蛋液自动流入搅拌器内，进行第二次过滤，蛋液经螺旋桨搅拌后，使蛋液混合均匀，其中的蛋黄膜、系带、蛋壳膜被清除。再经过滤后，纯净的蛋液经过漏斗打入储罐准备巴氏灭菌或直接打入预冷罐内冷却。

3. 预冷

预冷可以防止蛋液中微生物的繁殖，加速冻结速度，缩短急冻时间。预冷是在预冷罐内进行的，蛋液与低温的冷盐水进行热交换，使蛋液很快就降至4℃左右。预冷结束，如不进行巴氏消毒，即可直接装听。

4. 蛋液的巴氏消毒

巴氏消毒一般采用片式热交换器进行。全蛋消毒时，采用64.5℃的杀菌温度，时间为3min。消毒后蛋液温度冷却至10℃～15℃。

5. 装听或装桶

蛋液达4℃以下时就可装听，一般有5kg、10kg、20kg包装。装好后即可送入急冻库急冻。

6. 急冻

冷冻间温度应保持在－20℃以下，冷冻36h后将桶倒置，使桶内蛋液冻结匀实。桶内中心温度达到－18℃～－15℃后，方可取出进行包装。

7. 冷藏

包装后送至冷库储藏，温度需保持在－18℃，同时要求冷藏库温度不能波动太大。

（二）蛋液成分在冻结和冻藏中的变化

1. 蛋白的变化

冻结蛋白解冻呈水样化，深厚蛋白状态几乎完全消失，而且蛋白的发泡性能有所降低。这是由于卵白蛋白质因冻结变性而造成的，其变化程度取决于冻结和解冻的速度。

2. 蛋黄的变化

蛋黄因冻结而发生的变化要比蛋白明显得多。在－6℃以下冻结的蛋黄变成凝胶状态，解冻后也不能恢复到冻结前的性状，而变成一种黏度极大的胶状凝胶。蛋黄的凝胶化多发生在－30℃～－10℃冻结温度范围内，温度越低，凝胶化的速度越快。但是若用－190℃左右的液态氮冻结蛋黄时，则不会产生凝胶化现象。蛋黄这种不同的逆凝胶化通常认为是由于蛋黄脂蛋白在冻结时发生变化所产生的。现在一般采用在冻结前添加食盐或糖类的方法来加以防止。

（三）冰蛋的解冻

冰蛋的解冻是冻结的逆过程，其解冻方法有以下 5 种。

1. 常温解冻

它是将冰蛋在常温下进行解冻的方法。该法操作简单，但解冻时间较长。

2. 低温解冻

它是将冰蛋从冷藏库移到低温库解冻的方法。国外常在 5℃以下的低温库中解冻 48h 或在 10℃以下的低温库中解冻 24h。

3. 水解冻

分为水浸式解冻、流水解冻、喷淋解冻、加碎冰解冻等方法。对冰蛋白的解冻主要应用流水解冻法，即将盛冰蛋的容器置入 15℃～20℃的流水中，可以在短时间内解冻，而且可以防止微生物的污染。

4. 加温解冻

把冰蛋移入室温 30℃～50℃的保温库中，可用风机连续送风使空气循环，在短时间内可以达到解冻目的。

5. 微波解冻

该法能保持食品的色、香、味，而且解冻时间只是常规时间的 1/10。冰蛋采用微波解冻可以保证产品的质量，但是微波解冻法投资大，设备和技术水平要求较高。上述几种解冻方法所需要的时间因冰蛋的种类不同而有所差异。在一般冰蛋中，冰蛋黄可在短时间内解冻，而冰蛋白则需要较长的解冻时间。

在解冻过程中细菌的繁殖状况也因冰蛋的种类与解冻方法不同而异。例如，在同一室温中解冻，细菌总数在蛋黄中增加的速度比在蛋白中快。同一种冰蛋，室温解冻比流水解冻的细菌数高。

二、冰蛋的质量指标

（一）冰全蛋

执行 SB113—1982 商业部巴斯德消毒冰鸡全蛋标准。

（1）感官指标：状态坚洁均匀；色泽淡黄，气味正常；无杂质。

（2）理化指标：水分不超过 76%，油量（三氯甲烷冷浸出物）不低于 10%；游离脂肪酸（以油酸计）不超过 4%；α-淀粉酶不低于 4。

（3）细菌指标：细菌数不超过 5000 个/克；大肠菌群（最近似数）不超过 25 个/克；肠道致病菌（沙门氏菌及老贺氏菌）不得发现。

（二）冰蛋黄

执行 SB111—1982 冰鸡蛋黄标准。

（1）感官指标：色泽黄色，状态坚洁均匀，气味正常；无杂质。

（2）理化指标：水分不超过 55%，油量（三氯甲烷冷浸出物）不低于 25%；游离脂肪酸（以油酸计）不超过 4%。

（3）细菌指标：细菌数不超过 100 万个/克，大肠菌群（最近似数）不超过 11 万个/克，肠道致病菌同冰全蛋。

（三）冰蛋白

执行 SB112—1982 冰鸡蛋的标准。

（1）感官指标：色泽微黄色，余同冰全蛋。

（2）理化指标：水分不超过 88.5%。

（3）细菌指标：细菌数不超过 100 万个/克，大肠菌群（最近似数）不超过 11 万个/克，肠道致病菌同冰全蛋。

三、冰蛋的储藏

将包装好的冰蛋用低温库储藏，蛋品的中心温度在入库前必须在－18℃以下。冷藏间温度以－20℃～－18℃为宜，相对湿度保持在 95%～98%。如果是冰蛋黄，应放在－8℃～－6℃的冷藏间内。冰蛋的冷藏期一般为 6～12 个月。注意储存前库内要先进行清洁消毒，库内不得同时存放有异味和腥味的产品。冰蛋垛下应垫枕木，每两层之间应填小木条，垛与垛之间留有通风道，以利冷空气流通。

第五章 水产品

第一节 概述

一、水产品的概念

水产品是海洋和淡水渔业生产的动植物及其加工产品的统称。水产品种类繁多，有各种鱼类、甲壳类（蟹、虾等）、软体类和贝壳类等。水产品是营养丰富的动物性食品之一，是优质蛋白质的重要来源，富含全价蛋白质、脂肪、碳水化合物、维生素和各种矿物质。而且，水产品具有脂肪含量少，水分含量多，肌纤维细而短，容易被消化吸收等优点。但是，水产品同其他动物性食品相比较，是最容易腐败的食品，易受各种致病菌侵袭和被各种化学物质污染，某些水产品还含有一些生物毒素。这些物质对人体健康具有重大的危害作用。

目前我国消费的主要水产品为鲜活、冷冻水产品，但随着水产品消费市场的多元化发展，熟制干制品等产品需求量呈现快速发展态势。

二、水产品的化学成分

水产品种类繁多，但彼此间的化学成分相似，下面主要对水产品肌肉的化学成分进行介绍。水产品肌肉与畜禽肉相比，其肉中肉浆较多，肌肉纤维细致。一般化学组成与水分含量多少有关，水分含量多一些，其蛋白质和脂质就少一些，但并不影响营养成分的品质。

（一）水分

鱼贝肉中的水分含量在60％～85％，按其存在状态可分为自由水和结合水。

自由水：可作为溶剂自由流动，输送营养和代谢产物；可参与维持体内的电解质平衡及调节渗透压，易蒸发，易冻结。

结合水：与蛋白质和碳水化合物的羧基、羟基、氨基等形成氢键，不易蒸发和冻结。

（二）蛋白质

水产品中蛋白质的含量约占20％，其种类繁多，可分为水溶性（肌浆）、盐溶性（肌原纤维）、碱溶性、水不溶性（基质）蛋白。

肌浆蛋白：主要存在于肌纤维鞘与肌原纤维之间，是水溶性蛋白，包括100多种蛋白质，多为与分解有关的酶类。

肌原纤维蛋白：盐溶性，主要包括收缩蛋白（肌球＋肌动），以及一些调节蛋白。

肌球蛋白：占肌原纤维蛋白的40%～50%，构成肌原纤维中的粗丝，具有ATP酶的活性。

肌动蛋白：是构成鱼类肌肉的主要蛋白质，占肌原纤维蛋白的20%，构成肌原纤维中的细丝，也具有ATP酶的活性。天然肌动蛋白的收缩和松弛受Ca^{2+}浓度和调节蛋白的影响。肌动蛋白和肌球蛋白结合生成肌动球蛋白，是构成鱼类肌肉的主要蛋白质，它能提高肌球蛋白的Mg^{2+}－ATP活力。在鱼肉储藏保鲜过程中，ATP酶活力可以作为检查鲜度的参考指标。

肌基质蛋白：指胶原蛋白和弹性硬蛋白，存在于基纤维细胞的间隙内，构成肌内膜。占总蛋白总量的15%～45%。

（三）脂质

脂质含量在1%～15%之间，波动很大，一般在5%以下。用有机溶剂可提取出的脂质成分如下。

甘油酯：甘油＋脂肪酸

其中的甘油三脂肪酸酯是积蓄脂肪的主要成分，而属不饱和脂肪酸的DHA和EPA更是心血管疾病的良药。

磷脂：占总脂质的30%，易被氧化。

其他脂质化合物：固醇类、烃类。

（四）糖类

水产品中的糖类主要是多糖，多储存在肌肉或肝脏中，是能量来源。水产品的能量储备是糖原和脂质，而贝类特别是双壳类却以糖原作为主要能量储藏，所以贝肉中糖原含量比鱼肉中高。

（五）维生素

水产品中维生素B_1的含量普遍较低，因为鱼肉中含有硫胺酶，会分解破坏维生素B_1、维生素B_2、尼克酸、维生素A含量较高，鱼类中几乎不含维生素C。

（六）无机盐

水产品中的无机盐含量比肉类多，主要分为三类。

常规元素：K、Na、Mg、Fe、S、Cl等。

微量元素：Mn、Zn、Cu、Se、I等。

有毒元素：Pb、Hg、As等。

第二节 水产品的分类

水产品及水产加工品的分类原则、产品名称使用规则、产品分类及名称以相应的国家标准为基础结合有关文献和资料形成。

一、水产品分类原则及名称使用规则

（一）分类原则

水产品及水产加工品按产品基本属性进行分类。分类体系与产品标准的分类无关。

（二）名称使用规则

（1）海淡水动植物产品的名称以其学名或常用名命名；冷冻品冠以“冻”字，与鲜品加以区别，经整理加工后获得的产品应增加相应说明。如：冻大黄鱼、冻对虾、冻虾仁、冻鱼块。

（2）产品正式名称不应附加与其属性无关的说明。传统名称、流行地方名称用括号表示。

（3）新的水产加工品（包括模拟食品）的命名应当在本行业广泛征求意见后报请标准管理部门批准。命名应按产品属性并顾及原料名称，用规范汉语表达，用词力求简明、通俗。

二、水产品的分类

由于本书主要介绍冷链食品，因此对水产品的分类采用常用的食品分类方法。水产品按生物种类形态可分为：鱼类、贝类、藻类和水生哺乳动物；按出产可分为淡水产和海鲜两大类；按其保存条件可分为活鲜、冰鲜、冻鲜和干鲜。因为各种分类方法中都存在交叉和重复，所以下面就介绍按出产的分类方法。

（一）海鲜

1. 海水鱼类

大黄鱼、小黄鱼、黄姑鱼、白姑鱼、带鱼、鲳鱼、鲅鱼（马鲛鱼）、鲐鱼、鳓鱼、鲈鱼、鲱鱼、蓝圆鱼（鱼参）、马面鱼（鱼屯）、石斑鱼、鲆鱼、鲽鱼、沙丁鱼、鳕鱼、海鳗、鳐鱼、鲨鱼、鲷鱼、金线鱼、其他海水鱼类。

2. 海水虾类

东方对虾、日本对虾、长毛对虾、斑节对虾、墨吉对虾、宽沟对虾、鹰爪虾、白虾、毛虾、龙虾、其他海水虾类。

3. 海水蟹类

梭子蟹、青蟹、其他海水蟹类。

4. 海水贝类

鲍鱼、泥蚶、毛蚶（赤贝）、魁蚶、贻贝、红螺、香螺、玉螺、泥螺、栉孔扇贝、海湾扇贝、牡蛎、文蛤、杂色蛤、青柳蛤、大竹蛏、缢蛏、其他海水贝类。

5. 其他海水动物

墨鱼、鱿鱼、章鱼。

（二）淡水产

1. 淡水鱼类

青鱼、草鱼、鲢鱼、鳙鱼、鲫鱼、鲤鱼、鲮鱼、鲑（大马哈鱼）、鳜鱼、团头鲂、长春鳊、鲂（三角鳊）、银鱼、乌鳢（黑鱼）、泥鳅、鲶鱼、鮰鱼、鲈鱼、黄鳝、罗非鱼、虹鳟、鳗鲡、鲟鱼、鳇鱼、其他淡水鱼类。

2. 淡水虾类

日本沼虾、罗氏沼虾、中华新米虾、秀丽白虾、中华小长臂虾、其他淡水虾类。

3. 淡水蟹类

中华绒螯蟹、其他淡水蟹类。

4. 淡水贝类

中华园田螺、铜锈环棱螺、大瓶螺、三角帆蚌、褶纹冠蚌、背角无齿蚌、河蚬、其他淡水贝类。

5. 其他淡水动物

鳖（甲鱼）、牛蛙、棘胸蛙、蜗牛。

第三节 水产品的储运与检验

一、水产品的储运

（一）水产品保鲜储运

水产品捕捞后，如不立即采取有效保鲜措施，很容易腐败变质，下面介绍一些简易的水产食品加工和储藏方法。

细菌、酵母菌和霉菌的生长繁殖及食品内固有酶的作用，常常是导致水产品腐败变质的主要原因。微生物和酶的活动都与温度有关，降低温度，微生物就会停止繁殖，甚至死亡，酶的活性就会减弱甚至失去分解能力。因此，当把水产品

置于低温环境时，就可抑制微生物的生长和酶的作用，延长水产品的储藏期限。

低温保鲜根据储藏温度的不同可分为三类，即冷却保鲜、微冻保鲜和冷冻保鲜。冷却保鲜的温度在0℃～4℃，主要有撒冰法和水冰法两种。撒冰法是将碎冰直接撒到水产品体表的保鲜方法，融冰水又可清洗水产品体表，除去细菌和黏液，且失重小；水冰法是先用冰将清水降低至0℃，清海水为−1℃，然后把水产品浸泡在冰水中，待水产品冷却到0℃时即取出，改用撒冰法保藏，此法一般应用于死后僵硬快或捕获量大的水产品，优点为冷却速度快。微冻保鲜主要有冰盐混合微冻法和低温盐水微冻法，目前应用于生产的尚不多。

（二）水产品保活储运

1. 影响水产品保活储运的因素

（1）环境温度

水产品和其他动物一样，在降低其生活环境温度时，新陈代谢就会减弱，对氧气和养分的需求减少。因此只要掌握不同水产品的生理温度及自下而上所需条件，努力创造相应的储藏、运输条件，选择适当的降温方法，保持一定的充氧量，及时排除运输过程中的代谢产物，就能使水产品在运输过程中存活一段时间。

在运输过程中保持适当的低温是最为重要的。如果带水运输，在水中加冰或在包装的四周放置冰袋都是可行的，并且装运的外装箱应防水隔热，如经隔热处理的防水硬纸箱、塑料箱等。一般要求有30h以上的隔热性能。

（2）充氧

充氧可以延长水产品的存活时间。水产品的装运密度与耗氧量成正比。降低储运温度、使用麻醉剂及不喂食均可降低活体的新陈代谢活动，从而减少耗氧量。

（3）清除毒性代谢产物

水产品自身代谢产生的氨和二氧化碳等代谢产物会降低水产品活体从水中吸取溶氧的能力，这种情况随水温升高而更趋恶化。水体中二氧化碳的积累导致水质pH值降低，将会加快水产品的新陈代谢速率，并使水质急剧恶化，最终导致水产品的死亡。所以，水产品在起运前，应暂养数小时至数天，尽量排除代谢产物，避免在运输中污染水体。

2. 水产品保活运输

（1）对虾活运技术

对虾在储运过程中采取降温措施是既方便又经济的方法。日本对虾可耐受14℃低温，中国对虾可耐受9℃低温，斑节对虾可耐受19℃低温。若采取长途空运，可采用冷却木屑低温休眠运输法，将虾放在充氧的水箱内，在监测条件下缓慢降低水温（可用加冰法）。当水温降至14℃时对虾进入休眠状态。1层虾1层木屑装入内衬聚乙烯薄膜的纤维板盒中（木屑事先冷却）。包装时应使盒内温度保持在 4℃～10℃，直到将盒子装满。包装用的木屑必须是树脂含量低、未经处理且不含任何杀虫剂的，也可用海藻、蛭石、稻壳代替木屑。采用隔热鱼箱保冷性能更佳。

斑节对虾承受低温的能力不如日本对虾，通常采用封闭的薄膜袋或充气箱进行活体运输。薄膜袋内虾的装入量取决于运输时间。美国、日本、东南亚各国以及我国台湾省的养虾场向当地餐馆销售的对虾均采用容积 900 L～1600L 的充气箱，活虾储放密度较大，一般用货车在 6h～8h 内送达用户。

日本已开发了一种在盛夏高温季节运输 40h 后仍可使日本对虾保活的“活虾保鲜包装系统”。该系统所用的外装箱是由聚酯薄膜和喷铝蜡纸叠合制成的层压板，有较好的隔热性能，其导热系数仅为一般硬纸箱的一半。使用该系统时，先在涂石蜡的防水硬纸箱内充填已降温到 5℃的锯木屑，然后将在 13℃冷水槽内经过预冷的活日本对虾和泡沸石等保鲜剂放入箱内，盖上硬纸板，放入蓄冷袋（－20℃）后关上箱盖，最后将此防水硬纸箱放入外装箱内即可运送。

（2）文蛤活运

活文蛤捕捞后及时用洁净海水冲洗降温，挑选后分规格、称重、包装运至口岸暂存，或立即装船运送。

文蛤运输成活率的关键在于文蛤活力，因此挑选时必须认真剔除死蛤、体弱蛤。活文蛤一旦受到死蛤流出的体液感染，便会加速死亡。对于待运的活文蛤，暂存及运输过程中温度需保持在 1℃～5℃。低于 0℃时蛤体将被冻伤，以致死亡。在暂存、运输活文蛤过程中，还应避免淡水浸入。包装宜用麻袋而不能采用通风不良的塑料袋。

（3）田螺活运

活田螺挑选分级后，用淡水洗净，包装运至口岸暂存或运送。如果不能及时运送，可在包装后放入暂养池内暂养，或存放在阴凉处，并经常淋水。活田螺一般用竹箩或柳条筐包装。

（4）梭子蟹活运

用橡皮筋扎住活梭子蟹双螯，包装后运至口岸运送。如不能及时运送，可放入避风的天然海湾内，或放入带有增氧设备的水泥池中暂养。暂养时水质要清洁，有流动水的沙质底海湾或池中最好。暂养时间以不超过 3 天为宜，并且要每天检查，挑出死蟹，以防污染水质，影响成活率。对活梭子蟹包装前要逐步降温至 0℃，使其进入休眠状态，延长成活时间。采用纸箱包装，箱底衬硬纸板，硬纸板上铺层木屑。木屑经消毒，保持新鲜洁净，干燥无异味。使用前要将包装箱放在－30℃～－20℃低温下速冻 1～2 天，将沥水的活蟹竖摆在箱内，嘴朝上。每层均用木屑填满空隙，包装及运输在 3℃～7℃下进行。

(5) 淡水鱼活运

活鱼一般可使用木箱、帆布桶或专用的活鱼车运输。水上运输可直接把鱼放在船舱内，也可以用专运活鱼的活水船运输。运输途中容器内要充氧，最好在运输车上装上氧气瓶。运鱼水的温度应控制在12℃以下。

(6) 鳝鱼活运

鳝鱼的鳃不发达，它以口腔的内壁表皮作为呼吸辅助器官，能直接呼吸空气，所以鳝鱼离水后不易死亡。

①船运法。在途时间不超过24h，可用船运输，成活率达95%以上。

②湿润运输法。若鱼的数量不多，在途时间不长，可用清水洗净的新蒲包、箩筐包装。包装件上放整块人造冰，冰水融化既能保持鳝鱼皮肤湿润又起到降温作用。

③聚乙烯袋运输法。鱼的数量少时，可用聚乙烯袋包装充氧后空运，此法优点是成活率高。

(7) 甲鱼活运

①甲鱼包装

a. 木箱。用木板和铁皮制作而成，规格依运输需要而定。箱底留出水孔，中间嵌放格板，以每小格放入1只甲鱼为度，格底铺鲜水草，甲鱼身上覆盖水草。此法适用于高温季节运输。

b. 竹篓。以竹篾制成，上部稍大，下部稍窄。装运时，用水草铺底，1层甲鱼，1层水草，依次装满。此法多用于冬季或早春装运。

c. 木桶。木桶一般呈长径85cm。短径55cm、高40cm的椭圆形，桶底有滤孔。此法适用于低温季节。如在常温下装运，在距离桶底1/2处用木板隔开，下层装甲鱼，上层装冰块。

②运输注意事项

a. 选择外形完整、神态活跃、健康无伤的甲鱼，清洗干净，用合适的包装工具进行包装。

b. 气温高时，应将甲鱼暂放2～3天，排除粪便，用20℃以下凉水冲洗1次，并浸泡10min，以降低甲鱼的活动能力，减少对包装工具的污染。

c. 春、夏、秋季采用新鲜水草作为包装填充料，冬季若用水草可在秋天采集后晒干，用时以清水泡发。一般不宜用稻草作填充料，因稻草浸水后呈碱性，会损伤甲鱼的皮肤。

d. 运输途中要防冻、防晒、防风、防高温。最好用空调车运输，并尽量缩短运输时间。

e. 运输温度不要高于28℃或低于0℃，以5℃～10℃为宜。甲鱼在冬眠状态时容易运输，成活率高；炎热季节最好选择阴雨天或气温较低的天气发运，并采取降温措施。

3. 水产品活运技术关键点

(1) 减少运输中水产品的死亡率

①选择活体健壮的水产品进行活运。

②起运前，给水产品足够的暂养时间，且暂养水质与运输用水质差异越小越好。暂养可锻炼水产品的耐受能力，并排除体内的部分代谢产物，保持运输途中水质清洁。

③活体水产品在冲洗时，切记要使用淡水。

④采用降温运输时，温控要准确，避免降温不均匀、不充分或降温过度造成活体死亡。

⑤袋装充氧运输时，注意充氧充足，净化水质，冰袋不能漏水。

⑥活体运输装箱或装袋时，盛装密度不能过大。

⑦包装好的活体水产品应及时起运，并注意装卸时轻拿轻放。

(2) 避免运输时造成短重

①运输过程中活体水产品体温不能回升，否则处于休眠状态的活水产品会恢复正常的代谢，减少体重。其次，温度回升会使水产品需氧量增加，代谢产物增多，最终因缺氧窒息或自身代谢产物中毒而死。死亡率增高是造成短重的主要原因。

②鲜活贝类包装后应立即入库冷却休眠，以免造成活贝开口失水而造成短重。

二、水产品加工方法

(一) 低温处理

一般分冷却与冷冻两种方法。冷却就是使水产品降温至0℃左右，多用于短期或临时储藏；冷冻则使水产品在－18℃以下的低温环境下结成坚硬状态，多用于较长时间的储藏。

(二) 腌制加工

具体分干腌法、湿腌法及混合腌制法，实际应用中多采用混合腌制法。将食盐涂于鱼体，装入容器后再注入饱和食盐水，盖住容器密封保存，食盐的用量依腌制时间的长短合理调整。

(三) 烟熏火烤

一般烟熏和蒸煮相结合，可使水产品有稳定的色泽和特有的气味。缺点是卫生欠佳，难以避免霉菌生长。

(四) 干制加工

通过干制过程，除去水产品中的水分，防止细菌的繁殖。有自然干燥（晒干、风干等）和人工干燥（烘烤、烘焙、冷冻等）两法。自然干燥方法简便，操作简单、成本低，可及时加工处理大量水产品，但质量低，易受污染，易于霉变。人工干燥设备的技术要求高，成本较高，但质量较好，卫生及保存效果好。

（五）加热煮熟

一般水产品加工成熟制品后还必须密封包装，延长保存时间。密封保存有两种方法：一是直接密封，即将水产品密封在容器中，经高温处理，消除微生物，并防止与外界微生物相接触；另一种是间接密封，即在密封容器中充入二氧化碳或其他惰性气体，将容器中的空气置换出去，防止水产品与空气接触，主要用于水产干制品和鱼糜制品的储藏。

（六）微波加工

微波是一种电磁波，其工业加热频率有 915MHz 和 2450MHz 两种。其原理是在外界高频交变场中，水等极性分子不断扭转、摩擦产生热。其特点为速度快、加热均匀、节能高效、清洁卫生、加热选择性强，用途主要有调温解冻、加热烹制、杀菌消毒。

（七）臭氧加工

臭氧有极高的氧化能力，极易氧化细菌细胞壁中的脂蛋白，从而使细胞受到破坏。其特点是在空气中和水中都可使用，操作方便、速度快、效果好、无残留、安全性好，用于生产用水、养殖用水消毒、冷库消毒、加工间杀菌除味。

（八）高压杀菌

高压是指 400MPa～600MPa 的静压力。其原理是 600MPa 下细胞发生变形、破裂。高压可改变酶的构象，压力反应发生变化导致生化反应变化。其特点是加工品风味和营养、颜色几乎不发生变化，杀菌均匀。

三、水产品的检验

水产品的检验，多以感官检验为主，必要时辅以理化检验和微生物学检验。下面主要对水产品的感官检验进行介绍。

（一）样品的采取

1. 包装鱼

不论何种包装，在采样前应先检查其包装情况，然后从同批中抽检整包装的5%，并从每个包装的不同部位抽取一至数条作为检样。

2. 散装鱼

按三层五点法取样。

3. 检验取样

理化检验和微生物检验时，按具体要求取样。

（二）感官检验

以下主要列举鲜鱼、冰冻鱼及青虾（河虾）、对虾的感官检验方法。

1. 鲜鱼

（1）检查

①鱼眼和鳃：观察眼结膜透明度、眼球突陷情况及周围是否有发红现象；揭开鳃盖，观察鳃片色泽及黏液性状，并嗅其气味。

②鱼的僵硬度及肉质硬度：以手掌托起鱼体，观察头、尾的下垂情况；用手指按压鱼的背部肌肉，观察其硬度和弹性。

③体表鱼鳞、黏液和肛门：观察鱼鳞的色泽、完整情况，以及是否紧贴鱼体；观察黏液的性状及透明度；同时注意腹部有无膨胀，肛门是否突出。

④气味：直接嗅闻鱼体表、鳃、肌肉及内脏的气味，也可用竹签刺入肌肉深层，拔出后立即嗅闻；必要时也可取鱼肉放入沸水中嗅检。

⑤内脏：剪开一侧体壁，暴露全部内脏，观察肝、胃、肠、心、肾等的变化以及胆汁的印染情况；然后横断脊柱，观察有无脊椎旁发红现象。

（2）感官指标

我国规定的各种鲜鱼的感官指标如表 5-1～表 5-10 所示。

表 5-1　黄鱼（黄花鱼）感官指标

	一级鲜度	二级鲜度
体表	金黄色，有光泽，鳞片完整，不易脱落	淡黄、浅黄或白色，光泽较差，鳞片不完整，易脱落
鳃	色鲜红或紫红（小黄鱼多为暗红或紫红），无异臭或稍有异臭，鳃丝清晰	色暗红、暗紫或带棕黄、灰红色，有腥臭，但无腐败臭，鳃丝粘连
眼	眼球饱满凸出，角膜透明	眼球平坦或稍陷，角膜稍浑浊
肌肉	坚实，有弹性	松弛，弹性差
黏液腔	呈鲜红色	呈淡红色

表 5-2　带鱼感官指标

	一级鲜度	二级鲜度
体表	富有光泽，鳞不易脱落	光泽较差，鳞较易脱落
眼	眼球饱满，角膜透明	眼球稍陷缩，角膜稍浑浊
肌肉	弹性强	弹性稍差

表 5-3　　墨鱼（乌贼）感官指标

	一级鲜度	二级鲜度
体表	背面全白或骨上皮稍有紫色	背面全部紫色或稍有微红
肌肉	去皮后肌肉白色	去皮后肌肉薄处微红
气味	具固有气味或海水气味	无异臭

表 5-4　　青鱼、草鱼、鲢鱼、鲤鱼、鳙鱼（淡水鱼）感官指标

	一级鲜度	二级鲜度
体表	有光泽，鳞片完整，不易脱落	光泽较差，鳞片不完整，易脱落
鳃	色鲜红，鳃丝清晰，具固有腥味	色淡红、紫红或暗红，鳃丝粘连，稍有异臭，但无腐败臭
眼	眼球饱满凸出，角膜透明	眼球平坦或稍陷，角膜稍浑浊
肌肉	坚实，有弹性	松弛，弹性差
肛门	紧缩（雌鱼产卵期除外）	稍凸出

表 5-5　　蓝圆鲹（池鱼）感官指标

	一级鲜度	二级鲜度
体表	有光泽，鳞片完整，不易脱落	光泽较差，鳞片易脱落
鳃	色鲜红，鳃丝清晰，具固有腥味	色淡红或紫红，鳃丝粘连，无异臭或稍有腥臭
眼	眼球饱满凸出，角膜透明	眼球平坦或稍陷，角膜浑浊
肌肉	坚实，有弹性	松弛，弹性差

表 5-6　　鲱鱼感官指标

	一级鲜度	二级鲜度
体表	有光泽，背呈青黑色	光泽差，背呈现暗黑色
鳃	色鲜红，鳃丝清晰，无异臭	色暗红或稍紫，鳃丝粘连，稍有异臭
眼	眼球饱满凸出，角膜透明	眼球平坦或稍陷，角膜稍浑浊
肌肉	坚实，有弹性	松弛，弹性差
肛门	紧缩	凸出

表 5－7　鳇鱼感官指标

	一级鲜度	二级鲜度
鳃	色鲜红，黏液清晰，具固有气味	色灰红，黏液稍浑浊，稍有异臭
眼	眼球饱满凸出，角膜透明	眼球凸出或平坦，角膜稍浑浊
肌肉	坚实，有弹性	松弛，弹性差，有离刺现象
腹	不膨胀，肛门紧缩	膨胀，肛门凸出，腹破，肠外溢

表 5－8　鲐鱼感官指标

	一级鲜度	二级鲜度
体表	富有光泽，纹理清晰	光泽较差，纹理可见
鳃	暗红色，无异味，有透明均匀黏液覆盖，鳃丝清晰	暗紫色或浅灰褐色，稍有异味，鳃丝粘连
眼	眼球饱满凸出，角膜透明	眼球平坦或凹陷，角膜浑浊
肌肉	坚实，有弹性	松弛，弹性差

表 5－9　鲳鱼感官指标

	一级鲜度	二级鲜度
体表	鳞片紧贴，鱼体坚挺，有光泽	鳞片松弛易脱落，少光泽或无光泽
鳃	紫红色或红色，清晰	暗紫色或灰红色，混浊，稍有异味
眼	眼球饱满，角膜透明	眼球凹陷，角膜混浊
肌肉	肉质致密，有弹性	肉质弹性差

表 5－10　鲫鱼感官指标

	一级鲜度	二级鲜度
体表	有光泽，鳞片紧贴	体表光泽差，鳞片松弛，较易脱落
鳃	桔黄色，鳃丝清晰	淡黄色，鳃丝稍有粘连
眼	眼球饱满，清晰透明	眼球平坦或稍凹陷，稍浑浊
气味	无异味	无异味或稍有异味

2. 冰冻鱼

冰冻鱼的感官检查方法和指标与鲜鱼基本相同，但检查前应先使冻鱼解冻，另外应注意鱼在冰冻前所处的状态。

(1) 直接冰冻的活鱼。在冰冻状态下，可见鱼鳍展平张开，鱼体仍保持临死前挣扎状态；眼睛明亮，角膜透明，眼球隆起饱满；鳞片上有冻结的透明黏液层；皮肤天然色泽明显。

(2) 死后冰冻的鱼。鱼鳍紧贴鱼体，鱼体挺直，眼不突出。

(3) 窒息致死后的冰冻鱼。口及鳃张开，皮肤颜色较暗。

(4) 腐败后的冰冻鱼。无活鱼冰冻后的特征。其腐败气味可用小刀或竹签穿刺肌肉进行嗅闻，或切取部分鱼鳃，浸入热水后嗅察。

3. 青虾（河虾）、对虾

虾类的卫生质量主要依靠感官检验来鉴别。我国规定的感官质量指标如表 5-11 和表 5-12 所示。

表 5-11　青虾（河虾）的感官指标

项目	一级鲜度	二级鲜度
体表	青灰色，外壳清晰透明	灰白色，透明度较差
头、胸节和腹节连接程度	连接紧密	稍显脱落
肌肉	清白色，致密，尾节伸屈性强	清白色，致密，尾节伸屈性较差

表 5-12　对虾的感官指标

项目	一级鲜度	二级鲜度
色泽	正常，卵黄按不同产期呈现自然色泽，允许稍松懈。在正常冷藏中，允许卵黄变色	虾体不得变红，卵黄按不同产期呈现自然色泽，允许稍松懈，在正常冷藏中，允许卵黄变色
体表	(1) 虾体完整，允许节间松弛。连接膜可有两处破裂，破裂处虾肉可有轻微裂口，但甲壳不脱落。允许有愈合的伤疤和不大的刺擦伤，部分尾肢脱落。不允许有软壳虾。 (2) 允许有黑箍一个，黑斑四处，黑斑可以抵补黑箍。虾尾允许有轻微变色，甲壳可有轻水锈和自然斑点。 (3) 颈肉允许因虾头感染呈现轻微异色（不包括变质红色）。 (4) 虾体清洁，允许串清水及局部串血水	(1) 虾体基本完整，允许虾壳断节但不脱落（第一节甲壳可脱落）。虾体可有愈合伤疤和不大的刺擦伤，虾尾可有不大的残缺或尾肢脱落不允许有软壳虾。 (2) 允许有黑箍三个和不严重影响外观的黑斑自然斑点不限异色。 (3) 颈肉允许因虾头感染呈现异色。（不包括变质红色） (4) 虾体清洁，允许串血水
肌肉	紧密，有弹性	弹性稍差
气味	正常无异味	正常无异味

第六章 豆制品

第一节 概述

一、豆制品的概念

豆制品是以大豆、小豆、绿豆、豌豆、蚕豆等豆类为主要原料，经加工而成的食品。大多数豆制品是由大豆的豆浆凝固而成的豆腐及其再制品。豆制品属于保质期短的生鲜食品，它在运输、储藏、销售的过程中需要保持合适的低温条件。

中国是大豆的故乡，中国栽培大豆已有五千年的历史。同时也是最早研发生产豆制品的国家。豆类包括黄豆、蚕豆、豌豆、绿豆、黑豆等多个品种，而以黄豆营养价值最高。豆类富含蛋白质，其蛋白质的氨基酸组成与动物性蛋白质近似，是优质蛋白质，而且还富含植物油脂，尤其是不饱和脂肪酸含量较高，同时也含有较丰富的B族维生素，其营养成分易于消化、吸收。除此之外，豆类还含有钙、磷、铁等无机盐，营养十分丰富。豆腐、豆浆、豆芽菜等豆制品营养价值也很高，而且比干豆类容易消化吸收。其中豆腐是食药兼备的佳品，它含有8种人体必需的氨基酸，还含有动物性食物缺乏的不饱和脂肪酸、卵磷脂等。因此，常吃豆腐可以保护肝脏、促进机体代谢、增加免疫力，并且还有解毒作用。

二、豆制品的营养成分

豆类及其制品的营养成分，因品种和种类不同相差较大，蛋白质的含量以大豆最高。豆制品的主要营养成分如下。

(一) 蛋白质

一般为30%～50%，其中黑大豆达50%以上。不仅含量高，而且质量也较好。豆类是最好的植物性优质蛋白质，8种必需氨基酸的组成与比例也符合人体的需要，类似动物蛋白质，并含有丰富的赖氨酸，是粮谷类蛋白质互补的理想食物来源。有人计算，0.5kg黄豆的蛋白质含量相当于1kg多瘦猪肉或1.5kg鸡蛋或6kg牛奶。所以黄豆被人们称之为“植物肉”“绿色的乳牛”等。

（二）脂质

脂肪含量也以大豆类为最高达到 15%～20%，其中以黄豆和黑豆最高，因此常用作食用油脂的原料。大豆油中以不饱和脂肪酸居多，高达 85%，其中亚油酸（必需脂肪酸）最多，占 51.7%。此外豆类中还有约 1.64%的卵磷脂（具有强乳化作用可协助胆固醇代谢），故黄豆和豆油常被推荐为防治冠心病、高血压、动脉粥样硬化等疾病的理想食品。

（三）糖类

豆制品含糖类为 20%～30%，其他豆类含量高，绿豆、赤豆和豌豆含量可达 50%～60%。大豆中糖类的组成较为复杂，多为纤维素和可溶性糖，其中约一半为棉子糖和水苏糖等低聚糖，不能在人体消化吸收，但易被体内肠道细菌分解产生二氧化碳和氨气等引起腹部胀气，所以有胃肠消化道疾病的人应尽量少吃整粒烘炒的豆类。由于那些肠道胀气因素大多靠近外层，所以经碾碎加工制成的豆制品基本被消除了，可以放心食用，豆类的营养价值也随着明显提高。

（四）维生素

豆制品富含 B 族维生素，主要以维生素 B_1、B_2 含量尤为丰富；维生素 E 含量也较多；在大豆类及绿豆中，还含有少量的胡萝卜素。

（五）无机盐

豆类中主要富含钙、铁、磷，含铁量较高且容易消化吸收，是贫血病人的有益食品。豆类加工成豆腐后，因制作时使用盐卤，从而增加了钙、镁等无机盐的含量，这就更加适合于缺钙的患者。

三、豆制品的分类

豆制品主要分为两大类，即以大豆为原料的豆制品和以其他杂豆为原料的其他豆制品。大豆制品包括大豆粉、豆腐、豆浆、豆浆粉、豆腐皮、油皮、豆腐干、腐竹、素鸡、素火腿、发酵大豆制品、大豆蛋白粉及其制品、大豆棒、大豆冷冻食品等。发酵性豆制品如天贝、腐乳、豆豉、酸豆浆等。

以大豆为原料的豆制品的主要分类如表 6-1 所示。

表 6-1　以大豆为原料的豆制品

类别	小类名称	示例
熟制大豆	煮大豆	焖黄豆、甜蜜豆
	烘焙大豆	炒大豆、烤大豆

续 表

类别	小类名称		示例
豆粉	烘焙大豆粉		
	大豆粉	全脂豆粉	
		脱脂豆粉	
		低脂豆粉	
	膨化大豆粉		
豆浆	豆浆		
	调制豆浆		调味豆浆、营养强化豆浆
	豆浆饮料		果汁豆浆饮料、五谷豆浆饮料
	豆浆粉		
豆腐	充填豆腐		内酯豆腐、韧豆腐
	嫩豆腐		南豆腐
	老豆腐		北豆腐
	油炸豆腐	炸豆腐	油方
		豆腐泡	油三角、油茧子
	冻豆腐		
	其他豆腐		果蔬豆腐、无渣豆腐
豆腐脑			豆腐花
豆腐干	白豆腐干	豆腐皮	百页、千张
		豆腐丝	百页丝
	油炸豆腐干		油丝
	卤制豆腐干		
	炸卤豆腐干		
	熏制豆腐干		
	蒸煮豆腐干		素鸡
腌渍豆腐	臭豆腐		
	其他腌渍豆腐		
腐皮			油皮、豆腐衣
腐竹			枝竹、扁竹

续 表

类别	小类名称		示例
膨化豆制品			
发酵豆制品	腐乳	红腐乳	
		白腐乳	
		青腐乳	
		酱腐乳	
		花色腐乳	
	豆豉		
	纳豆		
	大豆酱		
	发酵豆浆		酸豆乳
	其他发酵豆制品		
大豆蛋白	大豆浓缩蛋白		
	大豆分离蛋白		
	大豆组织蛋白		
	其他大豆蛋白		
毛豆制品			煮毛豆、冷冻毛豆
其他豆制品			黄豆芽、豆沙、豆渣、大豆棒、大豆布丁、大豆炼乳、大豆冷冻甜点

其他杂豆为原料的其他豆制品，主要是指以绿豆、小豆、蚕豆等其他杂豆制成的产品，如豆沙、凉粉、粉丝等。

四、豆制品的生产工艺

由于豆制品加工工艺是不可逆工艺，所以每一个工艺环节的控制都会直接或间接影响到后续工艺环节和最终产品品质，尤其是在规模化生产环境下，豆制品生产过程中的每一个工艺环节的标准化控制显得尤为重要。由于豆制品种类繁多，其生产工艺无法一一列举，下面仅介绍就豆制品生产过程中的一些关键工艺。豆制品生产过程中的关键工艺如图 6－1 所示。

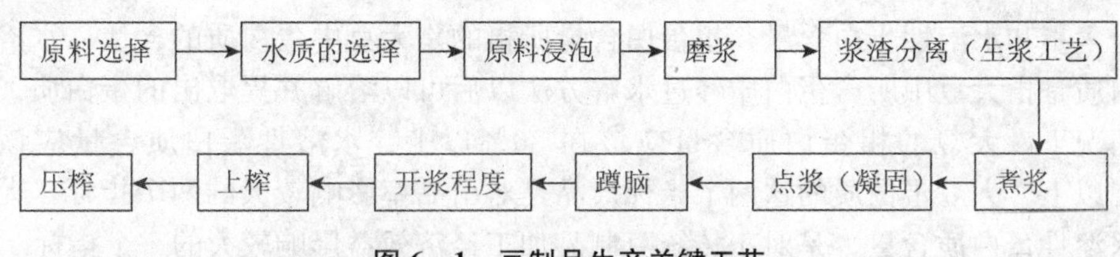

图 6-1　豆制品生产关键工艺

（一）原料选择

豆制品加工过程的原料主要指大豆（一般指黄豆），原料的品质直接决定着产品的品质，所以原料的选择对整个豆制品加工工艺过程起着决定性的作用。原料选择过程应结合以下指标。

1. 原料的新鲜程度

在豆制品加工过程中最好选择当年产的大豆，要求色泽鲜亮、表皮光滑、无杂质、无杂豆、无虫蛀、无霉变。

（1）由于大豆在从田间刚刚收获以后，大豆还没有完全成熟，使用这种大豆对出品率和产品韧性等方面都会产生不良影响，所以大豆在收获以后需要储存一定的时间（一般为三个月左右），方可用来加工豆制品。另一方面大豆在收获以后的储存过程中，大豆一直在进行呼吸作用，吸收氧气、排出二氧化碳，产生热量，消耗大量的营养成分，使大豆在储存过程中出现霉变、赤变等现象，从而影响最终产品质量。所以一般情况下认为大豆在收获以后 3～9 个月为新鲜的大豆。

（2）表皮光滑。如果大豆表皮不光滑、有皱纹，皱纹间隙中的泥土在大豆清洗过程中很难被清洗干净，大豆在浸泡过程中表皮逐步膨胀展开，这部分泥土最终会不可避免地进入豆浆中，使产品品质出现隐患。

（3）无杂质、无杂豆。杂质主要指大豆中的泥土、石块、草屑、金属块等，如果大豆中的这些杂质在进入磨浆机之前不能清理干净，将会对磨浆机的正常使用及最终产品品质产生不良影响。

（4）无虫蛀、无霉变。如果大豆有虫蛀霉变等现象，将会大大影响大豆浸泡过程控制、豆浆质量、最终产品品质、产品保质期等方面产生影响。

2. 水分含量

大豆的水分含量是影响大豆储存过程中呼吸作用的重要因素，在一定情况下，大豆的水分含量越高，呼吸作用越强。在常温下大豆的安全储存水分在 11%～13%之间，大于 13%则不宜储存，小于 11%则会从一定程度上影响浸泡过程。

3. 蛋白含量

传统豆制品加工过程主要是指对大豆中蛋白质的溶出提取过程，所以大豆中的蛋白含量指标是评价大豆质量的一个重要指标，大豆蛋白质评价指标主要指粗蛋白含量和水溶性蛋白含量，粗蛋白含量所指的是大豆中蛋白质的含量，水溶性蛋白质是指大豆中所含蛋白质经过水解方法以后可以溶解并提取出的蛋白质。一般情况下，大豆的粗蛋白质含量应该在36%以上、水溶性蛋白质含量应该在25%以上。大豆蛋白质的这两个指标产品是对出品率影响较大的两个指标，尤其是水溶性蛋白质含量，是对于传统豆制品加工经济效益影响较大的一个指标。

4. 死豆

又称铁豆、石豆，是指在正常浸泡过程中无法浸泡开的大豆，大豆中的死豆主要影响出品率指标和磨浆机正常使用，尤其是对磨浆机磨片、磨浆机轴承、磨浆机电动机的影响，所以在选择原料特别关注原料中死豆率，一般情况下死豆率大于1%便会对后续生产产生严重影响。

除此之外，原料大豆的颗粒大小差异程度和颗粒破碎率也是原料选择的重要指标，由于原料大豆中颗粒较大与颗粒较小的大豆种皮厚度不一，进而导致吸水膨胀程度不一，对后续浸泡过程中的浸泡时间产生影响，使大豆最终在进入磨机前浸泡程度不一，影响后续工艺及产品品质；如果原料大豆中的破碎率较高，破碎大豆中的脂肪氧化程度高于整粒大豆，蛋白质的消耗及受环境中微生物的污染程度都要大于整粒大豆，同样对最终产品品质及产品出品率产生影响，所以在选择原料大豆时要选择颗粒大小均匀、破碎率小的大豆。

(二) 水质的选择

水是传统豆制品加工工艺中不可或缺的，水质的好坏直接影响产品品质的好坏和产品出品率的高低，所以水质是对传统豆制品加工工艺中继原料以后又一个重要影响因素。水质评价指标中主要有以下三个。

(1) 水的硬度。普通的水中含有多种可溶解的化合物，有些物质的溶解度随着温度的变化有较明显的变化，其中的碳酸钙、碳酸镁类的物质，其溶解度随着温度的升高而下降。当温度升高时，原来溶解于水中的碳酸钙、碳酸镁析出形成沉淀物，这些沉淀物可以是以絮状、粉末状沉积在容器、管道表面。用来衡量钙镁离子总量的指标是硬度，总的说来，水的硬度主要由钙（Ca^{2+}）、镁（Mg^{2+}）离子构成的，其具体指标是同类离子折合为碳酸钙来计时的数值，目前标准单位是mmol/L（毫摩尔每升）。钙镁离子含量较多的水称为硬水，钙镁离子含量较少的水称为软水。硬水与软水只是通俗上的叫法，并没有标准的量的概念，在生活中，行内一般把硬度低于3mol/L的水称为较软的水，3mol/L～6mol/L称为普通水，6mol/L～8mol/L称为较硬的水，10mol/L以上称为高硬水。传统豆制品加工工艺中，生产用水最好使用软化水，即硬度较低的水。大量的实践证明生产用水的硬度越低，对产品的出品率、产品的细腻程度、口感、色泽及产品的柔韧性的提高作用越明显。

(2) 水的pH值。传统豆制品加工工艺过程中，生产用水的pH值最好控制在 7 左右，偏酸或偏碱都会对后续工艺产生严重影响。

(3) 水的感官指标。色度小于 15 度、浑浊度小于 5 度。水不得有异味，不得有肉眼可见物。

豆制品生产工艺用水需要定期报送相关职能部门进行检验，根据结果进行相关处理和调整，如果水质指标有问题，最要好选择适宜的水处理设备进行处理后使用。

(三) 原料浸泡

原料浸泡的目的是使大豆适度浸泡吸水膨胀，为磨浆等后续工艺创造有利条件，使大豆中的蛋白质能够最大限度地溶解并提取出来。这里需要强调的是大豆的"适度浸泡"，即大豆的浸泡时间不能太长也不能太短，浸泡时间太长也就是通常所说的"泡过头了"，使最终产品保水性差、组织结构粗糙、产品柔韧性差；浸泡时间太短，大豆蛋白膜太硬，不利于后续磨浆粉碎及过滤工艺中对大豆蛋白的充分溶解和提取，使产品出品率受到影响。在实际生产过程中，大豆在浸泡过程中需要注意以下几点。

(1) 浸泡过程中温度与浸泡时间的匹配。由于各地浸泡水水质和大豆品种的不尽相同，大豆的浸泡时间不能一概而论。浸泡的环境温度受到季节气温、浸泡车间本身环境温度、浸泡水温度等方面的影响，浸泡的时间也不相同，环境温度越高大豆浸泡所需的时间越短，反之浸泡时间越长。例如气温温度在 15℃～20℃时，大豆的浸泡时间需要 10h～12h；气温在 5℃～15℃时，大豆的浸泡时间需要 14h～16h。大豆浸泡过程中温度与浸泡时间如何能够较好地实现匹配，使大豆能够实现适度浸泡，从根本上来说需要进行认真的实践观察和经验的积累，最终确定每日合理的浸泡时间。大豆浸泡是否"适度"的简单评价方法为：观察大豆表皮是否平滑而涨紧，用手搓豆，大豆种皮是否较易脱落且大豆易分成两瓣，再观察分开瓣的大豆瓣面是否平整、中心与边缘颜色是否一致，再用手指掐断大豆瓣，观察是否有硬芯现象。如果大豆表皮不光滑、有皱纹，大豆瓣面有坑，中心颜色较四周边缘颜色较深，用手掐断大豆瓣感觉有硬芯说明大豆浸泡时间不足；如果大豆表皮否平滑而涨紧，用手搓豆，大豆种皮较易脱落且大豆易分成两瓣，豆瓣平整，豆瓣面中心与四周边缘颜色一致，用手掐断大豆瓣感觉无硬芯说明大豆浸泡适度；如果用手搓大豆较易搓烂，说明浸泡过度。

(2) 浸泡过程中 pH 值的控制。大豆在浸泡过程中，由于大豆水解蛋白酶的分解作用和大豆本身的呼吸作用，尤其是在温度较高的条件下，大豆浸泡过程中大豆浸泡水容易逐渐变酸，而在酸性条件下，不利于大豆蛋白在后续粉碎过滤的工艺过程中提取，造成出品率降低和对产品品质的不良影响。因此在大豆的浸泡过程中，尤其是在环境气温较高的时候，对大豆浸泡水的 pH 值要进行测量和控制，最简单的办法就是根据实际情况确定换水频次，可以适度地降低浸泡水的温度，使浸泡水不易偏酸。大豆在浸泡过程中，大豆浸泡水的 pH 值最好能够在6.8～7.2。

(3) 特殊生产情况保障措施。在实际的生产过程中不可避免地会遇到机械设备故障、停电等特殊情况，在可以预见暂时不能恢复正常生产时，需要根据实际情况进行定时换水，避免浸泡水变酸，影响生产。

(4) 进入磨机粉碎前对浸泡好的大豆进行排酸。如上所述，大豆在浸泡过程中不可避免地会或多或少的变酸，使大豆本身也受到一定的酸化影响，不利于后续工艺生产。所以浸泡好的大豆在进入磨机粉碎前有必要进行排酸处理，即用清水对大豆进行冲洗，使大豆表皮的酸化物进一步被冲洗干净，进一步有利于后续生产。

(5) 浸泡水水位控制。由于大豆在浸泡过程中吸水膨胀，大都在浸泡好以后，大豆的体积会增加到干豆体积的 2～2.2 倍，如果浸泡水水位太低，大豆在吸水膨胀后会高于浸泡水水位，使大豆暴露在空气中，从而使暴露在空气中的大豆的浸泡程度由于缺水而受到影响，最终导致产品出品率指标下降和产品品质受到影响。所以大豆在浸泡过程中需要对浸泡水水位进行有效的控制，通常情况下要保证大豆浸泡好以后全部淹没在水下 20cm 左右。

(6) 浸泡过程中对大豆的翻动搅拌。由重力、体积、中心温度及泡料容器形状等方面的原因，大豆在浸泡过程中的膨胀程度会存在一定的差别，尤其是在泡料容器底部的大豆膨胀速度要低于泡料容器上部大豆的膨胀速度，所以在大豆的浸泡过程中要适度地对大豆进行翻动搅拌，保证大豆膨胀速度的一致性。

(7) 泡料能力与磨浆能力的匹配。在规模生产前提条件下，生产量由于多方面的原因，不可能保持在一个相对稳定的范围之内，生产投豆量有时大一些，有时小一些，无论在什么条件下，必须把握的一个原则是用磨浆机处理能力（即每小时能够处理干豆数量）倒推每一个泡料容器的泡料时间，既要做到不延长黄豆浸泡时间，又要保障生产顺利进行。所以在泡料的时候必须根据当日实际情况计算出每一泡料容器泡料的起止时间，分批分次进行泡料，实现泡料能力与后续磨浆能力等相关工艺环节的有序衔接生产。

(8) 浸泡设备的卫生清理工作。由于大豆蛋白酶的分解作用及空气中微生物对大豆营养物质的影响，大豆在浸泡过程中会流失一部分营养价值，这部分营养价值会随着泡豆水排掉一部分，同时有一部分会附着沉淀到泡豆设备内壁，所以要定期对浸泡设备的内壁进行彻底的清理，以保证泡豆水不受到影响和产品卫生指标。

(四) 磨浆（砂轮磨）

大豆经过浸泡以后，蛋白体膜变得柔软松脆，但要是蛋白质水解溶出，还必须加水并进行适当的破碎，这个适当的破碎过程就是磨浆。磨浆工艺是传统豆制品加工工艺中一个十分重要的工艺环节，在实际生产过程中需要从以下两方面加以控制。

1. 磨糊细度的控制

大豆蛋白体膜被破碎以后，从理论上来说是磨得越细越有利于蛋白质的彻底溶出，但在实际生产过程中，磨糊的细度控制必须与离心机滤网的目数大小相结合，并不是磨得越细越好。如果磨糊细度太细，则在离心分离过程中，大豆中的纤维有可能通过滤网网孔进入到豆浆中，使最终产品色泽灰暗、发板、死硬没有弹性、口感粗糙。如果磨糊细度太粗，则在离心分离过程中，有可能使滤网网孔堵塞，致使大豆蛋白过多地随着豆渣排出，影响产品出品率，最终影响经济效益。根据滤网目数（一般在 80～140 目）的不同，对豆糊细度进行相应的控制，理论上磨糊细度在 2μm～3μm 之间，实际操作过程中对豆糊细度进行实地测量困难较大，一般对磨糊细度的控制以经验观察为主，一般以磨糊呈水波纹状态均匀流出、手捏磨糊无明显颗粒感、磨糊色泽呈均匀乳白色为标准。同时注意观察豆渣，一般以用手紧捏豆渣几次，以豆渣不粘手并且无白色汤汁渗出为标准。定期对豆渣进行残存蛋白化验，豆渣中的蛋白残存量以在 2.5%为标准。在实际的生产操作过程中，影响磨糊细度的因素有以下两点。

（1）加水量影响。根据磨机转数、磨片大小的不同，在磨浆过程中的加水量一般应控制在大豆重量的 1～2 倍。加水量与大豆进入磨机的量必须保持恒定，才能保证磨糊细度的均匀一致。如果加水量与进豆量不能保持恒定，那么模糊细度的粗细度就会出现波动，从而影响后续工艺的控制。一般情况下对于进水量与进斗量分别通过浮子流量计与变频螺旋推进器进行控制，根据工艺要求设定相应的工艺参数值，在磨片松紧度相对稳定的前提下，进水量与进豆量匹配可以得到良好的控制。

（2）磨片松紧度影响。磨片松紧度也就是指磨片间隙控制。磨片间隙大则磨糊细度相对粗，磨片间隙小则磨糊细度相对细。磨片松紧度可以通过观察磨糊质量进行控制，同时，也可以通过对磨浆机电机导线安装电流互感器进行控制（电流互感器配合电流显示表使用，可以通过测量电动机导线电流量变化值直接反应电动机负荷大小变化，从而从很大程度上反映出磨片的松紧程度）。

（3）磨片影响。磨片主要分为粗磨区和精磨区，粗磨区呈浅凹形、精磨区则必须平整，精磨区只有平整并保持相应的宽度，才能够保证磨浆质量。但在使用过程中磨片由于正常磨损会使精磨区的宽度越来越窄并变得不平整，使磨糊细度难以控制，从而影响磨浆质量。所以磨片使用过程中应该经常对精磨区进行仔细检查，最好能够计算出磨片的大豆处理能力，对磨片进行及时的更换或修整。

2. 磨糊温度控制

在磨浆工艺过程中，模糊的温度对磨浆质量有十分重要的影响。模糊温度高

(用手摸有热感，实际温度测量在25℃以上)，部分蛋白质易发生热变性，使出品率降低的同时是最终产品发板发硬、口感粗糙；同时在25℃左右或高于25℃的条件下，是细菌容易滋生和繁殖的条件，从而使蛋白质受到细菌的污染，对产品的卫生质量产生严重影响的同时，对后续灭菌工艺也造成严重隐患。在通常情况下造成磨糊温度升高的原因主要有以下3点。

(1) 磨片太紧。在磨浆机高速运转的前提条件下，上下磨片的距离相对太紧，上下磨片之间由于摩擦生热使磨糊温度升高。

(2) 加水量小。如以上磨糊细度的控制中提到的进水量与进料量的匹配问题。如果进水量与进料量不匹配，在进水量相对较小的前提下，大豆在磨片间的粗磨区及精磨区停留时间相对较长，受磨片高速运转摩擦生热，使豆糊温度升高。

(3) 环境温度影响。主要指室内温度的影响，室内温度太高的情况下，有必要采取相应的降温措施保障生产顺利进行。

(五) 浆渣分离 (生浆工艺)

浆渣分离又称滤浆或过滤，主要目的是把豆糊中的豆渣排出，制得豆浆。

浆渣分离工艺是豆制品加工工艺中的一个重要工艺，由于产品不同对豆浆浓度的要求不同，相应的豆浆浓度对相应产品品质起着决定性的作用，而浆渣分离工艺的控制决定着豆浆浓度；另一方面，浆渣分离工艺中制得豆浆 (生浆)、排出豆渣，排出的豆渣中残留的蛋白质含量又严重影响着产品出品率指标。所以该工艺对后续所有工艺、产品出品率、产品品质影响较大的一个环节。在规模生产条件下，绝大部分豆制品企业采用的都是离心分离法，滤浆的主要设备是卧式离心机，所以结合离心机使用方法对浆渣分离工艺进行简单阐述。

1. 豆浆浓度的控制

在浆渣分离工艺中，一般情况下是通过稀释磨糊并对磨糊进行3次离心分离，便可制得工艺所需的生豆浆。所以稀释磨糊时的加水量对生豆浆浓度起着决定性的作用。在对磨糊进行3次分离的过程中，一般是取头浆或头浆和一部分二浆的混合浆作为生产使用豆浆，取三浆或二浆的一部分和三浆的混合浆分成两部分分别对磨糊和第一次分离后的豆渣进行稀释，对第二次浆渣分离后的豆渣中加入水进行再次稀释，进行第三次分离。所以在分离工艺中只有对二渣稀释时有水加入，所以对二渣稀释加水量对分离工艺中的豆浆浓度起着决定性的作用，只要控制好这个点的加水量就能够控制好分离工艺后的豆浆浓度。

2. 分离效果的控制

分离效果的评价指标主要是指豆渣中的蛋白质残存量 (一般以2.5%为标准)，豆渣中蛋白质的残存量高低是评价分离效果的最重要指标，所以要及时对豆渣中的蛋白含量进行化验，以便合理评价分离效果。在实际工作中对分离效果的影响因素有以下 3 点。

(1) 磨糊细度影响。这一点在磨浆、磨糊细度控制中已经说明，这里不再赘述。

(2) 滤网网孔影响。在实际运行过程中，离心机每运行 2～3h，要对离心机滤网进行一次彻底地清理或更换，必须保证离心机滤网网孔没有被堵塞才有可能保证分离效果。

(3) 给料影响。一方面是指给料量的大小是否与离心机的处理能力相匹配，如果给料量大于离心机处理能力，则会影响分离效果；另一方面是指给料量是否均匀，如果给料时大时小，时稠时稀也会影响分离效果，所以在实际操作中，一定要注意观察每一个稀释过程是否合理、搅拌过程是否均匀，只有这样才能保证给料量的均匀，以保证分离效果。

(六) 煮浆

煮浆是通过对豆浆进行加热，是豆浆中的蛋白质发生合理热变性，为下一步的点浆工艺创造前提条件。所以煮浆是传统豆制品加工工艺中的核心工艺和关键工艺之一，必须加强对煮浆工艺的控制。

(1) 煮浆温度。煮浆温度是指煮浆时保证蛋白合理变性所需的温度。

(2) 煮浆时间。煮浆时间是指煮浆温度达到设定要求以后所需持续的时间。

按加热方式的不同煮浆大致可以分为以下三种。

(1) 明火煮浆。即用柴火、炭火、煤气、天然气直接加热煮浆。

(2) 电加热煮浆。即通过电能转换成热能对豆浆加热。例如：电热棒加热煮浆。

(3) 蒸汽煮浆。即用蒸汽对豆浆加热，实现煮浆目的。蒸汽煮浆又分为接触式蒸汽煮浆和非接触式蒸汽煮浆，接触式蒸汽煮浆是指蒸汽直接通入豆浆中对豆浆加热，是目前应用比较广泛的煮浆方式。非接触式煮浆是指蒸汽与豆浆不直接接触，通过夹层对豆浆加热，例如：夹层锅煮浆、列管式煮浆。

以上三种煮浆方式中，明火加热煮浆是最传统的一种煮浆方式，效率较低，卫生控制困难，适合于规模较小或工艺要求特殊的企业。但明火煮浆控制得当，可以取得较好的煮浆效果，尤其是豆浆糊锅以后留下的焦香味，许多消费者尤其是北方消费者对这种焦香味十分的青睐，这一点是别的煮浆方式所达不到的。

在规模生产前提下，绝大部分企业采取的煮浆方式都是蒸汽煮浆。相对于明火煮浆，蒸汽煮浆在卫生、操作及效率方面都有本质的提升和保障。按煮浆设备的不同，蒸汽煮浆可分为以下 3 种。

(1) 敞口煮浆。敞口煮浆就是在保温浆桶底部安装带眼蒸汽管道，让蒸汽直接冲入豆浆，对豆浆进行加热的煮浆方式。煮浆桶的大小和数量应与蒸汽锅炉蒸发量的大小和生产量的大小相匹配，否则有可能会造成不必要的浪费或生产安排的不合理。敞口煮浆应配置搅拌装置和温度时间监控装置，搅拌装置主要是使豆浆在加热过程中能够均匀受热，温度时间监控装置主要是对煮浆温度和煮浆时间起到较精确控制的作用。当然，敞口煮浆操作者经验丰富，也可以控制得较为理想。

(2) 连续溢流罐煮浆。连续溢流罐煮浆是目前应用最为广泛的煮浆方式，一般是由5～8或更多个相互连通罐组成，各个罐相差8cm～10cm由大到小排列。每一个罐上装有温度表，在煮浆过程中，每一个罐内的豆浆温度升高10℃～15℃，然后溢流到下一个罐中，最后一罐的温度表输出信号给温控仪，当最后一罐的温度达到温控仪设定温度上限时，温控仪发出信号给输浆泵，输浆泵开始工作，把生浆输入煮浆罐，使豆浆在每一个罐中向前溢流；当最后一罐的温度低于温控仪下限设定时，输浆泵停止输浆。

(3) 封闭独立煮浆。煮浆罐组成，每一个独立罐独立煮浆，也就是一罐一罐地煮浆。

封闭独立煮浆设备主要由带密封盖的封闭罐、放气阀、温控系统、电控系统、电磁阀（或单向阀）。在煮浆过程中，通过电控系统控制进入每一个罐的豆浆量，豆浆在加热过程中，放气阀处于长开状态，豆浆在常压下达到设定温度并持续相应时间以后，温控系统传递信号给电控系统，电控系统指挥放气阀门关闭、放浆阀门打开，在蒸汽压力作用下，放出豆浆，完成一次煮浆。相对于敞口煮浆和连续煮浆，封闭煮浆过程中产生的泡沫十分得少，节省蒸汽（蒸汽压力在1kPa～2kPa），煮浆温度、煮浆时间控制相当对精确，可以有效杜绝夹生浆现象的发生。但封闭煮浆对电控系统及温控系统的配置要求要高一些，配置得当，可以实现无人值守煮浆。

以上三种煮浆方式都属于接触式煮浆，接触式煮浆由于有蒸汽中的冷凝水混入，或多或少都会对豆浆浓度产生影响，使豆浆浓度降低。非接触式煮浆、电加热煮浆正好可以弥补这些不足之处。但非接触式煮浆、电加热煮浆相对于接触式煮浆在能源方面消耗较大，一般很少有企业采取。

煮浆效果检验：色泽柔和，呈淡黄色或乳白色；气味正常，能闻到豆香味；在空气中放置一段时间，豆浆表面能结成皮。符合以上标准，可以说明煮浆效果达到基本要求。

(七) 点浆（凝固）

点浆是指在煮浆的基础之上，按一定比例和一定方法把凝固剂加入豆中，使豆浆凝结形成豆腐花的过程。在传统豆制品加工工艺过程中，点浆是一个十分关键的过程，点浆过程对产品品质、产品出品率的影响程度在所有工艺环节中是最重要的一个。也就是我们平常所说的点浆老嫩程度对产品品质及出品率产生影响，点得太嫩，产品发软或不成形；点得太老，则产品发板发硬，保水性差，出品率低。

点浆过程的实质就是在凝固剂的作用下，大豆蛋白和水结合的过程。从微观的角度分析，就是蛋白质分子通过凝固剂的作用与水分子的结合形成凝胶网络的过程，这个凝胶网络的稳固性将从很大程度上决定着产品的硬度、韧性、细腻程度等产品品质评价指标。在点浆过程中，对点浆效果影响较大的因素主要有以下几点。

（1）点浆温度。它是指进行点浆时豆浆所具有的温度。豆浆受热以后，豆浆中的蛋白质分子由于内能增大，运动速度加快。温度越高，蛋白质分子的运动速度越快，加入凝固剂以后，与凝固剂中的钙、镁离子结合的机会也越大，凝固剂与豆浆的反应速度也越快。但豆浆和凝固剂的反应速度并非越快越好，需要有一个相对适宜的反应速度才能取得较好效果。点浆温度合适，最终产品才能够具有良好品质，例如，豆腐干点浆温度应控制在 82℃～85℃之间，卤水豆腐的点浆温度应控制在 80℃～82℃之间，要求发泡的油炸产品点浆温度应控制在 75℃左右。

（2）豆浆浓度。豆浆浓度的高低与点浆效果存在着很大的关系：豆浆浓度太低，形成的脑花小，保水性差，产品发硬；豆浆浓度太高，形成的脑花太大，造成点浆不匀、蛋白流失等现象。因此豆浆浓度从很大程度上决定着点浆效果及最终产品品质。一般情况下卤水豆腐的豆浆浓度为 8 度左右，内酯豆腐为 11～12 度，豆腐干为 7～8 度，百叶为 7 度。（豆浆浓度为折光仪测量）。

（3）豆浆的 pH 值影响。豆浆 pH 值大小与最终的点浆效果也有着密切的关系，pH 值低，豆浆呈酸性，豆脑花小，产品保水性差，缺乏弹性；pH 值高，豆浆呈碱性，产品太软、易碎或不成形。所以点浆时豆浆的 pH 值最好控制在 6.8～7，如果偏酸或偏碱，应着重分析是否是浸泡、卫生及水质等方面出现了问题。

（4）点浆手法。主要是指豆浆与凝固剂溶液的充分均匀混合，人工点浆条件下，点浆效果的好坏需要很强的经验，下卤速度、搅拌速度、搅拌方式等都会影响点浆效果，但总的原则是豆浆和凝固剂溶液能够均匀充分的混合。

除了这三方面外，影响点浆效果还有煮浆质量、水质、凝固剂的添加量及种类、大豆品种质量等因素。

简单的对点浆效果进行评价可以结合浆水颜色进行判断：

如果浆水颜色呈清澄透亮的淡黄色，说明点浆效果良好；如果浆水颜色呈棕红色，说明点浆偏老；如果浆水颜色偏白，说明点浆偏嫩，有蛋白流失现象。

（八）蹲脑

点浆完成以后，需要对点好的豆脑静置一段时间，这个过程为蹲脑。由于点浆完成以后，大豆蛋白分子仍然在继续和凝固剂中的钙镁离子进行反应，需要留出一定的时间让其充分反应，才能形成比较牢固的蛋白质网络结构。如果不经过蹲脑，直接开浆上榨，在影响出品率的同时，会使脑花细碎，最终产品发板、缺乏弹性。蹲脑过程宜静不宜动，否则会影响到蛋白凝胶网络结构牢固性，影响最终产品品质。一般情况下，豆腐干制品的蹲脑时间应控制在 15min～20min，卤水豆腐的蹲脑时间应控制在 20min～25min，石膏豆腐的蹲脑时间应控制在 30min 左右。

(九) 开浆程度

由于大部分豆制品在加工过程中要不同程度的排出多余的黄浆水，才能使豆脑紧密地结合在一起，使最终产品达到要求。但在经过点浆、蹲脑过程后，蛋白质凝胶的网络结构里所结合的大量水分不易排出，所以在上榨之前要对凝固好的豆脑进行适当的破碎，使凝胶网络结构适当破裂，为后续压榨环节能够排出适量的浆水做好准备工作，这个过程便是开浆（或开缸）。开缸程度是否适度，将直接影响到产品的内部结构。最终产品是否具有良好的柔韧性，开浆程度的控制将起到十分重要的作用。对于开浆的控制程度，主要观察开浆后脑花团块的大小，卤水豆腐的脑花要控制在 8cm 左右，豆腐干的脑花要控制在 1cm 左右，百叶的脑花则需打成碎木屑状。

(十) 上榨

上榨是指将开浆后的豆脑倒入相应的模具内，并用包布包好，为压榨成型做好前期准备工作的过程。在上榨过程中，需要注意以下几点。

(1) 要注意脑花的老嫩程度（脑花的老嫩程度受到点浆水平和黄浆水排出量的影响），要依据脑花的老嫩程度掌握铺入每一模具豆脑的量，从而保证产品相应的厚度。

(2) 每一板的铺脑量要保持均匀，模具中间的量要略多于四周的量，模具四个角的脑花量要充足。

(3) 每班要对包布、模具进行清洗消毒，防止微生物繁殖影响产品品质。

(十一) 压榨

压榨的主要目的是通过压力使蛋白质凝胶更好地黏合在一起，同时使多余的黄浆水通过包布溢出。压榨过程中的压力、时间、温度的控制程度将对产品的品质产生严重影响。

(1) 压力控制。在压榨过程中，不同的产品要求使用不同的压力，总的原则要求为既不能压得使豆脑“挤包”，又不能出现“松榨”现象。在压榨过程中，压榨压力随着压榨时间要求逐步增大，不得急压，否则会破坏已形成的蛋白质的整体凝胶组织结构，使产品内部组织由于排水不足而出现“蜂窝”，产品外部出现不规则的“麻点”，影响产品柔韧性及产品品相。压榨机最好选择能够分时段设定压力指标的全自动压榨机，这样就可以做到压榨过程数字化、标准化控制。

(2) 压榨时间控制。由于产品品种、地域、消费习惯的不同，如同压榨压力一样，压榨时间的标准不能够一概而论。压榨时间要根据产品的具体实际情况结合压榨压力进行控制，压榨时间不够，产品排水达不到要求，最终产品达不到所要求的柔韧性；压榨时间太长，产品含水量达不到要求，也同样会使产品的柔韧性、品质受到影响。

(3) 压榨温度控制。在压榨过程中，为了使大豆蛋白凝胶更好地黏合在一起，豆脑必须保持一定的温度，如果温度太低，即使压力再大，蛋白凝胶也不能够很好地黏合，压榨过程中水分不容易排出，最终使产品柔软无劲，所以在压榨过程中要注意压榨温度的控制，一般情况下压榨温度要控制在70℃左右，这样才能够压出比较理想的产品。

第二节　豆制品的储运与检验

一、豆制品的储藏

豆制品的腐败变质是由于表面感染了杂菌，杂菌不断繁殖致使豆制品腐败变质。腐败变质的豆制品，气味难闻，颜色异常，表面发黏，味道酸臭。由于蛋白质分解变化为腐败质物，营养价值降低，直至完全失去食用价值。实践表明，各类豆制品如保藏不妥，都会导致腐败变质。

(一) 豆腐的保存

针对豆腐蛋白质含量高、水分大又鲜嫩之特点，应采取以下保存措施。

(1) 屉屋内保存。所有工具和容器保持清洁卫生，常刷洗消毒；商品必须覆盖，防落尘土与苍蝇等；新生产出来的豆腐应晾凉冷透后再上架或码垛，否则热量不易散发，加速变质。同时，尽量在凉爽低温下保存。

(2) 冷水浸泡保存。鲜豆腐一时售不完或家庭未食用完可用冷水泡起来保存。可以降温，使豆腐与空气隔绝，减少微生物感染。其要求是冷水清洁卫生，浸泡时间不宜过长。

(3) 蒸煮法保存。采用高温蒸煮法耐存放，如袋装豆腐，即是将豆浆在袋凝固后加热灭菌而成。

(4) 添加符合国家标准要求的防腐剂保存。

(二) 素质品的保存

一般可采用低温冷库、冷藏库、冰箱保存。也可将制品摊凉后，在通风良好、凉爽的地方保存。素制品还应视其特点而取合适法保存。如油皮怕干、怕潮、怕风，干后易裂，湿了易粘连，故应在屉上加盖，并用湿布覆盖以保持一定温度。如发现其发黏，要立即用辅料复制。

(三) 豆腐片的保存

豆腐片在制成后要凉透再叠片，发现片与片之间有粘连现象时，要立即摊凉，或用碱水（或盐水）煮沸，其他注意事项与豆腐相同。

(四) 豆腐粉的保存

要保持原色包装出售。尤其要注意卫生，防潮、防高温、防暴晒、防鼠咬。

(五) 腐竹的保存

腐竹是干燥制品，极易折碎。在生产中要包装完整。除用纸或塑料袋包装外，还要装木箱并垫防潮纸。运输与销售时要轻拿轻放，并应放在通风干燥的地方，防止吸潮变霉。

(六) 豆芽菜的保存

豆芽菜为营养非常丰富又鲜嫩的蔬菜，深受消费者欢迎。但在经营过程中如保存不当，芽会继续过度生长，或水分蒸发后变得根长、叶大，食用时粗老发柴，大大降低食用价值。豆芽菜最常见的保存方式是用水浸泡。浸泡用水要清洁，常换水。热天要放阴凉处保存，防受热；冬天要防受冻；平时不要与油接触，防腐烂。

二、豆制品的检验

(一) 豆制品的感官检验

豆制品的感官鉴别，主要是依据观察其色泽、组织状态，嗅闻其气味和品尝其滋味来进行的。其中应特别注意其色泽有无改变，手摸有无发黏的感觉以及发黏程度如何，不同品种的豆制品具有本身固有的气味和滋味，气味和滋味对鉴别豆制品很重要，一旦豆制品变质，即可通过鼻和嘴感觉到，故在鉴别豆制品时，应有针对性地注意鼻嗅和品尝，不可一概而论。

1. 豆芽质量的鉴别

(1) 色泽鉴别

进行豆芽色泽的感官鉴别时，可取豆芽在散射光线下直接观察。

良质豆芽——颜色洁白，根部显白色或淡褐色，头部显淡黄色，色泽鲜艳而有光泽。

次质豆芽——色泽灰白且不鲜艳。

劣质豆芽——色泽发暗，根部呈棕褐色或黑色，无光泽。

(2) 外观鉴别

取豆芽样品在散射光线下观察其外观形态。

良质豆芽——芽身挺直，长短合适，芽脚不软，组织结构脆嫩，无烂根、烂尖现象。

次质豆芽——长短不一，粗细不均，枯萎蔫软。

劣质豆芽——严重枯萎或霉烂。

(3) 气味鉴别

进行豆芽气味的感官鉴别时，可取豆芽样品来直接嗅其气味。

良质豆芽——具有豆芽固有的鲜嫩气味，无异味。

次质豆芽——固有的气味淡薄或稍有异味。

劣质豆芽——有腐烂味、酸臭味、农药味、化肥味及其他不良气味。

(4) 滋味鉴别

进行豆芽滋味的感官鉴别时，可取样品细细咀嚼，品尝其滋味。

良质豆芽——分别具有本种豆芽固有的滋味。

次质豆芽——豆芽的固有滋味平淡或稍有异味。

劣质豆芽——有苦味、涩味、酸味及其他不良滋味。

2. 豆浆质量的鉴别

(1) 色泽鉴别

进行豆浆色泽的感官鉴别时，可取豆浆样品置于比色管中，在白色背景下借散射光线进行观察。

良质豆浆——呈均匀一致的乳白色或淡黄色，有光泽。

次质豆浆——呈白色，微有光泽。

劣质豆浆——呈灰白色，无光泽。

(2) 组织状态鉴别

进行豆浆组织状态的感官鉴别时，取事先搅拌均匀的豆浆样品置于比色管中静待1h～2h后观察。

良质豆浆——呈均匀一致的混悬液型浆液，浆体质地细腻，无结块，稍有沉淀。

次质豆浆——有多量的沉淀及杂质。

劣质豆浆——浆液出现分层现象，结块，有大量的沉淀。

(3) 气味鉴别

进行豆浆气味的感官鉴别时，可取样品置于细颈容器中直接嗅闻，必要时加热后再嗅其气味。

良质豆浆——具有豆浆固有的香气，无任何其他异味。

次质豆浆——豆浆固有的香气平淡，稍有焦糊味或豆腥味。

劣质豆浆——有浓重的焦糊味、酸败味、豆腥味或其他不良气味。

(4) 滋味鉴别

进行豆浆滋味的感官鉴别时，可取样品直接品尝。

良质豆浆——具有豆浆固有的滋味，味佳而纯正，无不良滋味，口感滑爽。

次质豆浆——豆浆固有的滋味平淡，微有异味。

劣质豆浆——有酸味（酸泔水味），苦涩味及其他不良滋味，因颗粒粗糙而在饮用时带有刺喉感。

3. 豆腐质量的鉴别

(1) 色泽鉴别

进行豆腐色泽的感官鉴别时，应取一块样品在散射光线下直接观察。

良质豆腐——呈均匀的乳白色或淡黄色，稍有光泽。

次质豆腐——色泽变深直至呈浅红色，无光泽。

劣质豆腐——呈深灰色、深黄色或者红褐色。

(2) 组织状态鉴别

进行豆腐组织状态的感官鉴别时，应先取样品直接看其外部情况，然后用刀切成几块再仔细观察切口处，最后用手轻轻按压，以试验其弹性和硬度。

良质豆腐——块形完整，软硬适度，富有一定的弹性，质地细嫩，结构均匀，无杂质。

次质豆腐——块形基本完整，切面处可见比较粗糙或嵌有豆粕，质地不细嫩，弹性差，有黄色液体渗出，表面发黏，用水冲后即不粘手了。

劣质豆腐——块形不完整，组织结构粗糙而松散，触之易碎，无弹性，有杂质，表面发黏，用水冲洗后仍然黏手。

(3) 气味鉴别

可取一块样品豆腐，在常温下直接嗅闻其气味。

良质豆腐——具有豆腐特有的香味。

次质豆腐——豆腐特有的香气平淡。

劣质豆腐——有豆腥味、馊味等不良气味或其他外来气味。

(4) 滋味鉴别

进行豆腐滋味的感官鉴别时，可在室温下取小块样品细细咀嚼以品尝其滋味。

良质豆腐——口感细腻鲜嫩，味道纯正清香。

次质豆腐——口感粗糙，滋味平淡。

劣质豆腐——有酸味、苦味、涩味及其他不良滋味。

4. 豆腐干质量的鉴别

(1) 色泽鉴别

感官鉴别豆腐干的色泽时，可取样品直接进行观察。

良质豆腐干——呈乳白色或浅黄色，有光泽。

次质豆腐干——比正常豆腐干的颜色深。

劣质豆腐干——色泽呈深黄色略微发红或发绿，无光泽或光泽不均匀。

（2）组织状态鉴别

进行豆腐干组织状态的感官鉴别时，可先取样品进行外部观察，然后用刀切开后再仔细观察，最后用手按压以感知其弹性。

良质豆腐干——质地细腻，边角整齐，有一定的弹性，切开处挤压不出水，无杂质。

次质豆腐干——质地粗糙，边角不齐或缺损，弹性差且易被折粘，切口处可挤压出水珠。

劣质豆腐干——质地粗糙无弹性，表面黏滑，切开时粘刀，切口挤压时有水流出。

（3）气味鉴别

取豆腐干样品在室温下直接嗅闻即可。

良质豆腐干——具有豆腐干特有的清香气味，无其他任何异味。

次质豆腐干——豆腐干的特有香气平淡。

劣质豆腐干——有馊味，腐臭味等不良气味。

（4）滋味鉴别

取豆腐干样品放在口中细细咀嚼，品尝其滋味。

良质豆腐干——滋味纯正，咸淡适口。

次质豆腐干——豆腐干本身滋味平淡，偏咸或偏淡。

劣质豆腐干——有酸味，苦涩味及其他不良滋味。

5. 豆腐泡质量的鉴别

（1）色泽鉴别

进行豆腐泡色泽的感官鉴别时，可取样品在散射光线下直接观察。

良质豆腐泡——为金黄色或棕黄色，色彩鲜艳而有光泽。

次质豆腐泡——颜色变暗，微有光泽。

劣质豆腐泡——表面呈灰色或深褐色，无光泽。

（2）组织状态鉴别

进行豆腐泡组织状态的感官鉴别时，先取样品直接观察，然后用刀切开再仔细观察。

良质豆腐泡——块形整齐，有弹性，皮脆，内质呈蜂窝状，不黏不散，无杂质。

次质豆腐泡——块形不整，皮软，弹性差。

劣质豆腐泡——块形不整，皮软，无弹性，切口粘刀，手摸黏手，有杂质。

（3）气味鉴别

进行豆腐泡气味的感官鉴别时，取样品在室温下直接嗅其气味，然后用刀切开再嗅其内部气味。

良质豆腐泡——具有豆腐泡特有的清香风味，无其他任何不良气味。

次质豆腐泡——豆腐泡的特有风味平淡。

劣质豆腐泡——具有腐臭味、哈喇味等不良气味。

（4）滋味鉴别

进行豆腐泡的滋味感官鉴别时，取样品细细咀嚼以品尝其滋味。

良质豆腐泡——外皮酥脆适口，泡内软嫩，咸香适度，具有豆腐泡固有的滋味。

次质豆腐泡——外皮较软，适口性差，豆腐泡的固有滋味平淡。

劣质豆腐泡——有酸味、苦味，涩味等不良滋味。

6. 豆腐皮质量的鉴别

豆腐皮也叫干豆腐、百叶等。

（1）色泽鉴别

良质豆腐皮——呈均匀一致的白色或淡黄色，有光泽。

次质豆腐皮——呈深黄色或色泽暗淡发青，无光泽。

劣质豆腐皮——色泽灰暗而无光泽。

（2）组织状态鉴别

感官鉴别豆腐皮的组织状态时，取样品直接进行观察，然后用手拉抻试验其韧性。

良质豆腐皮——组织结构紧密细腻，富有韧性，软硬适度，薄厚度均匀一致，不粘手，无杂质。

次质豆腐皮——组织结构粗糙，薄厚不均，韧性差。

劣质豆腐皮——组织结构杂乱，无韧性，表面发黏起糊，手摸之黏手。

（3）气味鉴别

进行豆腐皮气味的感官鉴别时，取样品直接嗅其气味。

良质豆腐皮——具有豆腐皮固有的清香味，无其他任何不良气味。

次质豆腐皮——豆腐皮固有的气味平淡，微有异味。

劣质豆腐皮——具有酸臭味、馊味或其他不良气味。

（4）滋味鉴别

进行豆腐皮滋味的感官鉴别时，取样品细细咀嚼，尝其滋味。

良质豆腐皮——具有豆腐皮固有的滋味，微咸味。

次质豆腐皮——豆腐皮固有滋味平淡或稍有异味。

劣质豆腐皮——有酸味、苦涩味等不良滋味。

7. 腐竹质量的鉴别

（1）色泽鉴别

进行腐竹色泽的感官鉴别时，可取样品直接观察其色泽。

良质腐竹——呈淡黄色，有光泽。

次质腐竹——色泽较暗或洁白，无光泽。

劣质腐竹——呈灰黄色，深黄色或暗黄色，色泽暗淡无光泽。

（2）外观鉴别

进行腐竹外观的感官鉴别时，取样品直接观察，然后折断再仔细观察。

良质腐竹——为枝条或片叶状，质脆易折，条状折断有空心，无霉斑、杂质、虫蛀。

次质腐竹——呈枝条或片叶状并有较多折些的枝条或碎块，有较多实心条。

劣质腐竹——有霉斑、虫蛀、杂质。

（3）气味鉴别

进行腐竹气味的感官鉴别时，取样品直接嗅其气味。

良质腐竹——具有腐竹固有的香味，无其他任何异味。

次质腐竹——腐竹固有香气平淡。

劣质腐竹——有霉味、酸臭味等不良气味，以及其他外来气味。

（4）滋味鉴别

进行腐竹滋味的感官鉴别时，取样品用热水浸泡至柔软，细细咀嚼品尝其滋味。

良质腐竹——具有腐竹固有的鲜香滋味。

次质腐竹——腐竹固有滋味平淡。

劣质腐竹——有苦味、涩味或酸味等不良滋味。

8. 面筋质量的鉴别

面筋本来是以小麦为原料生产的小麦蛋白类制品，但在我国按传统习惯，将其归入豆制品类。

（1）色泽鉴别

进行面筋色泽的感官鉴别时，取面筋在散射光线下直接观察。

良质面筋——呈白色，油炸面筋呈黄色。

次质面筋——颜色相应地变深。

劣质面筋——色泽灰暗，油炸面筋呈深黄或棕黄色。

（2）组织状态鉴别

进行面筋组织状态感官鉴别时，先取样品直接观察，然后用刀切开再观察，最后用手指按压以感知其弹性及是否黏手。

良质面筋——多呈圆球形，大小均匀，有弹性，质地呈蜂窝状，不粘手，无

杂质。

次质面筋——弹性差，不粘手，大小不均匀。

劣质面筋——失去弹性，手摸时黏手，有杂质。

（3）气味鉴别

感官鉴别面筋的气味时，取样品在室温下直接嗅其气味，然后切开面筋，再次嗅闻。

良质面筋——具有面筋应有的气味，无其他任何异味。

次质面筋——面筋固有的气味平淡，稍有异味。

劣质面筋——有臭味、哈喇味（油炸面筋）或其他不良气味。

（4）滋味鉴别

进行面筋滋味的感官鉴别时，取样品细细咀嚼，品尝其滋味。

良质面筋——具有面筋固有的滋味，无其他任何异味。

次质面筋——面筋固有的滋味平淡，稍有异味。

劣质面筋——有酸味、苦味及其他不良滋味。

第七章　冷冻饮品

第一节　概述

一、冷冻饮品的含义

冷冻饮品是以饮用水、甜味料、乳品、果品、豆品、食用油脂等为主要原料，加入适量的香料、着色剂、稳定剂、乳化剂等食品添加剂，经配料、灭菌、凝冻而制成的冷冻固态饮品。

二、冷冻饮品的分类

按冷冻饮品的工艺及成品特点，冷冻饮品可以分为冰激凌类、雪糕类、棒冰类和冰霜类。

（一）冰激凌类

冰激凌是以饮用水、乳品（主要是稀奶油）、蛋品、甜味料、食用油脂等为主要原料，加入适量的香料、稳定剂、着色剂、乳化剂等食品添加剂，经混合、灭菌、均质、老化、凝冻等工艺或再经成型、硬化等工艺制成的体积膨胀的冷冻饮品。

(1) 冰激凌按加工工艺可分为清型冰激凌、混合型冰激凌、夹心型冰激凌、拼色型冰激凌、涂布型冰激凌等。

(2) 冰激凌按脂肪含量可分为高脂型冰激凌、中脂型冰激凌、低脂型冰激凌。

(3) 冰激凌按硬度可分为硬质冰激凌和软质冰激凌。硬质者系指经硬化置于冰柜内的冰激凌，而软质者系指在制造过程中省去最后硬化操作的冰激凌。

（二）雪糕类

雪糕是以饮用水、乳品、蛋品、甜味料、食用油脂等为主要原料，加入适量增稠剂、香精、着色剂等食品添加剂，或再添加可可、果汁等其他辅料，经混合、灭菌、均质、冷却、老化、凝冻、注模、冻结等工艺制成的带棒或不带棒的冷冻饮品。

（1）雪糕按加工工艺的不同可分为清型雪糕、混合型雪糕、夹心型雪糕、拼色型雪糕及涂布型雪糕等。

（2）雪糕按脂肪含量不同可分为高脂型雪糕、中脂型雪糕和低脂型雪糕。

（三）棒冰类

棒冰也称冰棍、冰棒或雪条，是以饮用水、甜味料等为主要原料，添加增稠剂及酸味剂、着色剂、香料等食品添加剂，或再添加豆品、乳品等，经混合、杀菌、冷却、浇模、插扦、冻结、脱模等工艺制成的带扦的冷冻饮品。

棒冰根据加工工艺的不同，可分为清型棒冰、混合型棒冰、夹心型棒冰、拼色型棒冰、涂布型棒冰等。

（四）冰霜类

冰霜是以饮用水、甜味料、乳品、果品等为原料，添加适量的稳定剂、香料、着色剂等食品添加剂，经混合、灭菌、冷却凝冻工艺制成的较为松软的雪泥或冰屑状的冷冻饮品。

冰霜根据加工工艺的不同，可分为清型冰霜、混合型冰霜。典型的冰霜类产品有不含乳制品的莎贝特（Sorbet）和含少量乳制品的雪贝特（Sherbet）。

（1）莎贝特（Sorbet）是以糖和水为主要原料，加入稳定剂、乳化剂，并在凝冻时加入果汁或果酱的冰激凌。它不含脂肪，是一种低能量的冷冻饮品，口感凉而不腻，是炎热夏季降温消暑之佳品，可以通俗地称之为“膨化棒冰”。

（2）雪贝特（Sherbet）的配料为糖、水、果酸、色素、水果或水果香精、稳定剂及少量的乳固体。其少量的乳固体可由脱脂牛奶、炼乳等提供。Sherbet一般含脂肪1%～3%，非脂乳固体2%～4%，可以由莎贝特和部分冰激凌配料混合制成。

第二节　冷冻饮品生产工艺

一、冰激凌生产工艺

冰激凌是以饮用水、甜味剂、乳品、蛋品、食用油脂等为主要原料，加入适量的香料、着色剂、稳定剂、乳化剂等食品添加剂，经混合、灭菌、均质、老化、凝冻等工艺而制成的冷冻固态饮品。由于其中所含成分是以乳脂肪为主体的牛乳成分，所以营养价值很高，易于消化，因此不仅是夏季的嗜好饮料，同时也是一种营养食品。

冰激凌的种类很多，加之原料的配合更是多式多样，因此化学组成也不一样。

表 7-1　　冰激凌的组成　　单位：%

种类	乳脂肪	非脂乳固体	糖类	乳化稳定剂	总固形物
高档冰激凌	10～14	8～10	≥15	0.3～0.5	30～45
中档冰激凌	8～10	10～11	≥15	0.3～0.5	35～49
低档冰激凌	6～8	11～12	13～15	0.3～0.5	30～35

（一）冰激凌的工艺流程

工艺流程如下：

原料预处理→配制混合料→均质→杀菌→冷却→老化→凝冻→灌装成型→硬化→成品冷藏。

1. 配制混合料

将这种冰激凌的原料（乳及乳制品、糖、稳定剂、明胶、淀粉、鸡蛋、香料及色素）以适当的比例加以混合，即称为冰激凌的混合料，简称混合料，将这种混合料进行加工处理后即为冰激凌。

现举例说明如何进行冰激凌配料的计算。

冰激凌配方成分分别如表 7-2 和表 7-3 所示。

表 7-2　　配料成分

成分名称	含量（%）	成分名称	含量（%）
脂肪	10	乳化稳定剂	0.5
非脂乳固体	11	香料	0.1
糖	16		

表 7-3　　原料成分

原料名称	配方成分	含量（%）
稀奶昔	脂肪 非脂乳固体	40 5.0
牛乳	脂肪 非脂乳固体 糖	3.2 8.3 45
甜炼乳	脂肪 非脂乳固体	8 20

续表

原料名称	配方成分	含量（%）
蔗糖	糖	100
合乳化稳定剂		100
香料		100

先计算复合乳化稳定剂和香料的用量。

复合乳化稳定剂 $0.5\%\times100=0.5$（kg）

香料 $0.1\%\times100=0.1$（kg）

再计算主要原料的需要量。

设稀奶油、牛乳、甜炼乳和蔗糖需要量分别是 A、B、C、D。

则：$A+B+C+D+0.5+0.1=100$

$0.4A+0.032B+0.08C=10$

$0.45C+D=16$

$0.05A+0.083B+0.2C=11$

解上述四元一次方程得：

稀奶油用量 $A=14.90$kg

牛乳用量 $B=52.22$kg

甜炼乳用量 $C=29.60$kg

蔗糖用量 $D=2.68$kg

列出所需配料的数量表，如表 7－4 所示。

表 7－4　　配料数量

原料名称	用量（kg）	成分含量（%）			
		脂肪	非脂乳固体	糖	总固体
稀奶油	14.00	5.96	0.75	—	6.71
牛乳	52.22	1.67	4.33	—	6.01
甜炼乳	29.60	2.37	5.92	13.32	21.61
蔗糖	2.68	—	—	2.68	2.68
复合乳化稳定剂	0.5	—	—	—	0.5
香料	0.1	—	—	—	0.1
合计	100	10	11	16	37.60

2. 原料的混合

这种原料的配合比例确定后，即可进行混合。混合时最好用带有搅拌器的夹层锅，混合方法如下。

（1）先将水、牛乳、脱脂乳、稀奶油等液体原料倒入夹层锅中。

（2）将蔗糖倒入，进行搅拌，使其溶解。

（3）将复合乳化稳定剂先用10倍左右的水或牛乳浸渍20min，充分吸水后加热至60℃～70℃使其溶解，然后将温度升到45℃时将其倒入开始杀菌的混合料中。

（4）使用淀粉时，先用少量的水或牛乳调匀，再加适量的水或牛乳加热，然后加入混合料中。

（5）使用乳粉时，先用少量的水或牛乳充分溶解后，再加入混合料中。

（6）使用鸡蛋时，可与少量的牛乳或脱脂乳搅拌混合，同时加入蔗糖使其溶解，然后将剩余的混合料加入，或者先将蛋白与蛋黄分开，蛋黄与少量的牛乳混合后加入蔗糖，充分搅拌混合均匀，然后将充分起泡的蛋白加入，最后再将剩余的混合料加入，充分混合。

使用鸡蛋时，杀菌温度需慢慢上升，最好采用80℃、15s的杀菌制度。如果温度上升过急，处理时间过久，易使蛋白凝成絮状。

（7）香料需在陈化（老化）过程结束后进行凝冻时加入。

（8）使用果汁时，需在凝冻操作中途加入，否则由于果汁中的有机酸易使酪蛋白凝固而使组织不良。

3. 混合料的杀菌

杀菌的目的不仅可以杀灭有害微生物，并可使制品组织均匀，气味划一。混合料的杀菌通常多采用85℃～90℃、5min，杀菌的时候应将各种原料进行搅拌，充分混合。

4. 混合料的均质

混合原料经杀菌后，应迅速通过均质机进行均质。冰激凌混合料均质一般采用二次高压均质，以64℃～75℃最适宜。压力以第一段15MPa～20MPa为宜。混合料经均质后，黏度增加，因此冻结搅拌时容易混入气泡使容积增大，也就是膨胀率增加，组织滑润，并能防止脂肪的分离。此外脂肪的消化率也比较好，同时成品的稳定性增加，不容易融化而使组织崩坏。

5. 老化（成熟）

均质后的混合料，立即通过冷却器冷却至2℃～4℃，并在此温度保持4h～24h（普通为12h～24h），这一操作即称老化。

混合料的冷却，通常可用表面冷却器或者置于冷却槽中，在内部冷却管不断回转的情况下进行冷却。

混合料冷却后，也可以立即进行冻结，但如经过陈化（老化），则黏稠度增加，因此使成品的膨胀率、组织状态及稳定性远比未经陈化者好。

陈化对混合料中的脂肪、明胶和蛋白质等有密切关系，因为这些成分冷却后，黏稠度增大，所以使混合料的黏稠度也增大；又因脂肪经冷却后，转变为固体也是其中的一个原因。此外在分散系中，分散质吸引其周围的一部分水分而形成一层水分子膜，也就是所谓水合作用。陈化过程中，由于明胶与蛋白质产生水合作用，同时由于明胶由胶体状态能变为凝胶（或冻胶）状态，于是使黏稠度增大。所以混合料中，如不含脂肪和明胶时，则由于陈化而产生黏稠性的效果极少，为了要在陈化过程中得到良好的效果，混合料中必须含有脂肪与明胶。此外均质也能增大黏稠度，陈化过程中如温度上升，则因微生物繁殖而使品质低劣，所以必须注意温度。

6. 凝冻

凝冻是将凝冻在强制搅拌下进行冰冻，使空气以极微小的气泡状态均匀分布于全部混合料中，一部分水成为冰的微结晶的过程。制造冰激凌时的凝冻并非完全冻结，而是成半冻结状态，因此当搅拌器激烈搅拌时，混合料中即进入适当的空气，而使容积增加 1 倍左右，如果完全冻结则呈冰棒状，不能成为冰激凌。

（1）凝冻条件。陈化后的混合料即可装入凝冻机中为原则，凝冻机包括间歇式和连续式两种。间歇式凝冻机的凝冻时间为 5min～20min，冰激凌的出料温度为－5℃～－3℃。连续式凝冻机进出料是连续的，冰激凌的出料温度为－6℃～－4℃。必须经常检查膨胀率，从而控制恰当的进出量以及混入的空气量。

（2）膨胀率。

$$膨胀率=\frac{混合料的质量-同体积的冰激凌的质量}{同体积冰激凌的质量}\times 100\%$$

膨胀率应为 80%～100%，如果膨胀率过低冰激凌风味过浓，在口中溶解不良，组织粗硬。如果过高则变成海绵状组织、气泡大，保形性和保存性不良，在口中溶解很快，风味弱，凉的感觉小。

7. 成型、硬化、包装及储藏

所谓硬化，即将从凝冻机出来的冰激凌经成型后迅速冷冻，使成品保持一定的硬度。硬化操作适当与否对冰激凌的品质、膨胀率都有很大的影响。迅速硬化时，冰的结晶体细小，组织润滑且均匀一致。如果硬化迟缓，则一部分混合料开始融化，此时再行硬化则生成大的冰块，品质低劣，故硬化需迅速进行。

硬化后的冰激凌进行枕式包装或装盒，然后进行装箱，送入－20℃以下的低温冷库中冷藏 24h 后才可销售。

（二）冰激凌生产中常见问题

冰激凌在生产过程中常见的质量问题及产生原因如下。

1. 风味缺陷

冰激凌的风味缺陷大多是由于下列几种因素造成的。

(1) 甜味不足

甜味不足主要是由于配方设计不合理，加水量超过标准，配料时发生差错或不等值地用其他糖来代替砂糖等原因所导致。

(2) 香味不正

香味不正主要是由于加入香料过多或香精品质较差、香味不正，使冰激凌产生苦味或异味。

(3) 酸败味

酸败味一般是由于使用酸度较高的奶油、鲜乳、炼乳；混合料采用不适当的杀菌方法；搅拌凝冻前混合原料搁置过久或老化温度回升，细菌繁殖，混合原料产生酸败味所致。

(4) 蒸煮味

加入经高温处理的含有较高非脂乳固体的乳制品，或者混合料经过长时间的热处理，均会产生蒸煮味。

(5) 咸味

冰激凌含有过多的非脂乳固体或者被中和过度，都可能产生咸味。在冰激凌混合原料中采用含盐分较高的乳清粉或奶油，以及冻结硬化时漏入盐水，也会产生咸味或苦味。

(6) 金属味

在加工时采用铜制设备，如间歇式冰激凌凝冻机内凝冻搅拌所用铜制刮刀等，能导致金属味的产生。

(7) 油腻及油蛤味

一般是由于使用过多的脂肪或者脂肪质量较差，会使产品产生油腻味、油蛤味，也可能是其他辅料产生的味道。

(8) 酸败味

酸败味的产生主要是由于乳脂肪中丁酸水解，混合原料杀菌不彻底，细菌产生酯酶所致。

(9) 烧焦味

这种味道的产生一般是由于混合料加热方式不当或违反工艺规程所造成的。另外，使用酸度过高的牛奶也会出现这种现象。

(10) 氧化味

在冰激凌中，氧化味极易产生，主要是因为原料不够新鲜所致。这种气味也有可能出现在所选用的乳制品或蛋制品中，其原因是脂肪发生了氧化。

2. 组织缺陷

（1）组织粗糙

引起冰激凌组织粗糙的原因很多。在加工冰激凌时，由于冰激凌组织的总干物含量不足砂糖与非脂乳固体量配合不当，稳定剂的品质较差或用量不足，所用乳制品溶解度差，均质压力不恰当，混合料进入凝冻机时的温度过高，凝冻机内刮刀的刀刃太钝，空气循环不良，硬化时间过长，以及因冷藏温度不正常导致冰激凌融化后再冻结等诸多因素，均能造成冰激凌组织中产生较大的冰结晶，从而使产品组织粗糙。

（2）组织松软

组织松软与冰激凌含有过量的空气泡有关。当混合料中的干物质含量不足或者混合料未经均质处理，以及膨胀率控制不良时，容易出现这种质量缺陷。

（3）面团状的组织

在制作冰激凌时，稳定剂用量过多、硬化过程掌握不好，均能产生这种缺陷。

（4）组织坚实

当混合料总干物质含量过高或者膨胀率较低时，冰激凌会产生这种组织状态。

3. 形体缺陷

（1）形体太黏

当稳定剂使用量过多，混合料中总干物质含量过高，均质时温度过低，以及膨胀率过低时，容易出现这种现象。

（2）有奶油粗粒

冰激凌中的奶油粗粒，是由于混合料中脂肪的含量过高，混合料均质不良，凝冻时温度过低，以及混合料酸度较高所致。

（3）融化缓慢

这是由于稳定剂用量过多，混合原料过于稳定，混合原料中含脂量过高，以及使用较低的均质压力等造成的。

（4）融化后成细小凝块

一般是由于混合料的酸度较高或钙盐含量过高，而使其中蛋白质凝成小块。

（5）融化后成泡沫状

融化后成泡沫状主要是由于稳定剂用量不足或稳定剂选用不当所致。由于混合料的黏度较低或有较大的空气泡分散在混合料中，因而当冰激凌融化时，会产生泡沫现象。

（6）冰的分离

当冰激凌的酸度增高时，冰分离就会增加。此外，由于稳定剂选用不当或用

量不足，或者因为混合料中总干物质含量不足和杀菌温度较低等，也能增加冰的分离。

（7）冰砾现象

如果冰激凌储藏在温度不稳定的冷库中，就容易产生冰砾现象。冰砾在显微镜下是一种小的结晶体，它实际上是乳糖结晶体。当冰激凌的温度上升时，一部分冰激凌融化，达到了适当的乳糖浓度与结晶温度时，乳糖便在冰激凌中形成晶体，从而产生冰砾现象，形成粗糙的组织与口感。

4. 冰激凌的收缩

冰激凌的收缩是冰激凌生产中出现的重要问题之一，主要是因为冰激凌在硬化或储藏时温度发生波动出现融解，从而引起空气泡的破坏，空气从冰激凌组织内溢出而引起收缩。另一方面，当冰激凌组织内的空气压力较外界低时，冰激凌组织也会发生陷落而形成收缩。

（1）影响冰激凌收缩的主要因素

a. 膨胀率过高。膨胀率过高，会导致固体的含量相对减少，一旦条件适宜，冰激凌就容易发生收缩。

b. 蛋白质不稳定。当牛奶及乳脂的酸度过高时，会影响蛋白质的稳定性。蛋白质不稳定，容易形成冰激凌的收缩。所以，应选用新鲜优质的牛奶和乳脂作为原料。此外，混合料低温下的老化过程，也能增强蛋白质的稳定性，有利于提高冰激凌的质量。

c. 糖含量过高。当糖分含量过高，或者选用淀粉糖浆或蜂蜜时，即可引起混合料的凝固点下降。实践证明，砂糖含量每增加 2%，则凝固点约降低 0.22℃。凝固点降低，就会延长凝冻搅拌的时间，使空气混入过多。

d. 空气气泡。冰激凌中有许多个细小的空气气泡，这些细小的空气气泡很容易从冰激凌组织中逸出，从而引起组织收缩。

针对以上引起冰激凌收缩的原因，可以通过严格控制工艺操作加以改善。

（2）常用的防收缩措施

a. 选用优质牛奶或乳制品，采用低温老化，都可以有效防止蛋白质的不稳定。

b. 控制糖分含量。在冰激凌混合料中，含糖量不宜过高，也不宜采用淀粉糖浆，以防凝冻点降低。

c. 严格控制凝冻搅拌操作，防止膨胀率过高。

d. 严格控制硬化室和冷藏库的温度，防止温度波动，当冰激凌膨胀率较高时尤其要注意。

(三) 冰激凌的质量标准

1. 感官指标

冰激凌的感官指标如表 7-5 所示。

表 7-5　冰激凌的感官指标

项目	要求
色泽	色泽均匀，符合该品种应有的色泽
形态	形态完整，大小一致，无变形，无软榻，无收缩，涂层无破损
组织	细腻滑润，无凝粒及明显粗糙的冰晶，无空洞
滋味、气味	滋味和顺，香气醇正，符合该品种应有的滋味、气味、无异味、无异臭
杂质	无肉眼可见的杂质

2. 理化指标

冰激凌的理化指标如表 7-6 所示。

表 7-6　冰激凌的理化指标

项目	指标		
	高脂型	中脂型	低脂型
脂肪含量（%）	≥10.0	≥8.0	≥6.0
总固形物含量（%）	≥35.0	≥32.0	≥30.0
总糖含量（以蔗糖计）（%）	≥15.0	≥15.0	≥15.0
膨胀率（%）	≥95.0	≥90.0	≥80.0

3. 卫生指标

冰激凌的卫生指标应符合 GB 2759—1996 的规定，如表 7-7 所示。

表 7-7　冰激凌的卫生指标

项目	指标
细菌总数（cfu/mL）	≤30000
大肠菌群（cfu/mL）	≤45
致病菌（指肠道致病菌、致病性球菌）	不得检出

二、雪糕的生产工艺

雪糕是以饮用水、甜味剂、乳品、蛋品、食用油脂等为主要原料，加入适量的香精、着色剂、增稠剂等食品添加剂，或再添加可可、果汁等其他辅料，经混合、灭菌、均质、冷却、老化、凝冻注模等工艺而制成的带棒或不带棒的冷冻饮品。按加工工艺不同雪糕可分为清型雪糕、混合型雪糕、夹心型雪糕、拼色型雪糕及涂布型雪糕等。雪糕的总固形物、脂肪含量较冰激凌低。

（一）工艺流程

雪糕的工艺流程如下。

确定配方→称量配料→混料→杀菌→均质→冷却→老化（香精、着色剂）→凝冻搅拌→浇模→（插扦）冻结→脱模→包装。

1. 材料与设备

材料：牛奶、奶粉、白砂糖、乳化稳定剂、香精、色素、木棒。

设备：泵、过滤器、紫外线杀菌器、混料罐、杀菌罐、板式热交换器、均质机、冷却缸、（老化罐、连续凝冻机）、速冻冰箱、插棒机、包装机。

2. 操作要点

（1）一般雪糕的操作要点如下。

①配方设计与计算

按照雪糕的质量标准，根据提供的原料进行配方设计。设计思路可以参考冰激凌的部分。现提供以下几种配方供参考，如表 7－8 所示。

表 7－8　　几种雪糕的配方　　单位：g

原料名称	可可雪糕	草莓雪糕	原料名称	可可雪糕	草莓雪糕
砂糖	100	100	鸡蛋	—	—
葡萄糖浆	60	50	淀粉	—	—
蛋白糖	—	—	麦精	—	—
甜蜜素	0.5	0.5	复合乳化稳定剂	3	3.5
鲜牛乳	—	—	可可香精	0.8	—
全脂乳粉	20	30	草莓香精	—	0.8
乳清粉	—	—	水	790	785
人造奶油	—	—	红色素	—	0.02
棕榈油	20	15	棕色素	0.02	—
可可粉	5	—	草莓汁	—	15

②配料

各种原料必须经过相应处理方能使用。如豆类需经选择、清洗、煮烂才能使用。其他原料处理过程与冰激凌相似。然后，将各种原料按配方称量输入配料缸中，并搅拌均匀。

配料时，可将黏度低的原料如水、牛奶、脱脂奶等先加入，黏度高或含水分低的原料乳、冰蛋、全脂甜炼乳、奶粉、奶油、可可粉、可可脂等依次加入，经混合后制成混合料液。在配制时需注意以下几点。

a. 对于冰蛋或自制的已结冰的鸡蛋浆，要将其先切成小块，并与牛奶和水混合，比例为 1∶4，在混料缸内加热，温度不能高于 55℃，以免鸡蛋变成鸡蛋花。

b. 在使用淀粉前，要先用 5～6 倍的水将其稀释成淀粉浆，然后在搅拌的前提下将淀粉浆加入混料缸内，加热温度为 60℃～70℃，使其初步糊化，然后再通过泵循环过滤，将未融化的淀粉颗粒及杂质过滤掉，将过滤过的淀粉浆打入杀菌缸内。

c. 要将可可脂与奶油切成小块，加热熔化后一起在混料缸中过滤，再打入杀菌缸内。

d. 奶粉可与砂糖、水或牛奶一起搅拌混合，加热温度为 75℃左右，过滤打入杀菌缸内。

③灭菌

混合料的灭菌通常在灭菌缸中进行，灭菌温度为 85℃～87℃，保温 5min～10min。混合料经灭菌后，不但杀灭了细菌，而且使淀粉充分糊化，黏度增加。

④均质、冷却

在制造优质雪糕时，为使产品组织细腻，需经均质处理，均质压力为 15MPa～17MPa，温度为 65℃～70℃。

均质后的料液可直接进入冷却缸中，温度降至 4℃～6℃，冷却的目的是缩短冻结时间。一般冷却温度越低，则雪糕（棒冰）的冻结时间越短，这对提高雪糕的冻结率有好处。但冷却温度不能低于－1℃或低至使混合料有结冰现象出现，这将影响雪糕的质量。

冷却缸的清洗与消毒很重要，在混合料冷却前，必须彻底将冷却缸清洗干净，然后再将其进行消毒，以保证料液不被细菌污染。缸的清洗与消毒工作分两个步骤进行，否则难以达到清洗与消毒的目的。

⑤浇模

冷却好的混合料需要快速硬化，因此要将混合料灌装到一定模型的模具中，这个过程称为浇模。浇模也就是将混合料灌注入模盘中的过程。

浇模之前要将模具（模盘）、模盖、扦子进行消毒。

⑥冻结

为使浇模后的混合料硬化成型，需将其进行冻结。雪糕的冻结有直接冻结法和间接冻结法。直接冻结法，即直接将模盘浸入盐水内进行冻结。间接冻结法，即速冻库（管道半接触式冻结装置）与隧道式（强冷风冻结装置）速冻。

冻结速度越快，产生的冰结晶就越小，质地越细；相反则产生的冰结晶大、质地粗。凡食品的中心温度从－1℃降低到－5℃所需的时间在 30min 内称作快速冷冻。

目前雪糕的冻结指的是将 5℃的雪糕料液降温到－6℃，是在－30℃～－24℃的盐水中完成的，冻结时间只需 10min～12min，故可以把它归入快速冻结行列。

在将装好料液的模盘放入冻结缸中时不能溅入一滴盐水，一旦有盐水溅入，要将料液倒掉，模盘再经刷洗、消毒后才能再用，否则会影响成品质量。

⑦插扦

将消过毒的扦子插入模具中，要求插得整齐端正，不得有歪斜、漏插及未插牢现象。为提高插扦效率，可以采用机械插扦。

⑧脱模

为使硬化成型后的雪糕由模具脱落，需进行脱模操作。将雪糕模具放入烫模盘槽的热水中几秒钟，即可磕出。烫模盘槽内的水温应控制在 48℃～54℃，浸入时间为数秒钟，以能脱模为准。

雪糕脱模后应立即嵌入拔扦架上，用金属钳用力夹住雪糕扦子，将一排雪糕送往包装台。

⑨包装

为保证产品卫生，便于储存、运输和销售，产品均需微生物包装。包装时，应手拿扦子，不得直接接触产品，以免细菌污染。

包装时先观察雪糕的质量，如有歪扦、断扦及玷污上盐水的雪糕（玷污上盐水的雪糕表面有亮晶晶的光泽）则不得包装，需另行处理。取雪糕时只准手拿木扦而不准接触雪糕体，包装要求紧密、整齐，不得有破裂现象。

包好后的雪糕送到传送带上由装箱工人装箱。装箱时如发现有包装破碎、松散者，应将其刷出重新包装。装好后的箱面应打印上生产品名、日期、批号等。

⑩冷藏

包装好的雪糕应尽快放入冷库中进行冷藏。冷库温度应控制在－22℃～－18℃。产品经过冷藏，可增加其硬度和抗融化能力，便于运输和销售。

（2）膨化雪糕的操作要点如下。

膨化雪糕的工艺流程和操作方法基本与一般雪糕相同，只是多了一道凝冻工序，即在浇模前需要将雪糕混合料液送进间歇式冰激凌凝冻机内搅拌凝冻后，再浇模。

混合料经过凝冻后，一可以使雪糕成品的质地更加松软，味道更加可口；二是凝冻后料液的温度控制在－2℃～－1℃，有利于提高雪糕产品的质量。

①凝冻

雪糕混合料加入凝冻机时，要注意它的加入量与冰激凌生产有所不同，第一次的加入量约占机体容积的1/3，第二次则为1/2～2/3。加入的雪糕料液经过凝冻搅拌，外界空气混入，使料液体积膨胀，因而浓稠的雪糕料液逐渐变成体积膨大而又浓厚的固态。

制作膨化雪糕的料液不能过于浓厚，否则会影响浇模的质量。在凝冻过程中，要控制料液的温度在－3℃～－1℃，膨胀率为30％～50％。

②浇模

从凝冻机中放出的料液可直接灌入雪糕模盘中，放料时尽量估计正确，过多、过少都会影响浇模的效率与卫生质量。当模盘内的料液因过于浓厚难以进入模子中时，需用无毒的橡皮刮将其刮平（橡皮刮子使用一块不锈钢皮将橡皮夹在中间制成的），并稍微振动几下，目的是将料液振进模底，并分散均匀。待模盘内全部整平后，盖好模盖即可冻结。

(二) 雪糕生产中的常见问题

1. 风味

(1) 甜味不足、香味不正、酸败味

原因同冰激凌。

(2) 咸苦味

在雪糕配方中加盐量过高；在凝冻过程中，操作不当溅入盐水（氯化钙溶液）；浇注模具漏损等，均能产生咸苦味。

(3) 油蛤味

原因是选用了已经氧化酸败的动植物油脂或乳制品等。

(4) 烧焦味

原因为杀菌方式不当或热处理强度过高（高温长时间）。

2. 组织与形体

(1) 组织粗糙

引起雪糕组织粗糙的主要原因是选用的乳制品、豆制品的溶解度差、酸度过高，均质压力不适当等。

(2) 组织松软

组织松软主要是由于混合料中总干物质含量较少，油脂含量过多，稳定剂用量不足，凝冻不够，以及储藏温度过高所导致的。

(3) 空头

在加工时，由于冷量供应不足或片面追求产量，致使混合料尚未凝冻完整即行出模包装时，极易出现空头。

(三) 雪糕的质量标准

1. 感官指标

雪糕的感官指标如表 7-9 所示。

表 7-9 雪糕的感官指标

项目	要求
色泽	色泽均匀，符合该品种应有的色泽
形态	形态完整，大小一致，表面起霜，插扦整齐，无断扦，无空头，涂层均匀
组织	冻结坚实，细腻滑润，无凝粒及明显粗糙的冰晶，无空洞
滋味、气味	滋味和顺，香气醇正，符合该品种应有的滋味、气味，无异味，无异臭
杂质	无肉眼可见的杂质

2. 理化指标

雪糕的理化指标如表 7-10 所示。

表 7-10 雪糕的理化指标

项目	指标		
	高脂型	中脂型	低脂型
脂肪含量 (%)	≥3.0	≥2.0	≥1.0
总固形物含量 (%)	≥24.0	≥21.0	≥16.0
总糖含量 (以蔗糖计) (%)	≥16.0	≥14.0	≥14.0

3. 卫生指标

雪糕的卫生指标应符合 GB 2759—1996 的规定，如表 7-11 所示。

表 7-11 雪糕的卫生指标

项目	指标
细菌总数 (cfu/mL)	≤30000
大肠菌群 (cfu/mL)	≤45
致病菌 (指肠道致病菌、致病性球菌)	不得检出

三、棒冰的生产工艺

（一）工艺流程

棒冰的工艺流程如下：

原料→处理→配料→混合→灭菌→冷却→注模→插扦→冷冻→脱模→包装→进冷库（冰柜）储藏硬化。

1. 材料与设备

材料：水、糖、甜味素、香精。

设备：泵、过滤器、紫外线杀菌器、混料罐、杀菌罐、板式热交换器、冷却缸、速冻冰箱、插棒机、包装机。

2. 操作要点

棒冰的生产操作与普通雪糕相同。

因棒冰的含水量大、脂肪含量低，所以导热系数比较大。而食品的冻结速度与食品的导热系数成正比，所以，棒冰的热导率比雪糕大，棒冰的冻结效率也比雪糕大，在同等条件下，棒冰的产量比雪糕大。

虽然同为冷冻饮品，冰激凌、雪糕和棒冰还是有很大区别的。冰激凌与雪糕的区别主要在于，冰激凌无凝粒，无明显冰晶，无大气孔，无可见杂质，具有特定品种应有的风味，空气含量高，感觉比较蓬松，柔软；雪糕则显得更“固体”一些，冰冻比较坚实，空气含量少，细腻滑润，无明显大冰晶，无可见杂质；而棒冰则冰冻坚实，一般不混入空气，看上去就像一个冰块，也无杂质可见。

（二）棒冰生产中的常见问题

1. 风味

（1）甜味不足、香味不正、酸败味

原因同冰激凌。

（2）咸苦味

在配方中加盐量过高；在凝冻过程中，操作不当溅入盐水（氯化钙溶液）；浇注模具漏损等，均能产生咸苦味。

（3）烧焦味

杀菌方式不当或热处理强度过高（高温长时间），或者是在配制豆类棒冰时，豆子在预煮过程中有烧焦现象，这些均有可能产生焦味。

（4）发酵味

在制造鲜果汁棒冰时，由于果汁储放时间过长，已出现发酵起泡，当用它做原料时，所制成的棒冰自然就有发酵味。

2. 组织与形体

(1) 组织粗糙

在制造果汁或豆类棒冰时，产品组织粗糙是因为选用的淀粉品质较差或加入的填充剂质地较粗糙等。

(2) 组织松软

组织松软主要是由于混合料中总干物质含量较少凝冻不够，以及储藏温度过高所导致的。

(3) 空头

在加工时，由于冷量供应不足或片面追求产量，致使混合料尚未凝冻完整即行出模包装时，极易出现空头。

(4) 歪扦与断扦

引起歪扦与断扦的原因比较多，比较常见的有：棒冰模盖扦子夹头不正或模盖不正，扦子质量较差，包装、装盒、储运不当等。

(三) 棒冰的质量标准

1. 感官指标

棒冰的感官指标如表 7－12 所示。

表 7－12 棒冰的感官指标

项目	要求
色泽	色泽均匀，符合该品种应有的色泽
形态	形态完整，大小一致，表面起霜，插扦整齐，无断扦、无空头
组织	冻结坚实，无明显粗糙的冰晶，无空洞
滋味、气味	滋味和顺，香气醇正，符合该品种应有的滋味、气味，无异味，无异臭
杂质	无肉眼可见的杂质

2. 理化指标

棒冰的理化指标如表 7－13 所示。

表 7－13 棒冰的理化指标

项目	要求	项目	要求
总固形物含量（%）	≥10.0	总糖含量（以蔗糖计）（%）	≥8.0

3. 卫生指标

棒冰的卫生指标应符合 GB 2759—1996 的规定，如表 7－14 所示。

表 7-14　　棒冰的卫生指标

项目	指标
细菌总数（cfu/mL）	≤30000
大肠菌群（cfu/mL）	≤45
致病菌（指肠道致病菌、致病性球菌）	不得检出

第三节　冷冻饮品的检验方法

一、理化检验方法

商业部颁标准《冷冻饮品检验方法（SB/T 10009—1999）》对冷饮中总固形物、总糖、脂肪、蛋白质、膨胀率的检验方法做了规定。

（一）总固形物的测定

1. 烘箱干燥法

通过称量干燥前后的样品质量，可计算出样品中的总固形物及水分。

2. 红外线干燥法

红外线干燥法为一种快速测定的方法，适于做在线定性分析。采用热渗透到样品内部的方式进行干燥，蒸发水分所需的时间缩短到 10min～25min。一般用红外线灯丝在 2000～2500K 的温度下加热样品，同时控制红外线加热的距离、样品的厚度等因素，以免样品燃烧或表面结成硬皮。红外线烘箱采用强力通风设备去除湿空气，通常还配有可直接读出水分含量的天平。

（二）总糖、还原糖、蔗糖的测定

食品中的总糖主要指具有还原性的葡萄糖、果糖、戊糖、乳糖和测定条件下能水解为还原糖的单糖的蔗糖（水解后为 1 分子葡萄糖和 1 分子果糖），麦芽糖（水解后为 2 分子葡萄糖）以及可能部分水解的淀粉（水解后为 2 分子葡萄糖）。还原糖之所以具有还原性是由于分子中含有游离的醛基（—CHO）或酮基（═C═O）。测定总糖的经典化学方法都是以其能被各种试剂氧化为基础的。

此外，常用纸上层析法分析食品中糖的组分。食品中糖的组分较为复杂，淀粉糖浆中含有麦芽糖、葡萄糖、麦芽三糖、麦芽四糖等多种成分。对于这些食品中的各种组分，不可能用化学分析方法进行测定，但可用物理分析方法进行测定。

纸上层析利用混合物中各组分物理化学性质的差别，使各组分以不同速度移动而达到分离。糖的 R_f 值的规律为：单糖＞双糖＞三糖；戊糖＞己糖；酮糖＞醛糖。

根据 R_f 值可求出各种糖的 R_f 值，与标准样品的 R_f 值进行比较可确定出糖的种类；也可进行定量，用斑点光密度定量法直接在滤纸上测定，用斑点面积校正进行定量。

（三）脂肪的测定

常用的经典方法有：水解法、明尼苏达法以及碱性乙醚抽取法等。

（四）蛋白质的测定

经典方法有凯氏定氮法和凯氏微量定氮法。

（五）膨胀率的测定

1. *方法 1*

（1）准确地量取体积为 50cm³ 的冰激凌样品，放入插在 250mL 容量瓶内的玻璃漏斗中，渐渐地准确加入 200mL 蒸馏水，将冰激凌全部移入容量瓶中，在温水浴中保温，待泡沫尽量消除后冷却。吸取 2mL 乙醚注入容量瓶中消除剩余泡沫，然后以滴定管滴加蒸馏水于容量瓶中至容量瓶刻度止，记录滴加蒸馏水体积（mL）（加入乙醚容积和滴加蒸馏水容积之和相当于 50cm³ 冰激凌中的空气量）。

（2）计算

$$\text{膨胀率}=\frac{\text{加入乙醚体积（mL）}+\text{滴加蒸馏水体积（mL）}}{50-\text{加入乙醚与蒸馏水的体积（mL）}}$$

2. *方法 2*

适于生产过程对冰激凌膨胀率的监控及软冰激凌的测量。

（1）用内表面光滑的大口硬质容器，由冰激凌凝冻机出口接取足够量的冰激凌，用刮刀令其充满容器（不得留有间隙），并与容器口齐平，用电子秤称出总质量减去容器的质量为冰激凌质量；用冰激凌浆料充满同一容器，用电子秤称得的总质量减去容器的质量为浆料质量。

（2）计算

$$P=\frac{m_2-m_1}{m_1}\times 100\%$$

式中：P——膨胀率，%；

m_1——冰激凌质量，g；

m_2——浆料质量，g。

（六）总酸度的测定

以酚酞作指示剂用标准 NaOH 溶液滴定，可测得样品的总酸度。

二、微生物检验方法

(一) 抽样规则及方法

1. 抽样地点

自冷藏库中按生产班次、生产批号抽取样品，至车间指定地点或专设的抽样室中进行抽样工作。

2. 分批及抽样数量的规定

各种冷冻饮品的抽样数量应按批号与品种不同而分别进行抽样。目前各冷饮工厂，因其生产规模不同，分批抽样规定亦有所不同。每批数量的确定主要根据工厂生产量及具有代表性的生产阶段。一般散装冰激凌以100g～200g为准。砖状、杯状及灌状冰激凌以100～200箱为一批，每批抽样两小盒或杯。

雪糕和棒冰以200～800箱为一批，每批抽样两支，进行成品细菌检验。

3. 抽样工具及设备的消毒

(1) 抽样台。清洗干净的抽样工作台，用0.006%～0.007%的氯水进行洗刷消毒后待干备用。

(2) 取样匙。经105.5kPa、15min蒸汽灭菌。

(3) 取样钳/剪。清洗后浸入0.006%的氯水中，使用时蘸乙醇进行火焰灭菌。

(4) 样品瓶。清洗干净后用纸包扎瓶口，于160℃温度进行3h干热灭菌(如封口纸破碎或发现瓶中有水滴者均不应使用)。

4. 抽样操作

(1) 抽样工作人员及工具设备的一切消毒工作就绪以后，在样品瓶上应注明编号或批号。

(2) 抽取样品时用已经火焰灭菌的钳子/剪子撕/剪开包装，用已经灭菌的匙子抽取一定数量的样品，及时地注入样品瓶中（样品瓶置于火焰边)。必须注意不得接触任何物件，以免污染细菌。样品置于瓶中后，及时将瓶盖盖上，包扎瓶口，并放入样品箱中妥善保存待检。

5. 对抽样工作人员的卫生要求

(1) 工作人员必须穿着清洁的、消毒过的工作服、戴口罩和帽子（头发不得外露)。

(2) 工作人员不得留有长指甲，工作前两手必须进行彻底清洗与消毒。

(3) 在抽样过程中，动作应迅速，避免污染。

(4) 样品抽取后应妥善保管在冷藏库中，并在4h内检验完毕。

（二）微生物检验方法

1. 样品的接种与培养

（1）样品的稀释。将样品充分摇匀，瓶口用火焰灭菌后，用灭菌吸管吸取10mL样品移入90mL灭菌蒸馏水瓶中，并反复吸入，吸出2～3次，盖上瓶盖充分摇匀即成10^{-1}稀释液；再吸取10^{-1}溶液10mL注入另一90mL蒸馏水中，反复吸入、吸出2～3次，充分摇匀即成10^{-2}的稀释液；再以同样步骤制成10^{-3}稀释即可进行接种（稀释液的制备一般是以10^{-1}、10^{-2}、10^{-3}液为常规检验需要，但在某些情况下可根据样品的处理需要制备10^{-4}……稀释液）。

（2）培养皿的接种与培养（培养细菌菌落数）

①用吸管吸取10^{-3}稀释液1mL，移种于标明10^{-3}稀释液的培养皿中，然后吸取10^{-2}稀释液1mL移种于标明10^{-2}的培养皿中，在吸取10^{-1}稀释液1mL移种于标明10^{-1}的培养皿中（同时接种于乳糖单盐发酵管内）。操作应做到熟练迅速，以减少污染。平皿上除了要标明稀释度外，还应有检验日期、样品编号。每个稀释度做两个平行试验。

②稀释液移入培养皿后，应及时将冷却到45℃～50℃的营养琼脂培养基约15mL注入培养皿中，小心混匀，不使其溢到皿外及皿盖上。待凝固后，将平皿倒置于37℃培养箱中，经24h或48h培养后，取出进行细菌菌落数计算。

（3）乳糖胆盐发酵管的接种与培养（培养大肠菌群）

①在细菌10^{-1}培养皿接种后，即以同一吸管吸取该液3个1mL，分别加入第4、5、6支乳糖胆盐发酵管中，然后再用另一吸管吸取样品原液3个1mL，分别加入第1、2、3支乳糖胆盐发酵管中（样品多时应每6支管做一个样品编号，并注明检验日期）。

②大肠菌群的接种，除同样要求操作迅速外，还必须特别注意避免管口塞的污染。

③接种完毕后将培养管放入35℃～37℃保温箱中，经（24±2）h培养，如所有乳糖胆盐发酵管都不产气、产酸，则可报告为大肠菌群阴性；如有产气、产酸者（发酵乳糖），即为大肠菌群可疑。为了做到确证，则必须进一步证实试验。

2. 细菌菌落数计数规则及报告

（1）从经过37℃、24h培养的培养皿中取出，首先观察10^{-1}、10^{-2}、10^{-3}三个培养皿中细菌菌落数的分布是否合理，即10^{-1}皿中较多，10^{-2}皿中次之，10^{-3}皿中更少，然后将三个不同稀释度平皿的菌落进行计数，再按下列规则计算后报告每毫升中细菌的含量（计算时培养物如能用肉眼点数，可不使用菌落计数镜，且以全皿菌落计数为最正确计数，如果培养皿中菌落数相当多，计数发生困难时，应用菌落计数镜计数）。

（2）一个稀释度使用的两个平皿应采用两个平皿的平均数。其中一个平皿有较大片状菌落生长时，则不宜采用，再应以无片状菌落生长的平皿作为该稀释度的菌落术，若片状菌落不到平皿的一半，而其余一半中菌落分布又很均匀，则可用半个平皿的菌落数乘以 2 来计算全皿的菌落数。

（3）稀释度的选择

①应选择平均菌落数在 30～300 之间的稀释度，乘以稀释倍数报告即可（表 7－15 例 1）

②若有两个稀释度，其生长之菌落数均在 30～300 之间，则应视两者之比如何来决定。若其比值小于 2，应报告其平均数。若大于 2 则报告期中较小的数字（表 7－15 例 2 及例 3）；

③若所有稀释度的平均菌落数均大于 300，则应按稀释度最高的菌落数乘以稀释倍数报告（表 7－15 例 4）。

④若所有稀释度的平均菌落数均小于 30，则应按稀释倍数最低的平均菌落数乘以稀释倍数报告（表 7－15 例 5）。

⑤若所有稀释度的平均菌落数均不在 30～300 之间，其中一部分大于 300 或者小于 30 时，则以最接近 30 或 300 的平均菌落数乘以稀释倍数报告（表 7－15 例 6）。

（4）菌落数的报告。菌落数在 100 以内时，按实有数报告。大于 100 时，采用两位有效数字，在两位有效数字后面的数值，以四舍五入方法计算。为了缩短数字后面的零数，也可用 10 的指数来表示（见表 7－15 报告方式）。

表 7－15　　稀释度选择及菌落总数报告方式

平均菌落数 / 例次报告方式（个/克或个/毫升）	稀释倍数			稀释倍数比	菌落总数（个/克或个/毫升）
	10^{-1}	10^{-2}	10^{-3}		
1 16000 或 1.6×10^4	1365	164	20	—	16400
2 38000 或 3.8×10^4	2760	295	46	1.6	37750
3 27000 或 2.7×10^4	2890	271	60	2.2	27100
4 510000 或 5.1×10^5	不可计	4650	513	—	513000
5 270 或 2.7×10^2	27	11	5	—	270
6 31000 或 3.1×10^4	不可计	305	12	—	30500

3. 大肠菌群的证实试验

（1）分离培养。将产气的发酵管分别移种于麦康开琼脂平板（也可采用远腾琼脂平板或伊红美蓝琼脂平板）上，置于35℃～37℃保温箱内，培养（24±2）h，然后取出，做菌落形态、革兰染色、镜检和乳糖复发酵实验。

（2）复发酵实验。在上述平板上，挑取大肠菌群可疑菌落1～2个进行革兰染色，同时接种乳糖发酵管，置于35℃～37℃保温箱内，培养（24±2）h，观察产气情况。凡乳糖管产气、革兰染色阴性、无芽孢杆菌者即可报告为大肠菌群阳性。如乳糖不产气、革兰染色阳性，则报告为大肠菌群阴性。

（3）报告。根据证实为大肠菌群的管数，按表7-16报告大肠菌群的最近似数（MPN）。

大肠菌群检验程序见表7-16。

表7-16　每100L（g）检索中大肠菌群的最近似数（MPN）检索表

出现阳性反应的试管数				大肠菌群最近似数/[个/100mL（g）]
10mL（g）	1mL（g）×3	0.1mL（g）×3	0.01mL（g）×3	
0	0			0
0	1			3
0	2			6
0	3			10
1	0			4
1	1			7
1	2			12
1	3			16
2	0			9
2	1			15
2	2			20
2	3			30
3	0			25
3	1			45
3	2			110
3	3			250
	0	0		0

续　表

出现阳性反应的试管数				大肠菌群最近似数/［个/100mL（g）］
10mL（g）	1mL（g）×3	0.1mL（g）×3	0.01mL（g）×3	
	0	1		30
	0	2		60
	0	3		100
	1	0		40
	1	1		70
	1	2		120
	1	3		160
	2	0		90
	2	1		150
	2	2		200
	2	3		300
	3	0		250
	3	1		450
	3	2		1100
	3	3		2500
		0	0	0
		0	1	300
		0	2	600
		0	3	1000
		1	0	400
		1	1	700
		1	2	1200
		1	3	1600
		2	0	900
		2	1	1500
		2	2	2000
		2	3	3000

续 表

出现阳性反应的试管数				大肠菌群最近似数/[个/100mL（g）]
10mL（g）	1mL（g）×3	0.1mL（g）×3	0.01mL（g）×3	
		3	0	2500
		3	1	4500
		3	2	11000
		3	3	25000

4. 微生物快速检测法

传统微生物检测法培养时间长，对检测条件以及检测人员的专业水平和工作经验要求较高。培养法所测得的菌落总数的含义并不表示实际中的所有细菌菌落总数，而是指在一定条件下（如需氧情况、营养条件、pH、培养温度和时间等）每克（毫升）检验所生长出来的细菌菌落总数。与传统微生物培养法相比快速检测法简便、快捷、敏感、准确。因方法繁多，现仅就部分常见的检测方法作一些简要的介绍。

（1）膜过滤—微菌落—荧光法。具体方法是将一定量的样品（或样品稀释液）经膜过滤，再将过滤膜放在培养基上或放在做液体培养基的厚纸板上，在适宜温度条件下培养一段时间，然后将膜放在浸过01%ANS（1-苯胺基-8-萘磺酸镁）溶液的纸片上用作10min，将膜揭下，在80℃条件下干燥5min～10min，最后在100倍的荧光显微镜下计数蓝绿色菌落的数目。

（2）快速测试片法。快速测试片是指以纸片、纸膜、胶片等作为培养基载体，将特定的培养基和显色物质附着在上面，通过微生物在上面的生长、显色来测定食品中微生物的方法。以该法可缩短检测周期，降低材料成本，同时简化了操作程序。快速测试片易于保存、便于运输、携带方便，加之除纸片外无其他任何废液、废物，大大减少或消除了对环境的污染，是一种集化学、高分子学和微生物学于一体的检测方法。近年来以滤纸和Petrifilm为载体的测试片已开始被广泛应用。目前已商品化的微生物测试片有菌落总数测试片、大肠菌群测试片、大肠杆菌测试片霉菌和酵母测试片、沙门菌测试片和金黄色葡萄球菌测试片。

（3）ATP测定法。ATP测定法是利用生物发光法，应用荧光素—荧光素酶制剂进行的。在活细胞中ATP（三磷酸腺苷）含量近乎是恒定的，利用特殊的酶制剂水解掉细菌膜，是ATP释放，ATP与荧光素—荧光素酶制剂反应变成AMP和光，产生的光强度与ATP成正比，通过测定光强度可确定细菌浓度。美国NHD公司的科学家们推出一种能使非细菌细胞和细菌细胞分离的 ATP 食品细菌快速检测系统（Profile－13560），该 ATP 测定法可以直接检测食品成品。

此外，还有许多检测方法正在迅速发展，其中包括免疫学检测方法，如酶标抗体发（ELISA）、荧光抗体染色法（免疫荧光法）、同位素标记抗体法（放射免疫法）、乳胶凝聚法、免疫传感器法；分子生物学方法，如基因探针法、比色 DNA 杂交检测法、聚合酶链反应法（PCR）；放射性示踪法；阻抗测定法；Limulus 测试法以及氧气消耗测定法等。

第四节　冷冻饮品的储藏和运输

一、冷冻饮品的储藏

经过检验合格后的冷冻饮品成品，用外包装纸箱封箱后，在车间内滞留时间不宜过长，应尽快进入低温冷藏库内储存。车间内滞留时间通常不超过 15min，根据生产线的生产速度和产品结构不同及环境温度情况，每次入库件数以 30～60 箱为限。依照 SB/T 10008－1992 的规定，储藏的温度应在－18℃以下。保质期由企业自定，不得少于 4～6 个月。考虑到大多数工厂自定的保质期均在 12～18 个月，从冷冻饮品储藏的应有条件来看，对于冰棍、雪糕－18℃已完全满足需要。然而，对于高膨胀率的冰激凌产品，最好在－20℃下储存，且温度的波动应在±2℃以内。

冷冻饮品堆放必须离地、离墙 100mm 以上。常规的做法是在地面铺设木板架。堆放高度应根据瓦楞纸箱承压强度及产品的质量来决定，最大高度不超过 2m，以底层产品外箱不造成变形为限。为防止交叉污染，库内不许存放冷冻饮品以外的任何物品，包括其他生熟食品。勤进勤出、先进先出是库房管理的基本原则。应注意的是，冷冻饮品每天的进货、出货量很大，同时也带来相当大的人工堆码工作量。

对于有一定规模的工厂，车间内最好应设置一间面积不大的冷藏库，专门用于存放不合格品及其他需要短时保存的原辅料。

二、冷冻饮品的运输

现代冷冻饮品的销售半径从几百千米绵延到数千千米，公路运输业的快速发展，包括新疆、西藏地区，绝大部分都是依靠汽车运输。冷冻饮品的运输应采用冷藏车或有其他具有保温设施的车辆，依据各种产品的特性和当地的气候环境特点来选择。为保证产品质量，夏季运输距离在 300km 以内的可用保温车运输，300km以上的及膨胀率较高的冰激凌及其他特定品种必须采用冷藏车运输。冷冻饮品运输车辆必须是清洁卫生的专用车辆。禁止与冷冻饮品以外的其他物品混装。运输途中冷冻饮品的温度应保持在－18℃左右，禁止温度波动过大。

第八章　冷冻调理食品

第一节　概述

冷冻调理食品具有安全、卫生、营养、方便等优点，近十几年来发展非常迅速，尤其在发达国家更为明显，主要表现在：消费饮食习惯改变，家庭主妇就业率增加，没有时间准备和烹调食品，尤其在美国、欧洲、日本冷冻调理食品被当做正餐之一；生活水平提高，注重休闲生活，减少烹调时间，冷冻调理食品大受欢迎；各国饮食文化交流增多，有利于族裔食品的交流吸引外族食品好奇者，能促进冷冻调理食品的发展；冷冻设备的普及，家用电冰箱、家用冷冻柜进入家庭，微波炉的广泛应用，显现出冷冻调理食品的方便特色。

一、冷冻调理食品的概念

冷冻调理食品（Frozen Prepared Foods）是指以农产、畜禽、水产品等为主要原料，经前处理及配制加工后，采用速冻工艺，并在冻结状态下（产品中心温度在－18℃以下）储存、运输和销售的包装食品。

二、冷冻调理食品的相关规定

冷冻调理食品的快速发展在发达国家和我国台湾地区更为明显，下面以我国台湾和日本为例介绍有关冷冻调理食品的相关规定。

（一）台湾对冷冻调理食品的一些规定

（1）冷冻调制食品是以水产品、农产品或畜产品为主要原料，经调制加工，并急速冷冻保持冻结状态的冷冻食品。

（2）成品外观形态完整、清洁、无破裂、压碎或其他损伤。同一批成品的形状应一致。

（3）应具有良好的色泽，不得有显著变色。

（4）不得有不良气味，如硫化氢、三甲胺、氨、变质脂肪及腐败等臭味。

（5）品温应在－18℃以下。

（6）不得附有泥沙、毛发、虫体等外来夹杂物，其本身夹杂物总含量（以质量计）不得超过0.5%。

(7) 包装材料应无毒，并能耐一般调制温度。

（二）日本对冷冻调理食品的一些规定

日本关于冷冻调理食品有详尽的规定，如冷冻调理食品的日本农林标准，它规定了某些调理食品的定义，具体的产品标准及其表示方法，冷冻调理食品的成分、测定方法及标记示例，还附有许多细则。日本规定冷冻调理食品应具有如下特征：对原材料进行必需的加工调理；必须经过“速冻”，即必须迅速越过最大冰结晶生成带，使产品中心温度达到－18℃；食用时可不加热或仅仅加热，油炸处理。这样就与原材料的冻肉、冻鱼之类严格区分开来。

三、冷冻调理食品的分类

冷冻调理食品在种类上，不胜枚举，推陈出新，到目前为止，可以归为五大类。

（一）中式点心

水饺类、包子、煎包、吉祥寿桃、甜包、奶黄包、汤圆、状元圆、汤粗、云吞、馒头、花卷、炒饭、炒粉、炒面线、春卷、虾仁豆皮卷、五香卷、脆皮玛卷、葱油饼、珍珠丸子、米糕、肉粽、糯米粽、豆粽、豆沙粽、海鲜粥、咸肉粥、甜粥、米面、八宝饭、咸粿、甜年糕、发糕等。

（二）火锅用料

鱼饺、蛋饺、燕饺、虾饺、花枝饺、猪肉饺、鸡肉饺、花枝丸、鱼丸、贡丸、纲丸、虾丸、鱼糕、仿蟹肉、人造干贝、人造虾肉、仿鱼籽、伪鱼翅、鱼肉香肠、鸡肉肠、鸭肉肠、卡片鱼、鱼卷、法兰克福香肠、方块火腿、乳化肉品、鱼片、花枝片、鲜贝等。

（三）裹面油炸品

鸡块、鸭块、三元鱼排、肉排、小排、鱿鱼圈、鱿鱼串、可乐饼、虾饼、芋片、芋枣、裹面虾、裹面蚵、薯条、马铃薯片、牛肉饼、仿蟹腿、甘露球、虾球等。

（四）菜肴料理

奶焗通心面、奶焗通心粉、三杯排骨、酱排骨、烤鳗、烤鱼片、酱料、奶焗饭等。

（五）糕饼点心

比萨、萨琪玛、芝麻球、糯米球、椰蓉球、冷冻面团、冷冻米团等。

四、冷冻调理食品的生产工艺

（一）冷冻调理食品生产工艺概述

冷冻调理食品的生产有三个阶段：第一阶段是原料处理，包括水洗、挑选、解冻、切断、称量、预热、混合、搬运；第二阶段是调理加工，包括成型、充填、装饰、加热；第三阶段是冻结包装加工，包括预冷、冻结、包装、检验、储藏。其中原料的处理最重要，要求原料必须有良好外观、新鲜度、无病虫害，需经严格检查，去除异物、变色、异臭、异味、鲜度不良、异常肉、病虫害等，抽样检查原料的卫生污染情形、调理试验。对原料储存的要求，肉、水产类，进冷冻厂要求置于－20℃～－18℃冷库储藏备用；蔬菜类应储存于5℃以下冷库，其他不必冷藏的原料，可在室温储存。

1. 原料前处理

对畜肉类，应把冷冻肉取出放在冷藏库中解冻至品温－10℃～－7℃，切断，绞肉机切细，查异物，肉品温须保持在－5℃～－3℃，防止微生物滋长和品质劣化；对于水产品，应用流水解冻鱼，去异物、夹杂物、鲜度不良品，解冻后切断、切碎；对蔬菜类，应仔细挑选，去异物和不可食部分，充分水洗，后切细、切块。

2. 原料解冻

应选用适当解冻方法缩短解冻时间，均匀解冻，保持良好卫生和品质。解冻后温度控制相当重要，须保持在冰点以下的半解冻状态。

3. 混合

混合是重要的一环，应混合均匀，不可过度混合导致糊状降低食感：水产畜产肉的混合要避免品温的上升，以防蛋白质变性。各种原料混合要照预定的配方来调混，并要有规定的上限及下限的管制。

4. 成型

冷冻调理食品的成型有两大类，第一类是把混合料合成一定形状，汉堡、鱼排、鱿鱼丸、虾丸、贡丸、鱼丸、馒头、花卷等内外均匀者，珍珠丸类可归此类；第二类是以一种材料包其他材料而成型的复合调理食品，如饺子类、烧卖、春卷、包子类等。冷冻调理食品成型，可用人工及机械，目前除烧卖、虾饺需人工外，余者大部分采用机械代替。

5. 冻结

冷冻调理食品的冻结则是重要工程之一，为防止蛋白质变性，宜采用急冻或低温冷冻。米饭制品或淀粉制品在冻结时，易因淀粉老化而劣化品质，此类产品最好采用液态氮急冻。冻结装置常用设备有螺旋运送式、液态氮、隧道式、接触式等连续式冻结设备，可依据调理食品状态、价值选用适合的冻结设备。

（二）冷冻调理食品的生产工艺流程

1. 速冻包菜肉卷

（1）原料及预处理

①包菜：要求新鲜，成熟充分，色泽呈青绿色，叶片包裹紧密，无病虫害及腐烂叶片，菜包直径为15cm～25cm。原料预处理：原料→剥皮→清洗→消毒→去心→剥取绿叶→清洗。

②洋葱：要求原料鳞茎大，呈黄皮，糖度7Brix～13Brix，组织致密，圆径6cm～8cm，无病虫害。原料预处理：原料→去皮→去根须→清洗。

③生姜：要求原料成熟、饱满，呈金黄色，无病虫害。原料预处理：原料→清洗→去皮。

④香菇：采用干香菇，菌盖形态整齐，菇肉厚，香味浓，色泽呈褐色或褐红色，无发霉和变黑，无散盖，菇伞直径在3.5cm以上。原料预处理：原料→挑选→清洗→待用。

⑤猪肉：要求是腿精肉和分割肉，无猪骨混入，品质优良、新鲜，非疾病猪肉，符合国家卫生标准。

⑥干面包屑：要求采用优质面粉加工而成，水分含量为12%～14%，色泽呈白色或乳白色。

⑦葫芦丝：要求用优质葫芦制成，条宽1.5cm～2.0cm，色泽呈乳白色，略带淡黄色。

⑧辅料：食用油、味精、加碘盐、鸡精粉、胡椒粉等，均应符合国家标准。

⑨粉调：配方为：食盐2.5kg，味精1.5kg，淀粉1.5kg，规格：50克/个。

（2）工艺要点

①要求包菜的叶片良好，蒸煮时间控制在5min，水温95℃～100℃，避免煮烂。冷却沥水后称重保证在796kg左右。

②洋葱、香菇、生姜切成细碎糜状，与肉馅混合后，分成均等份，每份为15.5g，将其搓成椭圆形。

③在蒸熟工序中，要求产品的中心温度达到80℃以上，时间控制在4min～5min。

④在卷扎工序中，将一片沥过水的包菜叶平铺在操作台上，除去粗茎，把蒸好的肉馅放在包菜根端折卷成圆柱状，用干瓢丝系好。每个称重控制在50g左右，要求形态完整、美观。

⑤卷扎后蒸熟，确保产品中心温度在80℃以上，时间控制在10min以内。

⑥采用快速冻结，冻品中心温度在－30℃以下，时间控制在15min～25min，一般采用螺旋式速冻机。

⑦在－5℃的包装间进行包装，箱装量为400克×25袋/箱或者300克×30

袋/箱。同时对成品检验，不合格品不能进入下一工序。

⑧将产品置于－18℃的恒温库中储藏，温度不能有太大的波动。

(3) 产品质量标准

①色泽：外表呈鲜绿色或淡绿色，无异色。

②风味：具有本品特有的滋味和香味，无异味。

③产品规格：(50±2) 克/个，每袋 400g 或 300g。

④微生物指标：细菌数≤100 个/克；大肠菌群呈阴性；致病菌不得检出。

⑤卫生指标：符合国家卫生标准。

(4) 食用方法

置于所喜爱的调料中煮 15min 左右，取出后即可食用。

2. 速冻香菇填肉

(1) 原料及预处理

①竹笋：要求罐制清水笋或新鲜竹笋，呈淡黄色，笋肉肥厚、鲜嫩、无病虫害。新鲜竹笋预处理：原料→剥笋皮→清洗；老竹笋预处理：开罐→去老笋。

②香菇：直径要求在 3.5cm～4.5cm。

③粉调配方为：食盐 2.50kg，味精 1.50kg，面粉 1.50kg，规格：30 克/个。

④其他原料：同“包菜卷肉生产工艺”的原料要求。

(2) 工艺要点

①将香菇用水泡至原质量的 3～4 倍，不可太少或太多。

②肉馅的加工方法同“包菜卷肉生产工艺”。洋葱、生姜、竹笋切成细碎糜状。

③将肉馅分成均等份，每份 14.2g，填在每个香菇的伞褶内，然后成型。注意不能使香菇表面弄上肉馅。

④成型后放在蒸煮锅内蒸熟，中心温度达 80℃以上，时间控制在 10min 左右。

⑤冷却后喷涂干面包屑，每只产品喷涂 4g～5g。

⑥其他工序同“包菜卷肉生产工艺”的要求。

(3) 产品质量标准

①色泽：香菇盖呈褐黑色，另一面呈乳白色或白色，无其他异色。

②风味：具有本品特有的芳香味，无异味。

③产品规格：(30±2) 克/个，每袋 10 个。

④微生物指标：细菌数≤100 个/克；大肠菌群呈阴性；致病菌不得检出。

⑤卫生指标：符合国家卫生标准。

(4) 食用方法

置于 170℃～180℃的油中炸至金黄色，待熟后即可食用。

3. 鱿鱼菜饼

(1) 工艺流程

原料→原料预处理→拌料→成型→一次速冻→沾面包粉→二次速冻→检测→包装入库。

(2) 操作要求

①原料

选用新鲜鱿鱼、胡萝卜、芸豆、冷冻鱼糜为原料进行加工。

②料预处理

a. 鱿鱼解冻：将冻结的鱿鱼用水浸泡解冻后，切头、切尾、去内脏。头部切除牙齿、眼睛，尾部把骨刺剔出即可。取处理好的头和尾用清水洗干净后，用绞肉机绞碎待用。

b. 胡萝卜：将胡萝卜去皮洗净消毒，用插床插成丝，再用绞肉机绞碎待用。

c. 芸豆：收鲜嫩、无虫害的芸豆洗净消毒，去掉顶端的叶柄，手工或机械切成符合规格的碎块。

③拌料

按配料要求将原辅料混合，并用手工或机械搅拌均匀。配料表：鱿鱼 48%，芸豆 19%，胡萝卜 19%，鱼糜 9.5%，小麦淀粉 1.7%，马铃薯淀粉 1.7%，糖 0.1%，味精 0.5%，盐 0.3%。

④成型

将搅拌好的料分成 34g～36g 重的小块，再用一个带有两个圆孔的模子，卡成圆形小饼，要求小饼呈圆形，平实且周边圆滑，放入铺有红油纸的铁盘中，待冻。

⑤一次速冻

把装有半成品的铁盘放入单冻机中，在－30℃的条件下，要求在 30min 内使冻品中心温度达－15℃。

⑥沾面包粉

在冷冻好的鱿鱼菜饼上均匀地撒少许面粉，然后逐个沾汤料，要求全部沾上，不许有漏粉部位。再均匀地沾面包粉，有蓬松感，不要压得太实，要厚薄均匀，不要露馅，要沾成圆形，5 个重 61g～67g，放入盘中待冻。汤料配制：乳油 1 份，面粉 25 份，盐 25 份，味精 2 份，小麦淀粉 40 份，水适量。面包粉与红粉和黄粉的混合粉按 4∶3 的质量比混匀待用。

⑦二次速冻

沾好面包料的鱿鱼菜饼，放入速冻机中，在－30℃下冻至鱿鱼菜饼的中心温度低于－18℃即可。

⑧金属检测、包装、入库

检测冻毕的鱿鱼菜饼中心温度是否符合要求，若不符合则拣出后重新冻结。合格品再经金属检测器检查是否有金属异物存在，若有应拣出重新处理。合格品迅速装箱，放入－18℃以下的冷库中储存。

（3）产品质量指标

①感官指标

具有鱿鱼冷冻调理食品应有的色泽、形状和气味。

②理化指标

符合国家出口水产品的标准。

③卫生指标

细菌总数、大肠菌群符合国家出口水产品的标准，致病菌不得检出。

4. 调味蒸煮鲐鱼片

（1）工艺流程

原料→解冻→开片→去鳍、去刺→装袋→调味→真空封口→蒸煮→冷冻→包装入库。

（2）工艺操作要求

①原料解冻

选用鲜度较好的鲐鱼为原料，放在清洁卫生的解冻池（室）中空气自然解冻或水浸渍解冻，当冻鱼块变软能将鱼体一条条地分开呈半解冻状态时为止。注意解冻池（室）的温度不宜过高，以保证鱼体的质量。

②原料预处理

选择解冻好的鲐鱼洗净沥水后，沿鳃底部将鱼头切下，取出鱼内脏。用开片刀将鱼沿脊骨剖开，呈两片鱼肉一片鱼刺三部分。再将鱼片上的鱼鳍切下，除去鱼腹肉上的刺，中骨刺逐根去掉，然后清水冲洗，除污物杂质，沥水备用。

③装袋、调味

按规格将鲐鱼片整片或切段后称量，小心装入蒸煮袋中，加配好的调料（精盐1.5%，味精0.3%，进口混合调料2%）适量于袋中，擦去袋口处的液体，然后用真空封口机封口。

④蒸煮

在蒸煮锅内，采用95℃热水，蒸煮8min～10min。蒸煮过程中不断搅拌使蒸煮袋加热均匀。

⑤速冻

蒸煮结束后，迅速取出蒸煮袋，放冷却水中冷却降温，取出冷却后的蒸煮袋沥去水分或用布擦干，然后上速冻机快速冻至中心温度达－15℃。

⑥包装、冻藏

冻好的鲐鱼装入纸箱，放入－18℃的冷藏库中存放。

5. 紫菜鱼排加工工艺

(1) 原料

采用冷冻鳕鱼为原料。

(2) 原料处理

冷冻鳕鱼采用自然解冻或水浸法解冻。要求解冻温度要控制好，不应超过15℃。将解冻好的鳕鱼去头、去皮、去内脏、去尾，然后放消毒液中浸洗干净，沥水，将鱼胴体切成细小的碎块。

(3) 成型

将切好的鳕鱼，分成30g～33g重的小团，放入小正方形的模具中，将四角塞实、排平、压实，要求四边无毛刺，表面无空洞，脱去模具即成鱼排半成品。

(4) 一次冻结

将半成品仔细摆入盘中后放进单冻机中快速冻结。在－30℃的冻结风温下，一般30min使冻品中心部达－15℃即可。

(5) 沾面包粉

先在冻结的鱼排上均匀地撒粉，然后沾上汤料，汤料要沾匀，不允许有遗漏，最后沾面包粉（面包粉中混合着事先已粉碎好的紫菜），沾粉后每块鱼排重51g～57g。沾粉要求均匀，不允许露出鱼肉，沾好的粉要有蓬松感，不允许面包粉沾压的过实。

(6) 二次冻结

沾上面包粉的鱼排摆入单冻机内，快速冻结，冻品中心达－18℃即可。

(7) 检测、称量、包装

检测冻鱼排中心温度是否达到要求，用金属检测器检查冻品上是否含有金属块，合格品立即按规定称量，包装，送入－18℃以下的冷库中储存。

第二节 冷冻调理食品的包装及冻藏

一、冷冻调理食品的包装

冷冻调理食品由于其特殊性，在包装的方法及形式上有特殊的要求，并且在包装中还需要注意对异物的检查和对重量的管理。

(一) 包装条件

对于调理食品的包装，基本要求是从生产、运输到销售，保持其产品的品质特性，防止微生物污染。为此目的，包装材料需具备的条件是：具有一定的机械强度（耐高低温）；具有阻隔性（对气体和液体的高度阻断性）；对内容物的可耐性（耐酸、油）；卫生性；耐操作性。在满足以上条件的前提下，调整包装经费，使包装材料的成本更趋合理化。

1. 机械强度

冷媒在很低的温度下对产品进行冷冻，包装材料应能够耐受从普通冷冻低温到更低一些的低温条件，均不会发生脆裂，而且从最终消费上保证对食品调理的方便性看，产品随包装材料一起放到热水里加热解冻并且升温到食用温度，这样包装材料应能够耐受100℃以上的温度。另外，由于在制作过程和流通阶段及解冻中包装袋都会受到物理性冲击，食品外包装具有耐摩擦的性能是非常重要的条件。冷冻食品的外包装一般在外力的作用下易破损产生肉眼不易发现的微孔，微生物从该处则很容易侵入，造成二次污染。因此，要求包装材料应选择耐摩擦、抗冲击性和密封好的塑料材料，目前尼龙复合材料、聚酯、聚丙烯等复合材料均已开始被采用。

2. 阻隔性

在保护产品品质方面，从保护表面这一点看，要求包装有各种遮断性。为防止食品脱水干燥，要求包装材料对水蒸气的透过性很低。冷冻调理食品选择对氧气有高度阻隔性作用的包装材料是十分重要的。由于光线能促进食品的呈色物质发生氧化，包装材料的遮光性能有效地防止食品发生褪色。比较起来，在温度变化的流通阶段若采用热容量小的包装单位，则因其特别容易受到温度变动影响，而更容易使其内容食品的品质发生劣变。所以对于包装材料和包装单元大小的设计，以及为达到尽量地减少冷冻包装食品品质变动的目的，食品研制和开发工作者，在设计其内容物形态与品质的稳定性时，应当对于外包装的材质和规格等进行全面仔细的设计。

3. 卫生安全性

必须选用符合国际食品专用的安全无毒的材料，如合成树脂、多层铝箔纸及允许用于食品包装的其他耐水性的加工纸等材料制造包装物，确定后的器具及包装容器的规格必须进行合适的试验。包装材料在出厂前必须进行规定的消毒措施。

（二）包装的方法及形式

冷冻调理食品的包装形态主要包括两大类：柔软类型和坚硬类型。柔软类型是以塑料薄膜为基础的，主要为厚硬型包装，如稍厚些的纸包装盒、复合铝箔冲压型容器等。另外，对于调理冷冻食品，冷冻调理食品较发达的日本的包装形式主要有塑料盒＋袋的包装，硬纸盒包装以及袋包装。

1. 真空袋包装

真空袋包装可以取代将内容物充填到成型塑料盒小袋包装，在冷冻食品中得

到广泛使用。真空袋包装的主要优点是对个体较为厚重的食品，例如猪蹄或大丸子等，这种紧密包装，会给消费者感官产生一定的价值感。此外，真空自动包装设备也更容易操作，外观效果好，调理方便。另外，可以采用全自动化的新型设备，分别由设备将上部薄膜和下部薄膜进行组成包装，首先将充填的内容物放置在有下部薄膜的机器上，然后与上部薄膜进行第一次三面封口，之后再进行抽真空，紧接着再进行第二次封口、切断的连续操作。在国外，这种是效益很高的设备系统，在大规模生产汉堡包、烧麦等多种冷冻调理食品中均已经使用了这种包装方式。在包装材料的选择上，主要采用软质类型，大多用成型性好无伸展性的尼龙/PE，上部薄膜采用对光电管标志灵敏、适合印刷的聚酯/PE复合材料。

2. 纸盒包装

纸盒包装近来也得到了越来越多的使用。纸盒包装的形式能够保持膨胀外观，充填速度加快，进而提高了生产效率，并且外观效果好，且具有容易处理、方便调理等很多特点。冷冻调理食品的纸盒包装主要有上部装载和内部装载两种方式。其中，上部装载形式应用得更广泛，其材料是表面由PE、PP塑料薄膜与纸板压合在一起，由小型包装机冲压裁剪，由制盒机制盒，内容物从上部充填后，机械自动用盖封口。盒盖与盒身是连成一体的片形体，机械将其上、下分开时，内容物从侧面进入，再自动封口。

3. 铝箔包装

铝箔作为包装材料具有耐热、耐寒、良好的阻隔性等优点，能够防止食品吸收外部的不良气味，防止放置于上部的食品风干和重量减少等。这种材料热传导性好，适合作为解冻后再加热的容器。

4. 微波炉用包装物

随着微波炉的普及，适合于微波炉加热的冷冻食品的包装容器有可加热的塑料盒被使用，这种材料在微波炉和烤箱中都可使用。由美国 International Paper 公司开发出来的压合容器，用长纤维的原纸和聚酯挤压成型，纸厚 0.43mm～0.69mm，涂层厚微 25μm～38μm，一般能够耐受 200℃～300℃的高温。日本的专用微波炉加热的冷冻食品的包装材料使用的是聚酯/纸、聚丙烯和耐热的聚酯等。

二、冷冻调理食品的冻藏

(一) 点心类

点心类食品一般用面粉、稻米、杂粮、豆类等原料制作，常为带馅点心。常见的点心类主要有饺子、春卷、包子、粽子、汤圆、八宝饭、烧卖、窝窝头、馄饨、速冻花卷等。这类产品所含成分复杂，淀粉含量比较高，在冻藏过程中容易出现淀粉老化和蛋白质变性，解冻后容易发生萎缩开裂、表面发干、粗糙、失重等现象。带馅的速冻食品如饺子、春卷等表皮易出现长短不一的裂纹或表皮脱落等现象。在食用品质上，易出现表皮脆化，失去弹性，内部组织结构变差，质地变粗，硬化掉渣，失去原有的蓬松感，风味减退等。研究表明速冻水饺解冻后出现开裂的现象与面团和馅的自由水的含量有关。速冻食品面团的含水量应比正常面团少2%～4%。此外，向面粉中添加面粉改良剂、选用快速冻结等可以保持产品的品质。速冻好的产品应及时包装、冻藏。在冻藏过程中尽可能使其处于－18℃以下的恒定温度，避免温湿度的波动。

（二）分割肉及肉制品类

小包装分割肉是伴随着冷藏和冻藏技术的普及而出现的，我国分割包装冻猪肉，分颈背肉、前腿肉、大排肉和后腿肉4种。分割后剔骨去皮及皮下脂肪，去掉小血管，保持肉的完整性。将修整好的肉经过冷却、预冷、包装、速冻，使肉温低于－15℃，最后送入冷库冷藏，库温－23℃～－18℃，相对湿度95%～98%，空气自然循环。速冻肉糜制品等在－18℃时可储藏6个月以上，制品的口感和风味基本保持不变，具有良好的弹性和鲜嫩度。

冷冻熟肉制品在调理加工过程中，由于加热作用，产品中心温度达到75℃以上，使绝大部分蛋白质变性，并进一步分解，产生氨基酸、氨和胺类。另外，冷冻调理肉制品除了本身含有脂质外，在调理加工过程中也添加油脂，脂质含量较高。在冻藏过程中容易氧化，发生水解酸败和氧化酸败，使调理肉制品出现哈喇味和褐变现象，如卤猪肝、鸭掌（原料肥）在冻藏过程中由于脂肪氧化出现pH升高和油脂的变质现象。因此，在冷冻调理肉制品的冻藏过程中尽量降低储藏温度，做好包装，尽量避免产品与氧气接触。

（三）调味配菜类

由于中式菜肴配料繁多、工艺复杂，因此上市的速冻菜肴食品不多，而深受消费者喜爱的我国传统口味菜肴速冻调理产品口味较单一，偏向清淡。而具有我国特色的五香、麻辣、怪味等口味很少。目前，中式速冻菜肴产品处于试验、开发阶段。见诸报道的有速冻鱼香肉丝、速冻宫保鸡丁、速冻青椒肉丝、速冻咕老肉、速冻梅菜扣肉、速冻榨菜肉丝等。速冻菜肴包装应注意安全性、实用性、方便性，积极开发小包装、套餐包装、易拉易开包装、自动加热包装、微波包装等。速冻好的产品一般放在－18℃冷库内储藏。试验表明冷冻干煸四季豆在－18℃下储藏6个月，TBA值变化很小，具有很好的冻藏稳定性。而冷冻调理粉蒸肉、冷冻榨菜肉丝、冷冻青椒肉丝在－18℃下冻藏4个月，虽然脂肪氧化作用缓慢进行，但制品仍然有相当高的感观可接受性。

参考文献

[1] 邓汝春．冷链物流运营实务［M］．北京：中国物资出版社，2007.

[2] 薛璐，刘爱国．食品商品学［M］．北京：化学工业出版社，2009.

[3] 刘北林．食品保鲜与冷藏链［M］．北京：化学工业出版社，2004.

[4] 冯志哲．食品冷藏学［M］．北京：电子工业出版社，2006.

[5] 谢如鹤．冷链运输原理与方法［M］．北京：化学工业出版社，2013.

[6] 白世贞，曲志华．冷链物流［M］．北京：中国物资出版社，2012.

[7] 吕金虎．食品冷冻冷藏技术与设备［M］．广州：华南理工大学出版社，2011.

[8] 于学军，张国治．冷冻、冷藏食品的储藏与运输［M］．北京：化学工业出版社，2007.

[9] 关文强，阎瑞香．果蔬物流保鲜技术［M］．北京：中国轻工业出版社，2008.

[10] 张秀玲．果蔬采后生理与储运学［M］．北京：化学工业出版社，2011.

[11] 王文升．果品蔬菜保鲜包装应用技术［M］．北京：化学工业出版社，2008.

[12] 李延云．果蔬储藏实用技术［M］．北京：中国轻工业出版社，2010.

[13] 巢强国．食品检验［M］．北京：中国质检出版社，2011.

[14] 杜江萍．冷冻肉品储藏期间品质变化及控制措施［J］．肉类研究，2009（11）：14～17.

[15] 孙企达．肉的冻结与冻藏［J］．农产品加工，2010（3）：22～23.

[16] 刘登勇，周光宏，徐幸莲．我国肉制品的分类方法［J］．肉类工业，2005（11）：35～37.

[17] 曹程明．肉及肉制品质量安全与卫生操作规范［M］．北京：中国计量出版社，2008.

[18] 岳晓禹，张美玲．烧烤肉制品加工技术［M］．北京：化学工业出版社，2013.

[19] 于新，赵春苏．酱腌腊肉制品加工技术［M］．北京：化学工业出版社，2012.

[20] 曹程明．肉蛋及制品质量检验［M］．北京：中国计量出版社，2006.

[21] 张兰威．乳及乳制品工艺学［M］．北京：中国农业出版社，2006.

[22] 罗红霞，姜旭德．乳制品加工技术［M］．北京：中国质检出版社，2012.

[23] 郭本恒．乳制品生产工艺与配方［M］．北京：化学工业出版社，2007.

[24] 陈历俊，乔为仓．酸乳加工与质量控制［M］．北京：中国轻工业出版社，2010.

[25] 于敏艳，苏景辉．酸奶加工工艺及其质量影响因素分析［J］．乳品加工，2012（1）：34-36.

[26] 马永征，马冬．巴氏杀菌乳特点及饮用价值综述［J］．乳业科学与技术，2012（5）：35-37.

[27] 刘立民．鲜蛋的冷藏保鲜［J］．农产品加工，2009（2）：28-29.

[28] 蔡朝霞．蛋品加工新技术［M］．北京：中国农业出版社，2013.

[29] 王友．冰蛋的制作及解冻［J］．河南科技报，2006（3）：1.

[30] 赵维高，刘文营．冰蛋应用特性研究［J］．食品科技，2012（8）：66-70.

[31] 熊善柏．水产品保鲜储运和检验［M］．北京：化学工业出版社，2008.

[32] 文毅．水产品质量检验［M］．北京：中国计量出版社，2009.

[33] 李志成，蒋爱民，李红蕊，等．生物保鲜剂对冰鲜猪肉的保鲜效果［J］．西北农林科技大学学报：自然科学版，2008（8）：12-39.

[34] 葛虹．水产品中药物残留毒性、标准及检测方法（一）［J］．渔业致富指南，2007（7）：2-3.

[35] 沈慧星，张连娣，戴允玢，等．物理方法快速鉴别冰鲜和解冻鲢鱼及梭鱼的研究［J］．食品科技，2005（11）：1-3.

[36] 齐凤生，程秀荣．水产品冷藏链的现状和发展趋势［J］．河北渔业，2003（3）：2-9.

[37] 徐宗平，张英．冰鲜海产品的加工工艺［J］．科学养鱼，2004（10）：12-39.

[38] 孔庆源．水产品冰鲜冷藏链［J］．制冷技术．1999（2）：2-3.

[39] 周秀琴．我国的水产品深加工［J］．水产科技情报．2004（2）：1-9.

[40] 籍保平．豆制品安全生产与品质控制［M］．北京：化学工业出版社，2007.

[41] 李里特，大豆食品安全标准化生产［M］．北京：中国农业大学，2010.

[42] 曹志敏，高飞，关中波．大豆干法加工工艺及关键技术研究［J］．大豆科学，2008（1）：12－39.

[43] 吴楠，陈家利．大豆干法生产技术在制品中的应用［J］．大豆通报，2003（2）：2－3.

[44] 孟丽．发展大豆产业的对策［J］．农产品加工，2011（8）．

[45] 李里特．大豆产业的振兴与传统豆制品的开发．农村实用工程技术．农业产业化．2004（3）：1－9.

[46] 武杰．新型保健冰激凌生产工艺与配方［M］．北京：科学技术文献出版社，2000.

[47] CCM. Sweetening Ice Cream［J］. Confectionery Manufacture & Marketing，1991，28（4）：1－39.

[48] 蔡云升．冰激凌生产与配方［M］．上海：世界图书出版公司，2002.

[49] 张和平，张列兵．现代乳品工业手册［M］．北京：中国轻工业出版社，2005.

[50] 万国玉．冷冻生产工艺与配方［M］．北京：中国轻工业出版社，2006.

[51] RALPH EARLY. 乳制品生产技术［M］．张国农，译．北京：中国轻工业出版社，2002.

[52] 张新．乳制品生产［M］．北京：中国轻工业出版社，2000.

[53] 张兰威，王艳梅．酸奶发酵机理及后发酵控制措施［J］．中国乳品工业，2001（2）：18－19.

[54] 陆翔华．冷冻调理食品行业标准与产业发展［J］．冷饮与速冻食品工业，2004（1）：26－28.

[55] 朱念琳．中国冷冻饮品市场分析与发展趋势［J］．食品科技，2012（3）：4－7.

[56] 国家质量监督检验检疫总局．食品卫生检验方法：理化部分（一）［M］．北京：中国标准出版社，2004.

[57] 张瑞菊．软饮料加工技术［M］．北京：中国农业出版社，2007.

[58] 王如福，李卞生．食品工艺学概论［M］．北京：中国轻工业出版社，2006.

[59] 洪伟胜．新版冰激凌配方［J］．食品科学，2008（4）：32－35.

[60] 谷鸣．乳品工程师食用技术手册［M］．北京：中国轻工业出版社，2009.